금융 위험의 예방인가,
탐욕의 투기인가?

이 도서의 국립중앙도서관 출판예정도서목록(CIP)은 서지정보유통지원시스템 홈페이지(http://seoji.nl.go.kr)와 국가
자료종합목록 구축시스템(http://kolis-net.nl.go.kr)에서 이용하실 수 있습니다.
CIP제어번호: CIP2020025948(양장), CIP2020025949(무선)

금융 위험의 예방인가, 탐욕의 투기인가?

파생금융상품의 헤지와 스펙

이경덕 지음

한울

차례

추천사

『금융 위험을 예방할 것인가, 탐욕의 투기를 할 것인가?』, 금융의 속살
을 느껴볼 수 있는 책이다. 저자는 금융기관과 기업에서 40년간 열심히
일한 경험과 지식, 지혜를 이 책에 녹여놓았다. 금융에 관심이 있는 사람
들에게 가뭄에 단비와 같은 책이 될 것 같다. 한국에는 현실 생활에 도움
이 될 만한 금융 관련 책은 많지 않다. 책대로 했다가 손해만 보기 쉬운
재테크 관련 책이나, 허무맹랑한 금융 음모론에 기초한 책이 대부분이
다. 반면 이 책은 금융기관 종사자나 기업의 금융업무 담당자, CFO 등이
현장에서 일하고 중요한 결정을 할 때 읽고 참고할 만하다.

　금융이 자선과 약탈 사이에서 나왔듯, 모든 금융거래는 위험회피와 투
기적 수익 추구 사이에 있다. 이 책을 읽다 보면 세상에 공짜 점심이 없
듯이 위험을 부담하지 않고 수익을 얻을 수 없다는 사실을 알게 된다. 또

한 이 책은 하늘 아래 새로울 것은 없다는 말과 같이 금융에서도 유사한 사건·사고가 계속 반복되며, 이것은 누구의 음모 때문이 아니라 숨어 있는 위험을 찾아보지 않고 수익만 좇는 인간의 탐욕 때문이라는 것을 많은 사례를 통해 보여준다.

1997년 선경증권·보람은행·한남투신 등이 부실화되었던 다이아몬드펀드 등의 사건, 2008년부터 수많은 기업을 도산시켰던 키코 사건, 2014년 많은 개인투자자와 증권회사가 큰 손실을 보았던 ELS 사태와 2020년의 DLF 사태는 그 기본 구조가 무서울 정도로 비슷하다. 이들 금융거래는 모두 환율 금리 주가 등이 현재 수준에서 크게 변하지 않으면 투자자들이 약간의 추가 수익을 얻지만, 만약 주가 환율 등이 크게 요동치는 위기상황이 되면 엄청난 손실을 보게 되어 있다. 즉, 한국의 투자자들은 약간의 수익을 기대하고 위기 시 누군가의 위험을 보장해 주는 거래를 한 것이고, 결과는 기대했던 수익을 못 얻고 큰 손실을 떠안은 사례이다.

다음으로 이 책에서 꼭 눈여겨봐야 할 부분이 있다. 저자가 금융기관과 기업에서 근무한 경험을 기초로 제시한 중소기업의 환리스크 관리 방법이다. 중소기업도 수출입과 해외 투자 등으로 환위험에 노출되는 경우가 많으나 인력 부족 등으로 환위험 관리가 어렵다. 저자는 환위험을 영업환위험·거래환위험·환산환위험으로 나누어 관리 방식을 설명한다. 그리고 3개 중소기업의 구체적 사례를 들어 중소기업의 환위험 관리가 현장에서 얼마나 어려운지를 보여주고, 현실성 있는 여러 대안을 제시한다. 기업인들에게 큰 도움이 될 것 같다.

이 책에는 금융기관 종사자나 기업의 금융 담당자뿐 아니라 정책담당자도 주목해야 할 대목이 있다. 한국 금융이 낙후되어 국제 투자은행과 외국인 투자자들의 놀이터가 되는 이유가 제도적 결함 때문이라는 지적이다. 그 하나는 한국의 외환시장이 NDF에 과도하게 의존해 정상적인 달러/원 선물환시장이 발전을 못 하는 것이고, 또 다른 하나는 원화의 국제화가 거의 안 되어 한국 금융의 발전이 지지부진하다는 것이다. 저자의 이러한 진단에 전적으로 동의한다. 한국금융의 질적 발전을 위해서는 어려움이 있더라도 NDF 시장을 줄이고, 원화의 국제화를 해야 한다. 그렇지 못하면 한국 금융은 일본뿐 아니라 중국에도 치여 우물 안 개구리로 살아야 한다.

금융은 일상생활과 기업경영 과정에서 매일 접하는 부분이다. 사람들은 금융 관련 결정을 할 때, 특히 '헤지'와 '스펙' 사이에서 중요한 결정을 할 때는 금융전문가의 의견을 따르는 경우가 많다. 금융전문가의 조언은 듣되 사업과 투자의 최종 결정은 스스로 해야 한다. 최종 결정이 잘못되면 키코 때와 같이 멀쩡한 기업이 망하기도 하고, ELS나 DLF처럼 안전하다는 투자자산의 원금이 사라지기도 하기 때문이다. 금융전문가라는 사람의 조언이 누구를 위한 것일까를 항상 생각해야 한다. 이 책을 읽으면 자신의 중요한 자산을 지키고 기업의 생존을 위해 스스로 결정을 할 수 있는 힘이 조금은 커질 것이다.

금융기관 종사자와 기업재무 담당자, 금융정책 담당자뿐 아니라 일반

인까지 금융에 관심이 있는 사람들에게 이 책의 일독을 권한다. 금융을 보는 눈이 조금은 더 밝아질 것이다.

2020년 6월
송현경제연구소장 정대영

머리말

세월호가 침몰한 지 2주 남짓 지난 2014년 5월 초 화창한 금요일에, 정대영 송현경제연구소장이 우리술문화연구원 '향음'에 친구들을 초대했다. 무악재 꼭대기에 있는 '향음'은 이름 그대로 입구에서부터 향기로운 술 익는 냄새가 코를 자극하였다. 술이라면 웬만하면 마다하지 않는 나는 술 향기에 이미 취하고 말았다. '향음'의 이화선 대표께서 갓 빚어 내놓은 막걸리 진국을 겁 없이 마구 마셨다. 향기에 취하고 술에 취해 호기를 부렸다. 송현경제연구소에 내 이름을 건 '금융 이야기'를 기고하기로 한 것이다. 그 후 이야기를 하나하나 풀어가다 보니 대부분이 파생금융상품과 관련된 이야기였다.

1980년대 이후 외환시장, 금융 및 자본시장을 지배하는 것은 파생금융상품이다. 파생금융상품은 선물Financial Futures, 선물환Foreign Exchange

Forward, 스와프Swap와 옵션Option이 개별적으로 또는 서로 복합적으로 현물시장의 각종 상품, 즉 대출 및 차입, 외환거래, 주식거래, 국제원자재 등 상품 거래, 기후 변화나 자연 현상 등과 연계하여 만들어진다. 그중에 옵션이 파생금융상품의 핵심이다.

내가 은행원 생활을 시작한 1980년대 초에는 파생금융상품이란 말은 들어보지도 못했다. 옵션은 고사하고 선물先物이라고 하면 선물膳物만 생각하던 시절이었다. 그런 시절에 외국 은행 서울지점은 스와프나 옵션 상품을 팔려고 우리를 찾아왔다. 어떻게 이런 상품이 가능한지 물어보면 자기들은 세계 각국에 영업점을 두고 있기에 어떤 상품이든 거래 상대방을 찾을 수 있다고 하였다. 그들은 소위 글로벌 네트워크Global Network의 힘으로 상품 개발이 가능하다고 자랑하였다. 정말 그런 줄 알았다. 그러나 몇 년이 지나지 않아 외환은행 도쿄지점에 근무하면서 글로벌 네트워크만이 전부가 아니란 것을 알게 되었다.

1989년 일본에서는 파생금융상품에 관한 책이 넘쳐났다. 이들 책을 통해 파생금융상품의 원리에 대해 어느 정도 이해하게 되었다. 글로벌 네트워크보다 더 중요한 것은 수학과 통계학에 기초한 각 파생금융상품의 가격 결정 이론과 이들 이론을 현실에 적용할 수 있는 컴퓨터 시스템, 가장 중요한 가격인 환율과 금리와 주가의 형성에 정부의 규제가 별로 없어서 이론적인 가격과 현실 시장의 가격 간에 큰 차이가 발생하지 않도록 하는 선진 시장의 존재였다.

파생금융상품을 모를 때에는 겁이 나서 함부로 거래하지 못했다. 이들 상품에 대한 이해가 쌓여가자 점차 대담해지기 시작했다. 옵션이 내재된 채권에 대해서도 관대해졌다. 위험을 회피할 수 있는 거래라는 명분하에 헤지Hedge 거래도 시작하였다. 그 대가는 혹독한 것이었다. 큰 손실이 발생하였고, 사고를 수습하느라 많은 고생을 하였다. 그리고 또 하나를 알게 되었다. 파생금융상품은 위험을 회피한다는 헤지 거래와 위험을 감수하면서 이익을 크게 하고자 하는 투기Speculation 거래는 종이 한 장 차이라는 점이다.

한 발 더 나갔다. 국제금융부서의 중간 관리자로 있으면서 옵션을 포함한 파생금융상품의 가격을 측정하고 이를 기반으로 우리가 파생금융상품을 예금이나 대출과 연계한 상품을 개발하여 국내 고객에게 판매하고 싶었다. 그러나 복잡한 시장에서 특정 파생금융상품의 가격을 정확하게 측정한다는 것은 매우 어려운 일이었다. 특히 컴퓨터 시스템을 갖춘다는 게 가장 문제였다.

외환은행을 비롯한 국내 은행들이 파생금융상품 영업을 위한 시스템과 인력을 어느 정도 갖추게 된 시점은 2000년대 중반이라고 할 수 있다. IMF 외환위기 당시 외국 은행에 호되게 당한 국내 은행들이 시스템 구축과 인재 양성에 적극 나섰다. 이즈음 우리나라의 IT 산업이 비약적으로 발전하였다. 그리고 미국에서 금융공학Financial Engineering을 전공하고 온 인재들도 파생금융상품 업무에 많이 투입되었다. 이런 것들이 복합적으로 작용하여 국내 은행은 드디어 파생상품이 내재된 금융이나 외환 상품을 국내 고객에게 팔기 시작하였다. 그 첫 번째이자 대표적인 것이 키코

KIKO였다. 그 결과는 모두가 알고 있듯이 우리 기업에 엄청난 피해를 끼쳤고, 은행 자신도 무사하지 못했다.

외환딜러나 증권가에서는 투기를 뜻하는 영어 스페큐레이션Speculation을 스펙Spec이라고 줄여서 말한다. 요즘은 이 스펙 거래를 더욱 고상한 말로 포장하여 프롭Prop; Proprietary 거래라고 한다. 사적 소유라는 의미의 Proprietary라는 단어에서 알 수 있듯이 이는 자기자본, 즉 내 돈으로 투자하는 거래라고 주장한다. 금융회사의 돈을 내 돈과 고객 돈으로 그리 쉽게 구분되지 않음에도 굳이 '투기'라는 좋지 않은 이미지에서 벗어나고 싶어 한다. 어쨌거나, 나는 은행에서 일하면서 위험을 회피하고자 하는 '헤지' 거래와 이익을 내고자 하는 투기인 '스펙' 거래 사이에서 많은 갈등을 겪었다. 그리고 이 책의 많은 부분이 이들 거래를 다루고 있다. 그래서 이 책 부제목에 '헤지와 스펙'이라는 말을 넣었다.

이 책은 '제I부 키코의 추억', '제II부 헤지와 스펙'과 '제III부 원화 국제화'로 구성되어 있다. 대부분의 글은 2014년 5월에서 2015년 11월 사이에 송현경제연구소에 썼던 글을 바탕으로 몇 가지를 수정·추가한 것이다. 2016년부터 3년간 자동차 부품을 제조하는 중견기업의 CFO로 근무하여 글을 쓸 마음의 여유를 갖지 못하다가, 작년 3월 말 이 회사를 퇴직한 후 썼던 글을 다듬어 책으로 내놓자는 욕심이 났다. 그래서 중소기업의 환리스크 관리 방법, FX마진거래, 외화 후순위채권 발행에 관한 글을 추가하였다. 2019년에 추가한 세 개 글 이외에는 글을 쓰던 시점인 2014~2015년의 외환시장이나 자본시장 상황과 관련된 내용들이 있다.

그래서 독자의 이해를 돕고자 각 글머리에 글 쓴 일자를 표시해 두었다.

'제I부 키코의 추억'에서는 녹 인Knock-in, 녹 아웃Knock-out이라는 위험한 옵션이 붙은 선물환을 우리 기업이 많이 거래한 배경과 경로를 내가 겪은 경험을 바탕으로 설명하였다. 1995년에 우리나라 최대의 공기업과 외국 투자은행 간의 녹 인이 붙은 달러/엔 선물환 거래를 중개한 경험을 썼다. 그 거래 후 환율이 달러당 80엔 밑으로 내려가 그 공기업이 1억 달러가 넘는 손실 위험에 처했던 아찔한 경험을 통해 통화옵션이 붙은 선물환 거래의 위험성을 설명하였다. 2006~2008년 초의 3년간은 달러/원 환율이 매우 완만하면서도 조금씩 떨어져 수출기업들은 어떻게 하면 환차손을 줄일지 골몰하던 시기였다. 이런 점을 파고들어 달러당 몇 원을 더 얹어주는 키코는 기업들에게 매우 매력적이었다. 은행들도 키코를 팔아 나오는 이익 챙기기에 바빴지 그 위험성을 설명하는 데는 소홀했다. 2008년 3월 말 이후 달러/원 환율이 급등하면서 키코 거래를 한 기업의 손실은 눈덩이 굴러가듯 커졌다. 일부 기업과 은행은 발생한 손실을 만회하고 이익을 내고자 더욱 위험한 옵션이 붙은 키코를 취급하였다. 그 결과 수많은 기업이 도산하였다. 이후 기업들은 은행을 상대로 소송을 진행했으나, 대부분 은행의 책임이 없다고 판결이 났다. 이런 점에서 범인을 잡으려 하였으나 잡지 못한 영화 〈살인의 추억〉에 빗대 '키코의 추억'이라고 제1부의 제목을 붙였다. 우리 기업이 입은 엄청난 손실은 반대로 누군가는 그만큼의 이익을 봤다. 우리 기업과 체결한 키코 거래가 외환시장에서 어떤 경로를 통해 처리되는지 거래 흐름도를 만들어 보았다. 마지막으로 키코 거래에 대한 정부와 감독기관, 은행의 책임을 설명하고 피해 기업에 법적 판결과는 별개로 보상할 방안을 제시해 보았다.

'제II부 헤지와 스펙'에서는 제목 그대로 헤지 또는 스펙과 관련된 각종 금융상품에 대한 이야기를 실었다. 도쿄지점에서 근무하면서 여러 가지 실패를 경험했다. "헤지 안 한 책임은 누가 지나요?"란 교포 직원의 말 한마디에 무너져 유로엔 금리선물을 이용한 엔화 자금조달 금리 상승의 손실을 회피하고자 실행한 헤지 거래로 뼈아픈 실패를 겪었다. 현지 책임자가 매입한 일본의 주가지수와 연계된 채권이 주가지수의 급락으로 만기에 한 푼도 건지지 못한 경험, 정크본드로 유명했던 미국 드럭셀이 발행한 유로 CP가 만기 며칠 전에 부도가 나는 경험 등은 지금도 잊지 못하고 문득문득 생각난다. 지점장 생활을 하면서 지켜본 투기적인 엔화 대출, 절세 목적의 엔화 스와프 예금 등도 고객에게 큰 손실을 끼친 거래들이었다. 2011년 이후 몇 년간 국내 증권회사를 통한 브라질 국채 투자가 크게 유행하였다. 국내 금리가 너무 낮아 고금리 채권을 찾아 국경을 넘어 자금이 이동한 것이다. 이런 거래는 환리스크를 회피하지 않고 열어둔 거래라야 성립한다. 가장 대표적인 것이 일본 와타나베 부인의 '엔 캐리 트레이드Yen Carry Trade'이다. 우리의 브라질 국채 투자를 이에 빗대 '김 여사의 원 캐리 트레이드'라고 표현하고 관련된 위험성을 설명하였다. 2억 달러 후순위채권 발행은 불가피한 상황에서 13.75%라는 고금리를 감수해야 했으나 헤지 거래를 통해 금리 부담을 크게 낮춘 거래였다. 그럼에도 외환은행이 외국에 팔리고 난 후 들어온 외국인 은행장이 이 채권의 만기일에 악성 채권을 조기 상환했다고 하면서 다시는 이런 일이 없어야 한다고 은행 내에 방송하였다. 헤지 거래는 어디로 가고 없고 고금리 채권만 남아 있어서 외국인 은행장으로부터 그런 비난을 받았다. 그 과정을 다시 되돌아보았다. 은행이나 언론은 기업의 환리스크 관리가 중요함을 툭하면 주장한다. 중요하다는 것은 기업들도 모르지 않는다. 다만 실행 방안은 교과서에 나오는 말대로 되지 않는다. 중소기업의 환리스크 관리의 현실과 실질적인 방안에 대해서 은행 퇴직 후 이런저런 제조업체에서 일한 경험을 바탕으로 설명해 보았다.

'제Ⅲ부 원화 국제화'에서는 우리 원화의 위상과 관련된 이야기와 그 위상을 조금이라도 높이려면 어떻게 해야 하는지를 다뤘다. 우리 금융회사들은 삼성전자처럼 전 세계를 휘어잡는 회사가 되려는 노력을 하지 않는다고 종종 비난을 받는다. 국내 은행이 해외에서 힘을 쓰지 못하는 원인은 여러 가지가 있다. 그중에서 가장 중요한 것은 우리 원화에 가해지는 각종 규제이다. 우리 원화를 우리 금융회사가 해외에서 마음껏 활용하지 못하는데 어떻게 외국 금융시장에서 경쟁력을 가질 수 있겠는가. 그 이면을 살펴보고, 비정상적인 달러/원 NDF Non-deliverable Forward 거래를 폐지하고 정상적인 달러/원 선물환거래가 자유롭게 이루어져야 하는 이유를 설명하였다. FX마진거래는 투기의 끝판왕이라고 할 수 있다. FX마진거래는 2005년에 선물회사에 한하여 허용되었다. 그 후 이 거래는 급팽창하였다. 그 투기성으로 인한 부작용이 많이 발생했는데, 이에 따라 금융감독기관은 FX마진거래를 고사시키는 방향으로 규제를 강화하였다. 제도권 금융회사를 통한 거래가 불편하니 고객들은 대부분 사설업체로 몰려갔다. 이와 더불어 상품은 더욱 투기적인 것으로 진화했다. FX렌트Rent거래라는 홀짝 수준의 투기거래도 만들어졌다. 규제를 다시 완화하여 불법적인 사설업체의 농간에 휘둘리는 고객들을 제도권으로 다시 유입해야 한다. FX마진거래에 우리 원화는 없다. 이제 FX마진거래의 부작용만 볼 것이 아니라, 원화와 외화 간 거래를 허용하여 우리 금융회사들이 이 시장에서 주역으로 활동할 수 있는 공간을 만들어줘야 한다. 이렇게 하는 것이 금융회사의 업무영역과 질 좋은 고용을 확대하고 조금이나마 원화 국제화에 다가가는 길임을 살펴보았다. 요즘처럼 사회가 불안해질수록 금Gold에 대한 수요가 늘어난다. 따라서 금 값도 다시 많이 올랐다. 은행에서 금과 금화를 이용한 사업을 추진하다가 실패한 경험담도 실어보았다.

키코를 비롯하여 파생금융상품과 연관된 금융거래에 관한 글을 썼지만 나 스스로는 파생금융상품 전문가라 할 수 없다. 2000년대에 들어와, 여러 대학들이 금융공학을 전공하는 학과를 개설하여 이 분야의 인재를 배출하였다. 미국 등에서 역시 최첨단 금융공학을 배운 인재들도 많아졌다. 이들이 많은 실무 경험을 쌓아 진정한 전문가가 되었다. 이들의 시각으로 보면 나는 전혀 전문가는커녕 파생상품의 기초 개념을 겨우 아는 초보 정도로 볼 것이다. 그럼에도 이 책에서 이야기한 실패들은 지금도 일어나고 있다. 2019년에 일어난 파생연계펀드DLF: Derivative Linked Fund 사고, 2020년에 들어서는 코로나19 팬데믹에 따른 외국 주가나 국제 원유 가격과 연계된 금융 상품의 대거 손실 발생 등이 이를 단적으로 보여준다. 이런 실패의 뒷면에는 항상 고객에 대한 배려 부족이 있다. 금융회사의 전문성이 부족해서가 아니다. 파생금융상품은 날이 바짝 선 양날의 칼과 같다. 조금만 잘못 쓰면 고객에게 깊은 상처를 주고 금융회사에도 같은 상처를 준다.

33년간 은행에 있었던 일을 뒤늦게 일기로 쓰고 숙제를 마친 기분이다. 부끄럽고 쑥스러운 기분도 함께 밀려온다. 책 내용에는 부족한 것도 많고 잘못 생각한 것도 있을 것이다. 다만, 이 책이 금융회사 고객이나 금융인에게 조금이라도 교훈이 되었으면 좋겠다. 한편, 글 중에 사실이 아니거나 오해한 내용으로 불편을 느끼신 분이 계시다면, 그분께는 넓은 아량으로 이 책을 봐주길 부탁드린다. 모두 필자의 능력 부족 탓이라고 생각한다.

이 책이 나오기까지 여러 분이 도와주었다. 우선 필자가 글을 쓸 수 있게 계기를 만들어주고 글 하나하나에 의견을 제시하면서 응원을 해준 정대영 송현경제연구소장에게 감사드린다. 정대영 소장과 함께 종종 모여 우리 금융시장과 경제에 대해 토론한 조국준과 문성훈 동기께도 감사드린다. 이들은 토론 과정에서 시장과 경제에 대한 탁월한 식견을 보여줘 필자의 부족한 논리를 보충해 주었다. 경영학 교수였으나 퇴직 후 시집을 발간하여 시인으로 등단한 50년 절친 이도화는 내 책이 나오길 기다리며 항상 격려해 주었다. 감사드린다. 함께 사목회 멤버인 권기조 형과 윤상권에게도 감사드린다. CFO로 일하던 중 기업 경영의 모든 면을 수시로 가르쳐주어 이 책을 마무리 짓는 데 큰 도움을 주신 (주)계양정밀의 정병기 회장님과 권무경 부회장님께도 감사드린다. 은행 생활을 하는 동안 이끌어주고 도와준 많은 선배님, 동료와 후배님에게 이 자리를 빌려 감사드린다.

마지막으로 여러 가지로 부족한 글을 기꺼이 책으로 내주신 한울 엠플러스 사장님과 여러 분께 감사드린다. 특히 기획을 맡으신 윤순현 님과 편집을 맡아 고생해 주신 편집부 분들께 깊이 감사드린다.

아내와 세 아들, 둘째 며느리와 손자에게 고마움과 함께 이 책을 바친다.

2020년 6월
이경덕

제I부
키코KIKO의 추억

"키코 사태의 가해자는 누구인가"

"환율의 파고를 넘어 안전한 곳으로 데려다줄 것으로 생각하고 별 생각 없이
'키코 열차'에 승선했다가 수많은 사상자가 발생하였다.
이런 일이 재연되지 않기 위해서는 금융회사 스스로 아무 상품을 아무에게나
판매하지 않도록 하는 내부 통제시스템을 더욱 단단히 갖추어야 하겠다.
그리고 사고가 발생할 경우에는 금융 소비자를 보호할 수 있는 법적인 장치도
충분한지 둘러봐야겠다.**"**

등골이 오싹했던 1995년의 녹 인 Knock-in
키코의 추억 1

2003년에 개봉된 영화 〈살인의 추억〉은 너무나 유명하여 우리 모두가 알고 있다. 1980년대 중반에 일어난 화성 연쇄살인 사건을 모티브로 한 내용이다. 영화에서 형사는 살인범을 찾아 갖은 고생을 하지만 결국 밝혀내지 못하였다. 그리고 그 사건은 현재까지도 미궁에 빠져 있다.[1]

2013년 9월, 대법원은 중소기업들이 제기한 키코KIKO: Knock-in Knock-out[2] 소송에 대해 최종판결을 내렸다. 이 판결에서 위험 고지를 제대로

---

[1] 2019년 9~10월, 경찰은 화성 연쇄 살인사건 관련 일부 증거품에서 DNA를 추출하여 범인을 확인했으며, 지목된 범인은 범행을 자백했다고 발표하였다.

[2] 언론, 기업인, 금융인에게 파생금융상품인 '키코KIKO: Knock-in Knock-out 통화 옵션'이 워낙 유명하다 보니 이 상품을 부르기 편하게 '키코'라 줄여서 말하고 있다. 녹 인Knock-in은 기존의 계약 조건이 새로운 조건으로 변경 적용되는 것을 말하고, 녹

하지 않은 일부 사안은 중소기업에 유리했으나, 전반적으로는 은행들이 승소한 것으로 나타났다.

키코로 인해 국내 중소기업들은 어마어마한 금액을 손해 보게 되었는데, 그 가해자가 누구인지는 명확하게 드러나지 않았다. 대법원 판결에서 보듯이 그동안 가해자라고 알려졌던 은행들은 승소해서 가해자가 아닌 걸로 나타났다. 그럼 가해자는 누구인가? 투기를 통해 환차익을 노린 기업의 CEO나 경영진일까? 갈 데까지 간 한국의 원화 환율 수준을 노리고 키코 상품을 퍼뜨린 외국 금융기관인가? 대법원 판결에서는 승소했지만 키코 판매에 열을 올린 국내 은행(외국계 국내 은행 포함)이 실질적인 가해자인가? 아니면 2008년 집권하자마자 달러/원[3] 환율 상승의 도화선에 불을 붙인 MB 정권과 그 실세였던 '최강라인'인가?

'금융 이야기'를 키코 이야기에서부터 시작하고자 한다. 범인이 명확

아웃Knock-out은 기존의 계약 조건이 없어지는 것을 말한다. 일단 녹 아웃이 되면, 계약 기간 내에 시장 상황이 변하여 다시 녹 인 조건이 성립되지 않는 한, 계약 당사자 모두에게 어떤 제약도 부과되지 않는다. 따라서 시장에서 형성되는 환율로 각자가 알아서 외환거래를 하면 된다.

3 신문지상에는 미화 1달러당 원화 환율을 말할 때 '원/달러' 환율이라고 하는 경우가 많다. 그러나 외환 딜러들은 통상 '달러/원'이라고 말하고, 로이터, 블룸버그 등 통신들도 'USD/KRW', 'EUR/USD' 등으로 표시한다. 이때 '/'는 나누기가 아니라 단순히 앞뒤 구분하는 기호에 지나지 않는다. 그렇게 하여 '/'의 앞 통화는 기준통화가 되고 뒤의 통화는 상대통화가 된다. '달러/원 1100.50'으로 표기하면 기준통화인 달러 1단위당 상대통화인 원화 1100원 50전이란 의미가 된다. 여기에서도 딜러들이 사용하는 표기법을 따르고자 한다.

하지 않은 영화 〈살인의 추억〉에 빗대어 이야기의 제목을 '키코의 추억'으로 정해보았다. 앞으로 별로 즐겁지 않은 추억을 몇 차례 되살려 보고자 한다. 과거의 추억을 다 회상한 후에도 범인이 누구인지 특정할 수 있을지는 모르겠다. 오랜 추억이라 정확하지 않은 점도 있을 것이니 양해 바란다.

내가 K은행[4]에 근무하면서 거래기업과 통화옵션 상품을 처음 취급한 것은 1994년 중순경이었다. 우리나라 굴지의 공기업인 H사와 미국계 대형 투자은행인 M은행 간의 거래를 은행이 중간 매개체 역할을 수행한 것으로 엔화 차입과 관련한 달러/엔 선물환 거래였다. 선물환 거래의 부대조건으로 녹 아웃Knock-out은 없었지만 녹 인Knock-in의 달러/엔 통화옵션이 포함되어 있었다.[5]

과거 환율 통계자료를 기초로 기억을 더듬어 보면, 대략 다음과 같은 시장상황에서 이루어졌던 거래였던 것 같다.

1994년 초 일본 엔화 환율은 달러당 110~112엔을 기록하고 있었다. 그러나 2월에 접어들면서 엔화는 강세가 급속도로 진행되었고, 6월에는 사상 최초로 달러당 100엔을 일시적으로 하향 돌파한 후 100엔 근처에서 움직였다. 엔화 차관이 많았던 H사는 환리스크 헤지를 위해 당시 시장환율

---

4 내가 일했던 은행을 편의상 K은행이라 부르고자 한다.
5 녹 인이나 녹 아웃 조건이 붙은 옵션을 배리어Barrier 옵션이라 한다. 주식 등 자산 가격이나 금리, 환율 등이 미리 정해진 장벽Barrier 수준을 통과할 때 새로 생기거나 없어지는 옵션이어서 붙은 이름이다.

그림 I-1_ 달러/엔 환율 추이(1994년 1월~1995년 12월)

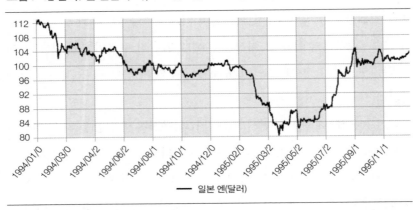

— 일본 엔(달러)

자료: 한국은행 경제통계시스템.

보다 좀 더 유리한 달러당 103~104엔에 엔화를 매입하기로 M은행과 계약을 체결하였다. 엔화를 조금 싸게 매입하는 대가로 환율이 달러당 80엔인가를 하향 돌파하면 도리어 H사가 M은행에 계약 환율로 엔화를 매도하기로 하는 녹 인 통화옵션(유로피언 옵션European Option으로 기억됨)을 부대 조건으로 하는 계약이었다.[6] H사로서는 '사상 최초로 100엔을 하향 돌파하긴 했지만, 달러/엔 환율이 한 95엔 정도까지 갈 수는 있어도 설마 80엔 밑으로 가겠는가?', '현재 수준에서도 일본 기업들이 죽겠다고 난린데 그

----

6   유로피언 옵션은 계약 만기일에 옵션을 행사할 수 있는 권리가 옵션 매수인에게 주어진 것이며, 아메리칸 옵션은 계약 기간 중 아무 때나 옵션을 행사할 수 있는 권리가 옵션 매수인에게 주어진 것을 말한다.

제I부 • 키코의 추억
26

수준이 되면 살아남을 일본기업이 어디 있겠으며, 일본 정부가 그 정도까지 가도록 내버려 두겠는가?라는 판단을 하지 않았나 짐작된다.

1994년 말까지 환율은 100엔 전후를 왔다 갔다 하는 소강 상태여서 H사의 헤지 전략은 성공적으로 보였다. 그러나 1995년에 접어들면서 환율이 급변하여 3월에는 90엔을 돌파하였다. 잠시 잊고 있었던 위 거래가 걱정거리로 본격적으로 대두되었고, 4월에는 드디어 절대 올 것 같지 않던 80엔마저 뚫렸다. 녹 인이 성립된 것이다.

만기일까지 환율이 이 상태로 가서 녹 인이 된 통화옵션 계약을 이행해야 할 경우 손실을 계산해 보니, 약 1억 달러! 1억 달러라면 현재에서도 거액이지만 당시에는 정말 어마어마한 금액이었다. 이런 거액의 손실을 국내 공기업이 입었다는 사실이 외부에 알려지면 사회적으로도 큰 파장을 일으킬 터였다. 나는 H사에 이 사실을 통보했고, H사로서도 별 뾰족한 묘수가 없었다. 옵션 만기일까지 이 건이 외부로 드러나지 않도록 극히 조심하며 지켜볼 수밖에 없었다. 그 후 달러/엔 환율은 78엔대를 잠시 찍고 83엔 전후를 기록했고, 8월 이후 점차 상승하기 시작하여 9월 중순 이후에는 다시 100엔대를 회복하였다.

당시 국내 은행들은 외국 은행과 국내 기업 간 거래의 중간 매개체, 즉 일종의 브로커 역할을 종종 하곤 했다. 이런 브로커 역할을 하면 0.1~0.2%포인트의 마진을 중개수수료 조로 챙겼다. K은행은 한때 특수은행이었고, 당시에도 외환 전문은행으로 국내상업은행 중에서 가장 신인도가 높았다. 그래서 외국 은행들은 국내 기업과 거래할 경우 K은행에 중간 매개체 역할을 해달라고 종종 요청하였다.[7] 그런 와중에 구전 몇 푼 먹으려고 한 일이 크게 틀어지면서 몇 달간 정말 등골이 오싹한 경험을 한 것이다. H사도 과거의 혼쭐난 경험을 바탕으로 그 후 IMF 외환위기 시 일부 금융회사나 기업이 외국계 금융회사에 호되게 당한 총수익교환 약정TRS: Total Return Swap[8] 거래나 키코 거래로 인한 피해는 입지 않았으리라 생각한다.

외국계 금융회사, 특히 미국의 투자은행들은 파생상품을 만드는 능력이 탁월하다. 시대 상황에 따라 사람들이 혹할 수 있는 그런 상품들을 만들어낸다. 2014년 1월 말, 한국은행이 발표한「비정형 통화파생상품 시장의 최근 동향 및 평가」보고서에서 2013년 6월 말 비정형 통화파생상품의 거래 잔액이 39조 8000억 원으로 전년 말 대비 52.5% 증가했다고

---

7   당시 외국환관리규정에서 국내 기업이 외국 금융회사와 직접 선물환 등 파생상품을 거래할 수 없도록 했다. 외국 금융회사들은 공기업이나 대기업을 대상으로 직접 마케팅을 실시하고 성사된 거래 건은 국내의 외국환은행을 중간 매개체로 활용하였다. 외국 금융회사 입장에서도 국내의 공기업이나 대기업과 직접 거래하는 것보다는 국내 은행을 중간 매개체로 하는 것이 훨씬 안전하기 때문에 이를 선호했다. 은행에 대한 BIS 자기자본비율 규제가 엄격하고, 각종 파생금융상품의 위험에 대한 인식과 관리 기능이 크게 향상된 요즘 기준으로 보면 0.1~0.2%포인트의 적은 마진으로는 절대 일어날 수 없는 거래이다.

8   TRS의 구조는 그림 I-2와 같다. A는 B에게 대상 자산의 모든 성과를 양도하고, B는 A에게 대상 자산 투자에 필요한 자금의 비용을 지급한다. 거래 구조는 매우 단순하나 대상 자산의 종류와 손익 구조, 조달 자금의 비용 산정 방식, 만기 시 청산 방식 등을 어떻게 구성하느냐에 따라 완전히 다른 상품이 된다.

그림 I-2_ TRS(총수익교환약정)의 구조

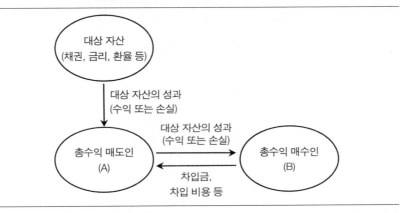

주: IMF 외환위기 시 우리나라 종금사, 투신사, 증권사 등이 JP모건 등 미국 투자은행들로부터 매
   수한 TRS는 인도네시아 루피아화 채권에 투자하면서, 인도네시아 루피아화의 대미 달러 환
   율이 상승하면 루피아화 채권에서 큰 손실을 입고, 태국 바트화의 대미 달러 환율이 상승하면
   차입금의 상환금액이 크게 늘어나는 구조였다. 특히 바트화 산식에서 [(투자시점 환율 - 만기
   시점 환율) / 만기시점 환율]의 5배수를 적용하여 대부분 차입금의 세 배 이상을 상환해야 했
   다. 이 거래로 미국 투자은행은 소위 '일타양피'의 이득을 취했다.

밝혔다. 그리고 2014년 현재 원화가 다시 달러당 1000원에 접근하고 있
다. 이런 시장 상황이 되면 이들은 수출기업들이 느끼는 환율에 대한 불
안을 부추기며 이익을 챙길 또 다른 형태의 파생상품을 만들고 있지는
않은지 걱정된다. 물론 국내 기업들도 과거의 경험이 있으니 쉽게 당하
지도 않을 것이고, 감독 당국이나 국내 은행들도 아무 상품이나 거래 기
업들에게 판매하도록 하지는 않을 것으로 기대한다.

2006년 환리스크 관리기법 세미나에서
키코의 추억 2

2004년 6월 말부터 2007년 1월 말까지 2년 반 정도 K은행의 대구지점장으로 근무한 적이 있다. 대구는 고등학교 졸업 때까지 자랐던 곳이고 어머님을 비롯하여 형제들 모두가 거주하고 있으니, 연로하신 어머님을 가까이서 뵐 수 있어서 즐거운 마음으로 지방 근무를 하였다.

2006년 5~6월경으로 기억한다. 지역영업본부로부터 본점의 전문가를 초청하여 '효율적인 환리스크 관리기법 세미나'를 개최한다는 연락이 왔다. 각 지점에서는 수출입거래가 있는 기업의 사장님이나 자금담당 임직원을 호텔 점심식사에 초청하도록 하고 지점장 이하 관련 직원은 모두 참석하라는 지시였다. 거래 중소기업의 자금담당 임직원 10여 분, 그리고 우리 지점 직원들과 함께 세미나에 참석하였다. 본점에서 온 전문가는 내가 대리, 과장, 차장으로 근무했던 부서에서 외환 및 파생상품 마케팅을 담당하는 직원이었다. 그 부서를 떠난 지 오래되어 나도 그 직원도 서로를 모르는 상태였다. 그 직원이 설명하는 효율적인 환리스크 관리 기법은 녹 인과 녹 아웃 조건이 붙은 달러/원 통화옵션거래, 바로 '키코'였다.

2006년에 들어와서 지방에서도 키코 바람이 불기 시작했다. 특히 우량 중소기업들을 중심으로 키코 거래가 눈에 띄게 늘어났다. 이들이 모여 있는 성서공단을 담당하는 영업점에서는 키코로 짭짤한 수익을 올리고 있었다. 본점에서도 이런 추세를 감안하여 모든 지역본부를 순회하면서 환리스크 관리 방안을 소개하는 세미나를 개최하였다. 이 세미나는 말이 좋아 환리스크 관리 방안 세미나였지, 실제로는 키코가 무엇인지 전혀 모르는 중소기업의 사장이나 재무 담당자들에게 키코를 소개하는 판촉 행사였다. 아울러 은행 직원들에게 키코 교육을 시켜 앞으로 키코 상품을 열심히 팔게 하려는 목적도 있었다. 그냥 세미나에 오라고 하면 잘 안 오니 괜찮은 호텔에서 식사를 대접하면서 키코를 설명하는 그런 자리였다.

이해를 돕기 위해 2006년 당시 시장 상황을 요약하면 이렇다.

달러/원 환율은 마지노선이라고 생각했던 1000원선이 2006년 초에 뚫렸고, 5월에는 920원대를 기록하기도 하였다. 이후 지나치게 빠른 원화 강세에 부담을 느낀 정부에서 외환시장에 개입했고, 환율은 반등하여 950원 전후에서 등락을 거듭하였다.[1] 시장에서는 원화가 더욱 강세를 보일 것으로 전망하였다. 시기가 문제일 뿐 장기적으로는 800원대 진입

그림 I-3_ 달러/원 환율 추이(2005년 3월~2015년 10월)

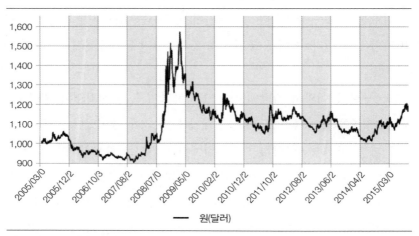

자료: 한국은행 경제통계시스템.

도 가능할 것이라는 분위기가 대세를 이루었다.

　시장 상황과 전망이 이렇다 보니 수출기업들은 모두 달러 선물환을 매도해야 한다는 생각을 하고 있었다. 그런데 본점에서 온 외환전문가가 단순한 달러 선물환을 매도하는 것보다 더 주목할 만한 상품으로 달러당

1　이러한 2006년 환율의 움직임은 달러당 100원의 차이는 있지만 2014년 우리나라 외환시장의 모습과 비슷하다. 2014년 5월 현재 한두 달 사이에 달러/원 환율이 50원 이상 떨어져 1020원에 육박하였다. 이 선이 무너질 경우 900원대 진입이 가시화된다. 외환 당국에서는 이를 방지하기 위해 딜러들이 방심하고 있던 점심시간을 이용하여 대규모로 외환시장에 개입하여 900원대 진입을 간신히 막고 있는 상황이다.

5~10원을 더 얹어줄 수 있는 상품이 있다고 설명하였다. 그것이 바로 '키코'라는 신상품이고 수출기업에 매우 유리한 것이라고 설명하니 모두 혹하지 않을 수 없었다.

이때만 해도 본점도 키코에 대해 조금은 조심스러운 생각을 갖고 있었던 것으로 보인다. 그래서 계약 기간은 6~12개월로 하고, 녹 아웃 환율은 910~920원, 계약 금액의 두 배에 해당하는 달러를 기업이 매도해야 하는 녹 인 환율은 990원 내외로 설정한 키코를 설명하였다. 그리고 월별 계약 금액 50만 달러 이상, 계약 기간 6개월 이상이면, 계약 금액, 계약 기간, 녹 인과 녹 아웃 환율 수준 등은 기업의 상황에 맞게 상품을 설계해 줄 수 있고, 상품 설계에 따라 훨씬 더 유리한 환율이 될 수도 있음을 설명한 것으로 기억한다.[2]

마케팅을 목적으로 하는 세미나에서는 참석자가 질문하거나 이의를 제기하지 않는 한 장점만을 설명하기 마련이다. 이날도 예외가 아니었다. 본점의 직원은 키코의 장점만을 설명하였다.

키코에 대한 설명을 듣고 나니, 10년도 더 지난 국내 공기업 H사와 외

----

2 통상적인 키코 상품은, 일정 금액(예: 100만 달러)의 달러를 일정 환율(예: 달러당 955원)에 기업이 팔 수 있는 권리인 풋 옵션Put Option을 기업이 사고, 기업이 산 풋 옵션 금액의 두 배(200만 달러)를 풋 옵션 행사 환율보다 훨씬 높은 환율(예: 달러당 990원)에 은행이 살 수 있는 권리인 콜 옵션Call Option을 은행이 사는 거래이다. 예를 든 환율을 기준으로 다시 설명하면, 990원을 넘어서면 은행의 콜 옵션이 발동되고(녹 인), 환율이 일정 수준(예: 달러당 910) 이하로 하락하면 955원에 팔게 되어 있던 풋 옵션은 소멸되는(녹 아웃) 조건을 부여하였다.

국 투자은행 M은행이 체결한 달러/엔 녹 인Knock-in 통화 옵션이 내재된 선물환거래를 중개한 악몽이 떠올랐다. 또한, IMF 외환위기 당시 우리나라의 종합금융회사, 증권회사 및 일부 대기업이 JP모건 등 미국계 투자은행과 체결한 태국 바트화 환율과 연계된 TRSTotal Return Swap를 이용한 차입 거래와 인도네시아 루피아화 채권 투자로 엄청난 손실을 입은 사건을 다시 기억하게 되었다.[3] 이 상태로 세미나를 마쳐 거래업체 임직원들이 키코 상품에 대한 환상을 갖고 가게 해서는 안 되겠다고 생각했다. 그래서 질의·응답 시간이 끝나갈 무렵 나는 마지막으로 자청하여 마이크를 잡고, 대략 다음과 같은 추가 설명을 하였다.

저는 오늘 키코 상품을 설명한 강사가 근무하고 있는 부서에서 일했습니다. 해당업무에서 떠난 지가 몇 년 되었습니다. 지금은 전문가라고 하기는 어렵지만 그래도 몇 가지는 여러분께 말씀드려야 할 것 같습니다.
첫째, 이런 상품은 환율이 바닥권에 근접했을 때 나올 가능성이 매우 높습니다.[4]

---

3   JP모건과 거래한 일곱 개 펀드(다이아몬드Diamond, 에메랄드Emerald, 브라이트록 Brightrock, 글로벌Global, 어드밴스드Advanced, 모닝글로리Morning Glory, 아토즈 Atoz 등)의 손실액만 해도 7억 달러를 넘는 것으로 알려졌다(《한국경제》, 1998. 10. 23). 우리나라 금융회사의 전체 손실액 규모는 20억~30억 달러에 달하는 것으로 보도되기도 하였다(《매일경제》, 1998. 2. 16).
4   실제 바닥은 1년 반 뒤인 2008년 초에 왔다.

둘째, '제로 코스트 옵션Zero Cost Option'[5]이라고 했지만 금융상품은 복잡하면 할수록 내재된 수수료는 더욱 비싸지고 그만큼 위험합니다.

셋째, 환리스크 관리에서 가장 강력하고 효율적인 상품은 가장 단순하면서도 비싸지 않은, 그러면서도 여러분이 잘 아시는 선물환 거래입니다.

넷째, 이런 인식을 갖고도 선물환거래보다 조금 유리한 환율을 제시하는 키코 거래를 하겠다면 다시 한 번 거래 조건을 신중히 점검하시고, 회사 내부적으로도 사장님을 비롯한 담당 직원들이 충분히 이해한 후 사장님의 승인을 받고서 거래하시기 바랍니다.

공기업 H사와 M투자은행 간 실제 거래를 예로 들어 참가한 거래기업 임직원들에게 설명해 주었으면 보다 쉽고 명확하게 키코의 위험성을 인식시킬 수 있었을 것이다. 당시에는 시간적인 제약과 더불어 나의 치부(?)를 드러내는 것 같아 차마 그럴 용기까지 나지는 않았다. 다만 한 가지 위로가 되는 점은, 다른 지점의 직원이나 거래기업 임직원들은 모르겠으나, 우리 지점 직원이나 거래기업 임직원들은 키코에 대한 주의 사항을 상당히 이해하면서 기억하고 있었다는 점이다.

----

5 옵션Option은 권리이기 때문에 매도인은 매수인으로부터 대가(프리미엄)를 받는다. '제로 코스트 옵션Zero Cost Option'이라고 한 것은 기업이 매수한 풋 옵션 프리미엄과 매도한 두 배 금액의 콜 옵션 프리미엄이 동일한 금액이어서 비용이 발생하지 않는다는 의미에서 붙인 용어다. 기업 입장에서는 '제로 코스트Zero Cost'이지만 은행 입장에서는 상당한 수수료 수익이 내재되어 있는 거래이다.

2009년 은행을 떠난 후 1년에 한두 번씩은 대구지점에서 같이 근무했던 직원들을 만나 회포를 풀곤 했는데, 어느 날 그 모임에서 지점의 거래기업들은 키코 거래로 인하여 피해가 없었는지에 대해 얘기를 나누게 되었다. 상당수 기업이 내가 말한 리스크를 감안하여 키코 거래에 응하지 않았다고 하였다. 반면 이런저런 이유로 키코를 거래한 기업도 3~4개 있었다. 그중 한 섬유회사는 우리 지점과 키코 거래를 취급하여 상당한 손실을 입었고, 다른 한 철강회사는 키코 거래 손실이 과중하여 법정관리에 들어갔다는 것이었다. 한 자동차부품회사는 외국계 은행과 키코를 거래하여 큰 손실을 입었고, 그 책임을 물어 재무담당 이사를 해임했다고 하였다. 키코 거래로 인해 큰 손실을 입은 한 섬유 회사는 내가 세미나에서 말한 것을 기억하고 있어서 그 뒤 키코 관련 재판에서 은행의 강요도 없었고, 키코 거래의 구조에 대한 설명과 위험성에 대한 고지도 들었다고 명확하게 증언했다고 한다.

2006~2008년, 키코 상품의 춘추전국시대
키코의 추억 3

앞 장에서 언급했듯이 대구경북지역본부가 개최한 환리스크 관리 세미나에서 거래업체 임직원들에게 키코 거래와 관련하여 주의해야 한다고 말하긴 했지만, 사실 나도 키코 마케팅에서 결코 자유롭지 않았다. 그래도 굳이 변명을 하자면 두 건밖에 유치하지 않았고, 거래 금액도 월 30만~50만 달러로 상대적으로 소액이었으며, 계약 기간도 6개월을 넘지 않았다. 따라서 고객이 입은 손실도 그렇게 크지(?)는 않았다는 것이다. 그러나 이 또한 오십보백보! 이에 대해서는 다시 얘기할 예정이다.

우선 2006~2008년 당시 키코 열풍이 본격적으로 불게 된 배경의 하나인 환율 추이를 한 번 더 살펴보고, 은행과 기업들이 이에 대응하여 어떤 행태를 보였는지도 훑어보자.

달러/원 환율은 2006년에 들어서자 바로 1000원선이 무너졌고, 그해

그림 I-4_ 2006~2008년 3년간의 달러/원 환율 추이

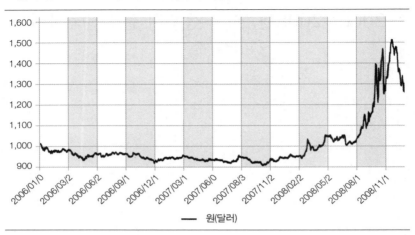

자료: 한국은행 경제통계시스템.

5월 초에는 920원대까지 떨어졌다. 이후 환율은 2008년 3월 초까지 거의 2년 가까이 920~960원의 박스권에 갇혀 있었다. 2007년 7월 초에서 2008년 1월 초까지 6개월 동안은 910~930원이라는 더욱 좁은 범위 내에서 달러/원 환율이 움직였다. 2007년 10월 말경 잠시 급락하여 31일에는 장중에 899원 60전을 기록한 후, 외환 당국의 필사적인 노력으로 환율은 다시 박스권으로 돌아왔다. 시장에서는 이를 환율이 언제든지 800원대로 다시 갈 수 있다는 신호로 받아들였다.

　외환 딜러들은 죽겠다고 다들 난리였다. 외환 딜러로서는 환율이 움직여야 돈을 벌 수 있다. 환율이 자주 변동하고 그 변동폭이 크면 클수록

큰 돈을 벌 기회는 더욱 많아진다. 그러나 2년 가까이 환율이 게 걸음을 하니 도무지 수익을 낼 도리가 없었다. IMF 이후 10여 년 동안 달러/원 환율은 변동성이 매우 커서 외환 딜러들은 꽤 많은 돈을 벌어들였다. 그 수익이 은행 내에서 차지하는 비중도 상당했다. 이에 따라 딜러들에게 부여된 이익 목표도 크게 올라가 있었다. 그런데 도무지 환율이 변하지 않으니 이익 목표를 달성하기가 어려웠다. 딜러들은 여간 스트레스를 받는 게 아니었다. 간혹 딜러들과 술자리를 같이 하면 외환시장을 감시하고 수시로 개입하는 정책 당국을 비난하는 목소리가 높았다.

2007년 말 각 금융기관의 외환전문가들이 전망한 2008년도 달러/원 환율은 어떨까? 다시 800원대에 재진입할 것이라는 전망이 나오기도 했지만 대부분 금융기관이나 전문가들의 예측은 900~980원의 범위 안에 있었다. 일부에서는 1000원을 상향 돌파할 것이라는 전망을 내놓기도 하였다. 당시 전망치는 '중소기업수출지원센터' 홈페이지의 '해외시장정보 – 외환정보 – 중장기환율예측'에 잘 정리되어 있었다. 로이터 등이 조사한 자료를 인용하여 2007년 11월 26일자에 우리가 들으면 알 만한 10개 외국 금융기관의 환율 전망치를, 12월 31일자에는 국내 전문가 10인의 환율 전망치를 게재하였다. 2008년 4/4분기 전망치 중 최고치는 JP모건의 1020원이었다.[1]

---

1   당시 전망 자료를 표 그대로 인용하고자 중소기업수출지원센터 홈페이지를 다시 방문했으나, 홈페이지가 개편되어 '외환정보 – 중장기환율예측'을 찾을 수 없었다.

키코는 환율이 일정 범위의 박스권에 갇혀 있을 때 위력을 발휘한다. 2006년 초~2008년 3월 초의 우리나라 달러/원 환율이 바로 전형적인 모습을 보여준 시기였고 그 후의 전망도 나쁘지 않았다. 일부 박스권을 벗어나는 전망을 내놓고 있긴 하지만, 그 정도가 과하지 않아 얼마든지 감내할 수 있는 수준이라고 보았다. 전반적으로 원화 강세가 진행되면서 일정 박스권을 유지하니, 녹 인도 녹 아웃도 되지 않을 가능성이 매우 높다고 생각했다. 그래서 계약 환율보다 높으면 옵션을 행사하지 않고 시장에서 달러를 팔고, 계약 환율보다 낮으면 옵션을 행사하여 시장환율보다 높은 계약 환율에 달러를 매도하자는 '꿩 먹고 알도 먹자!'는 행복한 예상을 하였다.

섭외하는 은행원들도 이 거래로 인해 기업이 회복할 수 없는 치명상을 입으리라고는 상상도 하지 않았다. 우리나라에 IMF 같은 외환위기가 다시 오지 않는 한 별문제가 있겠는가라는 생각들을 하였다. 위기에 대비하여 외환보유고를 2000억 달러 넘게 쌓아놨으니 과거와 같은 외환위기는 다시는 오지 않을 것이라 확신하였다.

2005년 이전의 키코는 외국계 은행인 C은행, S은행을 중심으로 이루어졌다. 2006~2007년에는 국내 주요 시중은행들이 거래 유치에 적극 나섰고, 2007년 하반기에는 드디어 조심스럽던 일부 시중은행과 지방은행들이 뛰어들었다. 키코 유치를 위한 경쟁이 치열해진 것이다. 파생금융상품에 대해 경험이나 지식이 많지 않았던 지방은행도 키코 거래에 뛰어들었으니 유치 경쟁은 매우 치열하였다. 옛날 증시 관련 격언으로 "증권회사 객장에 장바구니를 든 아줌마가 나타나면 주가가 머리꼭지에 있다는 '상투'이니 주식을 팔라"는 말이 있었다. 장바구니를 들고 증권회사 객장에 들를 일도 없고, PC로 집에서 거래하는 HTS Home Trading System나 스마트폰으로 거래하는 MTS Mobile Trading System로 귀신같이 거래하는 여성들도 많으니 요즘에는 전혀 맞지 않는 말이다. 다만 이런 격언에 비추어 말하자면, 지방은행까지 키코 거래에 뛰어들었으니 이것이 키코 거래도 드디어 종착역에 다가가는 중이라고 알려주는 신호가 아니었을까?

IMF 외환위기 당시 시중은행들은 거래 중소기업의 여신을 적극 회수하였다. 특히 서울·경기 지역보다 지방 중소기업에 대한 여신 회수가 더욱 가혹했다. 그러나 지방은행들은 자기 지역의 중소기업에 대해서는 가능한 한 여신회수를 자제했을 뿐 아니라, 필요할 경우 시중은행이 회수한 여신을 일부 보충해 주기도 하였다. 대구에 근무하는 동안 거래 중소기업 사장님이나 자금담당 임원들을 만나면 자주 우리에게 하는 말이었다. 이런 IMF 외환위기의 교훈으로, 지방의 중소기업들은 반드시 해당 지역의 지방은행과 거래하고(가능한 한 주거래은행으로), 시중은행과는 필요한 경우에 한해 1~2개 은행을 선택해서 거래하였다. 이렇게 해야 또 다른 금융위기가 닥쳐와 시중은행이 여신을 회수하더라도 살아남을 수 있다고 생각하였다.

지방은행과 지방 중소기업의 이런 끈끈한 관계는 키코 거래에서도 힘을 발휘하였다. 키코 거래로 외국계 은행이나 시중은행이 짭짤하게 재미를 보고 있다는 소식을 뒤늦게 접한 지방은행은 서둘러 조직을 갖추고 영업에 나섰다. 이때는 이미 거래할 만한 기업들은 외국계 은행이나 시중은행이 선점을 한 상태였다. 이럴 경우 대부분 은행의 영업점장들이 많이 사용하는 방법이 있다. "아니! 어느 은행과는 이런 거래를 하시면서 주거래은행인 우리와는 거래를 안 해주시다니요?"라는 읍소 작전이다. 거래업체로서는 딱히 거절하기도 쉽지 않아 자신들의 월간 수출 규모 등을 초월해서 거래를 해주기도 하였다. 한편, 키코를 이미 맛본 기업 중 일부는 짭짤한 환차익의 재미에 빠져 있었다. 그러니 외국계 은행이나 시중은행에 비해 동일한 조건에서 환율만 좋으면 지방은행의 거래 요청을 거절할 이유가 없기도 하였다. 그리고 외국계 은행이나 시중은행이 휩쓸고 간 뒤의 이삭줍기에서 벗어나 이들이 관심을 갖지 않는 보다 작은 규모의 기업들로 거래를 확대하였다.

국내 은행을 비판할 때 단골로 등장하는 것이 있다. 은행의 수익이 낮은 이자로 예금을 받아 높은 이자로 대출하여 이익을 쉽게 내는 '예대마진'에 너무 의존한다는 비판이다. 금융감독 당국에서도 국내 은행들이 수익구조를 다변화하라고 독려해 왔다. IMF 외환위기 이후 대마불사를 믿고 예대마진 장사에 치중해 왔던 이른바 '조상제한서'[2] 시중은행 대부분이 무너지는 것을 지켜본 은행들은 수수료 및 외환매매익 증대에 사활을 걸다시피 했다. 이런 상황에서 키코는 새로운 돌파구로 여겨졌던 것이다. 키코

---

2 당시 조흥은행, 상업은행, 제일은행, 한일은행, 서울은행의 첫 글자를 따서(은행 규모순) 그렇게 불렀다.

거래를 유치하기 위해 대부분 은행들이 전방위로 뛰기 시작했다.

은행 간 경쟁이 치열해지다 보니, 일부 중소기업은 키코의 거래 조건을 입찰에 부쳤다. 예를 들자면, 월간 200만 달러 매도, 기간 1년, 녹 인 환율 990원, 녹 아웃 환율 910원일 경우 약정 환율을 제시하도록 요청하여 가장 유리한 환율을 제시하는 은행과 계약을 체결하는 방식이었다.

2008년에 들어와서는 키코 유치를 위한 춘추전국시대가 되었다. 수출 규모가 어느 정도 이상 되는 기업을 대상으로 한 키코 거래 유치가 조금이라도 수출하는 중소기업으로 확대되었다. 본점은 본점대로 영업점의 경영평가에 키코 거래 유치 건수를 포함시켜 독려했고, 영업점은 영업점대로 큰 거래 한 건 유치하면 이익 목표의 수십 %에 해당하는 거액의 이익을 거둘 수 있으니 키코 거래 유치를 소홀히 할 수 없었다.

키코 상품도 더욱 진화하기 시작했다.

기간도 2~3년으로 장기화하고, 금액도 늘어났다. 스노우볼,[3] 피봇[4]

---

3 스노우볼Snow Ball은 키코 거래에서 녹 인이나 녹 아웃이 되는 상단과 하단의 환율이 없으며, 수출업체가 달러를 매도하는 계약환율도 고정되지 않고 매월 변경되는데, 시장환율이 상승하면 계약환율은 역으로 하락하고 시장환율이 하락하면 계약환율은 상승하는 거래이다. 예를 들어, 달러당 1000원에 매도하는 스노우볼 계약을 체결한 수출업체는 시장환율이 1050원으로 상승하면 950원에, 시장환율이 950원으로 하락하면 1050원에 달러를 은행에 매각해야 한다. 따라서 환율이 상승하면 손실이, 하락하면 이익이 급증한다. 눈덩이를 굴리면 급속도로 커지는 것과 닮아서 스노우볼이란 이름을 붙였다.

4 키코 거래에서는 녹 아웃 환율이 있지만 피봇Pivot 거래에서는 녹 아웃 환율은 없고

등 더욱 복잡하고 투기적인 키코 변종상품이 속속 대두되었다. 앞에서 언급했듯이 기간이 늘고 상품이 복잡해질수록 거래수수료는 늘어나고 은행의 수익도 커지는 법이다. 물론 기업의 환리스크도 따라서 더욱 커졌다. 키코 거래를 유치할 때 내세웠던 명분인 환리스크 관리는 뒷전이 되고 말았다. 2008년 3월 이후는 다 알려진 바와 같이 달러/원 환율이 급등하여, 키코 열차는 낭떠러지가 있는 종착역을 향해 달렸다. 더군다나 이런 환율 급등과 더불어 더욱 진화된 키코 관련 상품들로 인해 그 낭떠러지는 더욱 깊어졌다.

녹 인 환율만 두 개 있다. 통상 키코 거래에서는 시장환율이 키코 거래의 하단에 있는 녹 아웃 환율 이하로 내려가면 약정 환율에 팔기로 한 풋 옵션이 소멸된다. 피봇 거래는 역으로 하단의 환율 이하로 내려가면 수출업체가 하단의 환율로 달러를 사야 하는 콜 옵션이 녹 인된다. 즉, 수출업체는 시장환율이 키코처럼 상단을 넘어서면 상단 환율에 약정금액의 두세 배를 팔아야 하고, 하단보다 내려가면 하단 환율에 약정금액의 두세 배를 사야 하는 거래이다. 시장환율이 박스권을 벗어나 오르든 내리든 수출업체는 손실을 입게 되고, 상단과 하단을 벗어나면 벗어날수록 손실 규모는 급속도로 늘어난다. 반면에 수출업체는 시장환율이 하단 환율과 상단 환율 사이에 있을 때 약정환율로 달러를 팔 수 있는 풋 옵션과 함께 달러를 살 수 있는 콜 옵션도 갖게 된다. 시장환율이 계약 환율과 상단 환율 사이에 있을 때 키코 거래와 달리 콜 옵션을 행사하여 계약 환율에 달러를 사서 시장환율에 매각하여 이익을 볼 수 있다. 이에 따른 이익은 극히 제한적이다. 시장환율 변화에 따른 전체 손익 구조를 그래프로 그리면 계약 환율의 중심축을 기준으로 대칭형이 나타남에 따라 피봇이라는 이름을 붙였다.

영업점 평가 항목이 된 키코 거래
키코의 추억 4

통상 키코라고 하면 수출업체들이 이용하는 것으로 알고 있다. 그런데 우리 지점이 최초로 유치한 키코 거래는 우습게도 수입업체와 관련된 것이었다. 조사해 보지 않아 확실하지는 않지만, 우리나라에서 수입업체를 대상으로 키코 거래를 한 것은 내가 있던 지점에서 한 게 처음이자 유일한 게 아닐까 생각한다. 어쨌거나 K은행 내에서는 그랬다.

2007년 말 달러／원 환율이 930원 내외를 기록하고 있을 때였다. A사는 미국의 인텔Intel로부터 마이크로 프로세스 칩을 수입해서 국내에 판매하였다. 요즘이야 스마트폰 광고로 TV 광고가 도배되고 PC 판매 광고는 별로 보이지 않으나 당시에는 노트북 등 PC 광고가 꽤 많았다. 광고 끝날 때 보면 "띠리리리" 하면서 '인텔 인사이드Intel inside' 화면이 항상 나왔다. 지금 이 글 작업을 하는 노트북에도 이게 들어 있다는 마크가 붙어 있다.

A사는 월 수백만 달러어치의 칩을 수입해서 용산전자상가 등에 있는 PC제조업체에 칩을 원화 대가로 판매하고, 그 대금을 달러로 환전하여 미국으로 송금하였다. 당시 환율이 계속 내려가다 보니 A사는 짭짤한 환차익을 거두고 있었다. 예를 들어 칩을 수입하여 판매할 시점의 환율이 달러당 940이라면, 판매대금을 원화로 받아 결제할 시점의 환율은 930원이 되어 달러당 10원의 환차익이 발생한 것이다. 그래서 A사 사장님은 환리스크 관리가 가장 중요한 업무 중 하나였다.

키코 계약 금액은 월 50만 달러였고, 약정환율은 925원 내외, 계약 기간은 6개월, 녹 인 환율은 880~890원, 녹 아웃 환율은 960원 내외였던 것으로 기억한다. 계약 이후, A사는 첫 2개월간은 시장환율보다 낮은 약정환율로 달러를 매입·결제하여 재미를 보았다. 그러나 2008년 3월 이후 달러/원 환율이 크게 상승하는 바람에 나머지는 전부 녹 아웃이 되어버렸다. A사 사장님은, 선물환거래로 환율이 낮을 때 달러를 샀어야 했는데 우리의 권유로 키코를 거래하여 환리스크를 헤지할 찬스를 놓쳤다고 아쉬워했다. 달러를 매입하는 선물환거래를 했으면 환율 상승에 따른 손실을 방지할 수 있었으나, 키코로 인해 선물환거래 자체가 없어진 상황이 된 것이다. 다만 A사는 키코에 전적으로 의존한 것은 아니었고 별도로 달러 선물환을 매입하기도 하여 큰 피해는 없었기에, 약간의 불만을 표시하는 정도로 끝냈다.

A사의 사례에서 볼 수 있듯이, 키코는 일부 전문가의 전망대로 달러/원 환율이 800원대로 급락했더라도 수출업체에 적지 않은 손실을 끼쳤

을 것이다. 달러/원 환율이 800원대로 진입했다면 수출업체가 체결한 키코 거래는 대부분 녹 아웃되었을 것이기 때문이다. 결국 키코는 환율이 소폭의 밴드 안에서 안정적으로 움직일 때만 도움이 된다. 즉, 밴드를 벗어나는 환율 급변 시에는 어느 쪽 방향으로 환율이 움직이든 간에 녹인이 되거나 녹 아웃이 되어 키코는 거래업체에 손실을 끼치게 된다. 수출업체든 수입업체든 간에 환리스크를 방지하는 것이 아니라 환리스크를 피할 수 없게 만드는 상품이 바로 키코이다.

어쨌거나 수입업체를 상대로 유치한 키코 거래는 매우 특이한 사례였다. 본점에서는 이 사례를 은행 홍보자료에 실었다. 그리고 지점장을 상대로 하는 키코 마케팅 회의에 출석하여 키코 유치 사례와 마케팅 방안에 대해 발표해 달라는 요청을 받았다. 강의 대상자는 지점장 중에서 키코를 한 건도 유치하지 못한 40여 명이었다. 이들 지점장이 처한 상황은 대충 짐작이 되었다. 우선 이들은 대부분 거래고객 중 수출입이나 외환거래가 있는 업체가 거의 없거나, 있어도 아주 영세해서 키코를 유치할 수 없는 업체만 있는 영업점의 지점장들이었다. 본점의 키코 담당직원, 바로 2006년 대구의 키코 세미나에서 만났던 그 직원의 키코 필요성에 대한 설명에 이어 사례 발표를 하게 되었다. 얘기한 내용은 대략 다음과 같았다.

참 고생이 많다. 내가 이 자리에 키코 섭외 방식에 대해 강의하러 나온 건 특별한 실력이 있어서가 아니다. 수입업체를 상대로 키코 거래를 한 건 유치하고 나니 아주 특이하다고 해서 뭔가 비법이 있는 걸로 생각해 나를 강사로 세운 것 같다. 특별한 비법은 없다. 다만, 키코 거래를 유치할 때 주의할 사항 몇 가지만 말하고자 한다.

첫째, 본점의 최저 거래금액 기준이 월 50만 달러이니 가능한 한 수출 규모 월간 200만 달러 이상인 업체를 대상으로 했으면 좋겠다. 월 30만 달러도 본점에 사정을 설명하면 가능할 수 있으나 최소한 그 금액의 네 배인 월 120만 달러 이상의 수출업체를 상대로 하시기 바란다. 환율이란 어떻게 움직일지 모르기 때문이다. 지금 많은 전문가나 기관이 달러/원 환율 곧 800대 진입을 말하고 있지만 내 경험으로 볼 때 이럴 때일수록 조심해야 한다. 만약 환율이 상승하여 계약 금액의 두 배를 계약 환율에 매도해야 하는 녹 인의 상황이 오더라도 그 회사 수출의 절반은 오른 환율의 혜택을 볼 수 있을 것이다.

둘째, 회사의 자금담당 임직원에게 이 상품에 대해 충분히 이해할 수 있도록 잘 설명하기 바란다. 특히 이 상품의 좋은 면만이 아니라 좋지 않은 것까지 설명하기를 바란다.

셋째, 자금담당 임직원은 회사 내부의 최고경영자나 사주에게 확실히 보고하여 이들도 이 상품에 대한 지식을 공유하도록 해야 한다. 그래야 나중에 문제가 안 된다.

대구 세미나에서 언급한 내용과 거의 같았다. 단지 유치대상 수출업체의 월간 수출 규모가 120만 달러 이상이면 좋겠다는 것과 월간 약정금액을 수출액의 4분의 1 이하로 하는 것이 좋겠다는 아주 초보적인 헤지 규모에 대해 언급했을 뿐이었다. 그러나 거래할 대상 기업이 하나도 없어 고민인 지점장들에겐 먼 나라 얘기로 들렸지 않나 생각한다.

2008년에 들어와 키코 거래를 유치하라는 독려는 더욱 강해졌다. 드디어 유치건수가 경영평가 항목으로 들어갔다.

은행의 영업조직은 군대와 비슷한 면이 있다. 본점의 각 부서는 군대의 사령부와 병참 조직과 같은 역할을 하고, 지점은 말단 대대나 중대와 같다고 할 수 있다. 사령부에서 어느 고지를 점령해야 한다고 판단하여 일선 부대에 명령을 하달하면 그 부대는 목숨을 걸고 '돌격 앞으로' 해야 한다. 은행에서 어떤 거래를 경영평가 항목에 집어넣었다는 것은 돌격 명령을 내린 것이나 마찬가지이다. 돌격하지 않거나 돌격할 수 없는 상황에 처할 수도 있을 것이다. 그러면 경영평가에서 꼴찌를 하거나 나쁜 등급을 받을 걸 각오해야 한다. 통상 10~15개 지점이 하나의 그룹이 되고, 그 그룹 내에서 지점 간에 소수점 이하 점수를 따져가며 치열한 경쟁을 한다. 특정 부문의 평가 점수가 0점이 되면 경쟁 그룹 내에서 거의 바닥권의 지점이 된다고 봐야 한다. 그러면 지점장뿐만 아니라 전 직원의 성과급이 깎이고, 승진 시기에 놓여 있는 직원은 승진이 안 되기도 한다. 지점장으로서는 직원들 보기가 민망해진다. 지점장 자신의 문제에 국한되지 않고 직원들의 급여나 장래와 연관되기 때문에 해당 거래는 이러이러해서 위험하니 하지 말라고 할 수도 없다. 가능한 한 위험을 줄이면서 본점의 평가 기준을 맞출 수 있는 방안을 찾아야 한다.

지점에 할당된 목표는 네 건이었다. 본점에서는 키코 이외에 금리스와프,[1] 통화스와프[2] 등을 포함한 전체 파생금융상품Financial Derivatives[3]으로 범위를 확장하여 목표를 부여했지만 주 대상은 키코였다. 키코를 유치하기 위한 열풍이 은행을 휩쓸기 시작하였다. 물론 K은행만의 일은 아니었다.

2008년 상반기에 지점에 배정된 목표는 달성하였다. 키코 거래는 네 건 중 두 건이었고, 나머지 두 건은 외화 대출과 연계된 금리스와프와 통화스와프 각 한 건이었다.

두 건의 키코 거래는 해운회사를 상대로 유치하였다. 금액은 월 100만 달러, 기간 6개월짜리 계약이었다. 한 건은 1월 중순에 달러/원 환율이 950원 수준에서, 다른 한 건은 3월 중순 1000원 수준이었던 것으로 기억한다. 1월에 체결한 건은 '설마 환율이 1000원이 넘으랴' 하는 생각에, 3

---

1   금리스와프Interest Rate Swap는 양쪽 당사자가 동일 통화의 자산이나 부채의 금리 조건을 상호 교환하는 거래를 말한다. 가장 보편적인 거래는 A가 부담하는 차입금의 변동금리와 B가 부담하는 차입금의 고정금리를 상호 교환하는 거래를 들 수 있다.

2   통화스와프Currency Swap는 양쪽 당사자가 보유하는 서로 다른 통화로 표시된 현금 흐름을 만기까지 일정한 기간마다 서로 교환하는 계약이다. 통화스와프는 통상 계약일의 원금 교환, 계약 기간 중의 이자 지급 교환, 만기일의 원금 재교환의 3단계로 이루어진다. 가장 보편적인 통화스와프 거래는 A통화(예: 미 달러) 표시의 변동금리 차입금의 모든 현금흐름과 B통화(예: 원화) 표시의 고정금리 차입금의 모든 현금흐름을 상호 교환하는 거래를 들 수 있다.

3   파생금융상품은 금리, 환율, 주가, 신용 등을 대상으로 한 선물환, 선물, 스와프, 옵션 등의 거래와 이들 거래를 복합적으로 연결한 거래를 말한다.

월에 체결한 건은 '1000원을 넘었으니 이젠 올 만큼 다 왔지 않나?' 하고 단순하게 생각했다. 그러나 이런 생각이 너무 안일했다는 게 드러나기까지는 그리 오랜 시간이 걸리지 않았다.

MB 정권이 들어서자마자 강만수 장관이 '환율 주권론'을 말하고, 과거 달러당 1050원선을 방어하기 위해 강력한 시장 개입을 추진했던 최중경 씨가 차관으로 들어와 소위 '최강 라인'을 이루었다. 이들의 외환시장에 대한 언급과 과거 정책 추진에 대한 기억으로 3월에 들어 달러/원 환율은 950원을 넘어 하루에 10여 원씩 올랐고, 3월 17일에는 하루에 약 30원이 오른 1029원을 기록했다. 그러나 그다음 날에 환율은 다시 큰 폭으로 하락한 후, 3월 하순에는 다시 900원대로 내려왔고, 4월 중순에는 970원대까지 하락했다. 막연한 불안감이 뇌리를 스치고 지나갔지만, '역시 1000원을 돌파한 건 시장이 일시적으로 과잉 반응한 걸 거야! 대충 이런 수준에서 20~30원 범위 내에서 움직이겠지! 환율이 이런 정도라면 별문제는 없어!'라면서 스스로를 위안했다. 그러나 환율은 5월에 들어 급등하기 시작하더니 순식간에 1050원을 돌파했다. 그 후 환율은 1000원 밑으로 다시는 내려가지 않았다.

1월에 계약한 키코는 5~7월의 3개월 동안 해운회사에 적지 않은 손실을 끼치면서 종료되었다. 해운회사 사장님은 "키코 계약해서 덕도 별로 못 보고 손해만 봤습니다!"라고 불평을 했다. 별로 심각하지 않은 얼굴 표정이어서 그나마 다행이었다. 당시 발틱건화물운임지수BDI: Baltic Dry Index[4]가 2008년 초 6000에서 급등하기 시작하여 4월에는 1만 2000을 뚫

그림 I-5_ 달러 / 원 환율 추이(2008년 1월~2009년 12월)

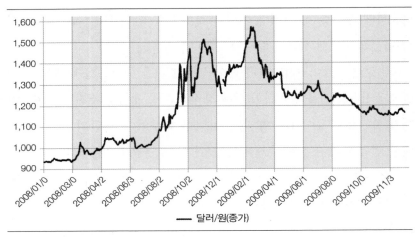

자료: 한국은행 경제통계시스템.

을 정도로 해운회사의 영업 상황이 워낙 좋았고 이익도 많이 났기 때문이었다.

8월 중순까지 1050원을 넘지 않던 환율은 이후 주가가 폭락하고 외국인 주식 투자자금이 이탈하자 다시 요동치기 시작하였다. 9월 1일에는

---

4 철강, 철강석, 석탄, 곡물 등 액체 상태가 아닌 마른Dry 화물을 건화물이라고 하며, 이런 화물을 포장하지 않은 상태로 실어 옮기는 선박을 벌크Bulk선이라고 한다. 영국 런던에 소재하는 발틱해운거래소Baltic Exchange가 다양한 크기의 벌크선 운임을 지수화하여 발표하는 것을 BDI라고 한다. 지수의 기준점은 1985년 1월 4일의 운임지수 1000이다.

1100원을, 9월 말에는 드디어 1200원마저 돌파하였다. 미국의 서브프라임 사태에 따른 국제금융위기가 우리나라 외환시장을 덮쳤던 것이다.

3월에 계약한 키코는 8~9월의 2개월간 월 2억 원 정도의 손실이 발생하였다. 그리고 2008년 9월 우리 지점이 체결한 키코 계약은 모두 종결되었다. 수개월간 가슴을 졸이던 키코 거래의 불안에서 해방되었다. 개인적으로는 무사히(?) 끝났지만 키코 열차는 드디어 종착역을 지나 절벽에서 떨어지기 시작하였다.

사실 기업 입장에서 봤을 때 키코는 위험성이 많은 거래지만, 통화스와프나 금리스와프는 가장 기초적인 파생금융상품이어서 별로 위험하지 않은 거래라고 알려져 있다. 그럼에도 지점에서 취급한 금리스와프 거래는 기업 입장에서 완전히 실패한 거래가 되었다.[5] 통화스와프 거래

----

5   당시 취급한 금리스와프 거래는 달러 대출금의 변동금리를 고정금리로 전환하는 거래였다. 해당 해운회사는 미 달러 변동금리 자금을 대출받아 선박을 구입하고, 동 선박을 H상선에 5년의 장기 용선을 주었다. 용선료는 용선 시점에 형성된 장기 용선료로 고정된 금액이었다. 2008년 3월 달러 변동금리인 3개월 만기 런던은행 간 금리 LIBOR: London Interbank Offered Rate는 2.6%대로 2007년 7월의 5.6%에 비해 3%포인트 정도가 하락하였고 5년 만기 고정금리(미국 재무부 채권금리 기준)도 2.4%대까지 하락하였다. 이런 상황에서 거래 해운회사가 고정금리로 전환하면 수취한 용선료에서 차입금 고정금리 이자를 지급한 후 4%포인트 정도 마진을 확정할 수 있었다. 2008년 하반기에 들어 발틱건화물운임지수 급락과 국제금융위기 발생으로 H상선도 장기 용선계약을 이행하지 않고 용선료 인하를 요구했으며, 중국에 발주한 신조선 자금 압박 등으로 그 해운회사는 부실화되고 금리스와프 거래도 실패하였다.

는 해당 기업의 사업이 잘 진행되어 만기일에 거래가 종결되면서 성공하였다.[6]

---

6   2008년 당시 외환시장에 대한 정책 당국의 규제로 기업이 은행에서 달러 등 외화 변동금리 대출을 받아 통화스와프를 통해 원화 고정금리 대출로 전환하면 원화 고정금리 대출을 바로 받을 때보다 금리를 1%포인트 이상 낮출 수 있었다. 이런 조건이 가능했던 것은 정책 당국이 외화 대출의 용도를 설비자금 등으로 제한했고, 은행에도 선물환을 함부로 매도하지 못하도록 제한하여 외환시장에 왜곡이 발생했기 때문이었다. 당시 차주였던 회사는 원래 원화 고정금리 대출을 원했으나 외화 대출을 받을 수 있는 조건을 갖추고 있었기에 달러/원 통화스와프를 이용하게 되었다. 이 회사는 만기 3년의 달러표시 외화 대출과 달러/원 통화스와프로 차입금리를 낮추었고, 만기까지 사업이 잘 진행되어 거래 전체가 성공적이었다.

종말로 치달은 키코 거래
키코의 추억 5

훌륭한 외환 딜러나 주식투자가란 손절매를 잘하는 사람이라고들 한다. 나는 외환 딜링을 그렇게 많이 해보진 않았다. 그러나 딜러들을 관리하고 감독하는 위치에 있었거나, 각종 딜링 업무와 관련된 기획이나 리스크 관리 등 다양한 업무를 많이 담당하였다. 그래서 어떤 딜러는 잘하고 어떤 딜러는 왜 못하는지에 대해서 조금은 이해하고 있다.

　성과가 좋은 딜러는 대개 환율의 추세가 전환될 때 이를 빨리 알아채고 빨리 적응하는 특성을 갖고 있다. 변신을 잘해야 하는 것이다. 하루 전까지만 해도, 아니 한 시간 전까지만 해도 이러저러해서 환율은 앞으로 오를 수밖에 없다고 주장하던 사람이 갑자기 논리를 바꾸어 환율이 하락한다고 주장하기도 한다. 추세가 전환되었는데도 과거 시세 추이에 매몰되어 있으면 손실만 누적될 뿐이다. 빨리 과거 포지션은 털어내고,

새로운 트렌드에 적응해야 살아남는다는 것을 보여준다.

　말은 쉽게 하지만, 실제 딜링에서 변신을 한다는 것이 그렇게 쉽지는 않다. 시장가격이 형성되는 모든 상품이 그렇듯이, 지나고 보면 눈에 뻔히 보이나 특정 시점에서 사고파는 결정을 해야 하는 시장 참가자들이 시시각각으로 전해오는 뉴스를 보고 기존의 판단을 뒤집고 변신을 하는 것은 여간 어려운 게 아니다. 시세의 전환이 일시적인 하락이나 상승일 수도 있기 때문이다. 은행을 비롯한 금융회사의 딜러들은 본인의 의지와는 상관없이 손절매를 잘하도록 제도적 장치도 마련되어 있다. 거래 한도나 손실한도가 주어져 있고, 그 관리 기법도 매우 발전하고 있기 때문이다. 물론 딜러들이 간혹 한도를 교묘하게 어기거나 어이없는 방식으로 위반하여 대형 사고를 일으키기도 한다. 어쨌거나 이러한 손절매를 통해 딜러들은 잠시 쉬면서 시장을 되돌아보고, 향후 전략을 다시 짜고, 변신을 하기도 한다.

　2008년 9월에 한 건 남아 있던 키코 거래가 종결되었다. 그나마 계약 기간을 길게 하지 않아 다행이었다. 종결된 후 마음의 여유를 갖고 주변을 둘러보니 여간 심각한 상황이 아니었다. 계약 기간이 1~2년인 거래가 의외로 많았고, 3년 되는 거래도 있었다. 그리고 전혀 생소한 피봇이라든가 스노우볼이라든가 하는 키코보다 훨씬 더 위험한 통화옵션 상품들도 거래되었다. 만기 2~3년의 장기 키코 거래, 피봇, 스노우볼 등은 단기의 키코 거래에서 이익을 본 기업이 보다 투기적인 상품을 요구하였거나, 은행이 단 한 건의 거래로 보다 많은 이익을 올리기 위해 제안하여 거래가 이루어졌을 것이다.

문제는 2008년 4월 이후 달러/원 환율이 급등하여 키코를 체결한 업체의 손실이 급속도로 늘어가자, 손실을 이연하는 수단으로 이들 거래를 활용한 사례도 있었다는 것이다. 피봇이나 스노우볼 또는 보다 장기의 키코를 계약하면 기업은 내재된 통화옵션의 매도에 따른 프리미엄을 수취하게 된다. 이때 기업이 은행에서 받는 새로운 옵션 프리미엄과 기존의 키코에서 발생한 손실을 상쇄할 수도 있다. 영화에서 비행기가 추락할 때 주인공은 낙하산을 타고 유유히 안전한 땅에 내려앉는 그런 장면을 종종 볼 수 있다. 일부 기업들은 이들 거래를 절벽을 향해 질주하는 키코 열차에서 안전하게 탈출할 수 있는 낙하산으로 생각했다. 한편으로는 이미 회사의 생사가 왔다 갔다 하는 상황에서 지푸라기라도 잡자는 심정으로 기업은 더욱 위험한 거래에 응했을 수도 있다. 키코 계약이 이행되지 않으면 기업의 손실이 바로 은행 지점의 손실로 나타난다. 이 경우 지점은 경영평가에 엄청난 타격을 받게 되고, 해당 지점장에 대한 책임도 묻게 된다. 그래서 키코로 발생한 손실을 그대로 두고 볼 수는 없었고, 무언가 대책을 강구해야 했다고도 할 수 있겠다. 그러나 그 뒤의 결과는 너무 참혹했다.

1989년 봄, 광주은행에서 대형 외환 딜링 사고가 있었다. 외환 딜러였던 모 차장이 달러/엔 등 선물환거래를 하다가 광주은행의 자본금 500억 원에 육박하는 3백 수십억 원의 손실을 끼쳐 은행이 파산할 뻔한 사건이었다. 당시 이런 거액의 손실을 발생시킬 정도라면 건당 거래규모가 엄청났을 것으로 생각하겠지만, 실제는 그렇지 않았다. 모 차장은 엔화 대비 달러 약세를 예상하고 엔화 대가로 달러를 매도하는 선물환을 거래했으나, 예상과 달리 달러가 강세를 지속했다. 계약대로라면 선물환율보다 높아진 환율로 외환시장에서 엔화 대가로 달러를 매입하여 거래 상대 은행에게 지급해야 하고, 이때 환율의 차이만큼 손실이 발생한다. 그러나 모 차장은 만기가 돌아온 선물환을 결제하지 않고, 만기를 연장하는 방식으로 손실 발생을 늦추었다고 한다. 기대와 달리 달러는 더욱 강세를 기록하였다. 만기가 연장될 때마다 높아진 환율로 본 손실에다가 연장되는 기간에 해당되는 선물환 마진을 감안한 선물환율이 더욱 낮아짐에 따라 손실 금액은 눈덩이처럼 불어났다.[1] 불어난 손실을 감당

---

1 이런 선물환거래의 만기연장을 HRRHistorical Rate Rollover라고 한다. 선물환 환율은 현물 환율에 선물환 마진('스와프 마진', '스와프 포인트'라고도 한다)을 가감하여 산출된다. 통상 고금리 국가의 통화는 할인Discount되고, 저금리 국가의 통화는 할증Premium을 받는다. 선물환 마진은 국가 간 자본이동이 자유롭고 거래비용과 세금이 없다는 가정하에 성립되는 금리평가이론Interest Rate Parity Theory을 기반으로 산출된다. 즉, 완전자본시장에서는 선물환율과 현물환율의 차이는 양국 간의 금리 차이와 일치한다. 계산식으로 표시하면 '1년 만기 달러대비 엔화 환율의 선물환 마진 = 현물 환율×(일본 금리 - 미국 금리)/(1 + 미국 금리)'가 된다. 이 계산식에서 미국 금리가 높지 않을 때는 (1 + 미국 금리)로 나누는 것을 생략하면 쉽게 이해된다. 엔화 1년 만기 금리 1%, 달러 1년 만기 금리 3%, 현물환율 달러당 100엔일 때, 선물환 마진은 - 2엔이 된다. 간편하게 선물환 마진이 얼마인지 암산할 때는 이 방식을 많이 사용한다. 즉, 기준통화인 달러는 2엔 할인되어 1년 만기 달러당 엔화 선물환율은 98엔이 된다. 요즘 국제외환시장은 거의 완전자본시장의 형태에 가까워

할 수 없었던 그 직원은 어느 날 출근하지 않고 종적을 감추었다. 그때서야 위와 같은 거래 행태가 드러났고, 손실 금액도 파악할 수 있었다. 이 결과로 선물환거래 등 파생상품의 만기 연장은 원칙적으로 허용되지 않고, 필요한 경우에는 한은 총재의 허가를 받도록 하는 방향으로 외환 관리규정이 까다롭게 바뀌기도 하였다.

일반적으로 손실을 이연하는 거래를 해서 그 결과가 좋았던 적은 별로 없는 것 같다. 물론 결과가 좋았던 경우는 알려지지 않고 조용히 넘어갔기 때문이기도 하다. 달러/원 외환시장은 시장 자체가 그렇게 크지 않아 외국인에 의해 쉽게 휘둘릴 수 있다. 외국 은행이 필요로 하는 키코 거래가 광범위하게 퍼져 있는 상황에서 환율 하락을 기대한 키코, 피봇, 스노우볼 등의 결과가 좋을 리가 없었다. 2008년 9월 이후는 서브 프라임 모

이론적인 선물환율과 현실의 선물환율 간에 별 차이가 없다. 시장의 기대, 정부의 규제, 외환 수급 등으로 일시적인 괴리가 발생하면 차익을 노린 거래가 나타나 단시간 내에 이론적인 선물환율에 다시 접근한다.

광주은행은 사고 당시 달러/엔 선물환을 주요 투기 수단으로 사용하였다. 당시 미국 금리가 일본 금리보다 6% 이상 높았고 현물환율도 달러당 130엔 내외였기 때문에 달러/엔 선물환 마진은 1년에 -8엔으로, 3개월에는 -2엔 정도로 꽤 컸다. 광주은행의 딜러는 달러/엔 환율 하락을 내다보고 선물환을 매도하였는데 역으로 환율이 올라 손실을 보게 되었고, 이 손실을 감추기 위해 만기일에 선물환을 결제하지 않고 연장하였다. 연장할 때마다 선물환율은 기존의 선물환율에서 선물환 마진만큼 더 낮아진다. 이런 상황이 반복됨에 따라 연장된 선물환율은 더욱 더 낮아졌고, 관련 손실 금액은 그 만큼 더 늘어났다. 또한, 그 딜러는 손실을 만회하기 위해 선물환 거래 규모도 더욱 늘려갔다. 그 결과는 대형 사고로 이어졌다.

기지 사태로 발생한 미국의 금융위기가 전 세계로 번지면서 엉뚱하게도 전 세계적인 달러 기근 사태를 불러일으켰다. 당시 우리나라의 외환보유고는 2500억 달러에 달했다. 달러 기근 사태하에서 정부나 한국은행이 보유한 미국의 재무부 채권이나 주택저당채권 등은 당장 현금화하기 어려웠다. 우리 정부는 전혀 외환시장 안정에 힘을 발휘하지 못했으며, 오히려 외환위기가 다시 찾아왔다. 환율이 어느 방향으로 움직일지 눈에 뻔히 보이는 달러/원 외환시장을 국제외환 투기꾼(국내 외환 딜러도 포함)들은 그냥 둘 리 없었다. 굶주린 상어 떼처럼 달려들었다.

2008년 9월 말 달러당 1200원을 넘은 환율은 열흘 뒤인 10월 9일에는 장중 한때 1485원을 기록하더니, 2009년 3월 6일 1597원까지 상승했다. 피봇이나 스노우볼 계약이 좋은 낙하산이 되기를 기대한 기업들은 세찬 바람에 휩쓸려 성난 파도가 넘실거리고 상어 떼가 득시글대는 계곡 저 밑 바다에 떨어졌다. 2009년 3월을 정점으로 환율은 점차 하락하기 시작하여 4월 말 달러당 1200원대로 내려왔고, 9월 하순에는 다시 1100원대에 진입했다. 그러나 이미 모든 걸 다 뜯긴 기업들에게 이런 환율 하락은 아무런 의미도 없었고 상실감만 더욱 키울 뿐이었다.

그 많던 '싱아'는 어느 은행이 다 먹었을까?

키코 거래로 인한 우리나라 기업의 손실을 생각할 때마다 내 머릿속에서는 전혀 관련이 없는 박완서 선생님의 자전 소설 『그 많던 싱아는 누가 다 먹었을까?』가 떠오른다. 아마 '누가 다 먹었을까?'란 말 때문이 아닐까 한다.

박완서 선생님은 소학교(요즘의 초등학교) 시절 개풍의 박적골에서 서울의 현저동으로 이사했고, 사직공원 옆에 있는 매동초등학교로 전학하였다. 소설 속의 현저동은 무악재역과 독립공원(옛 서대문형무소) 사이의 언덕 위에 있었던 판자촌이었다. 소설 속 주인공은 통학하기 위해서 인왕산 산자락을 넘어 다녔다. 당시 먹을 게 별로 없어 아이들은 항상 입이 허전했고, 봄철에는 산자락에 많이 핀 아카시아 꽃을 따 먹었다. 그러나 주인공은 비릿한 아카시아 꽃의 맛에 실망했다. 그 대신 고향에 지천으로 피어 있었고, 껍질 벗긴 줄기를 씹었을 때 새콤한 맛이 났던 싱아를 그리워했다.

키코 사태를 겪은 기업은, 원화 강세로 다소 어려움을 겪긴 했지만, 생산성 향상을 통해 풍성한 매출과 이익을 창출해 내던 예전이 얼마나 그립겠는가? 아마 비릿한 서울의 아카시아 꽃에 질려 싱아가 흐드러지게 피던 박적골을 그리워하는 마음과 같을 것이다.

키코 거래 기업이 입은 손실 규모는 추정하는 기관에 따라 3~10조 원에 달한다. '키코 피해기업 공동대책위원회'의 홈페이지에는 어느 국회의원의 자료를 인용하여 2008년 8월~2009년 7월의 기간 중에 키코 관련 손실은 520여 개 업체에 약 3조 4000억 원에 달한다고 하였다. 집계에 포함되지 않은 기간의 기업 손실을 감안하면 10조 원은 아닐지라도 5조 원 정도는 될 것이다.

파생상품의 손익은 제로 섬Zero-sum이다. 손해를 본 사람이 있다면 동일한 금액의 이익을 본 사람이 있다는 말이다. 우리 기업이 키코로 인해 5조 원의 손실을 봤다면 누군가는 그만큼의 이익을 챙겼다. 이해를 돕기 위해 서투른 솜씨지만 키코 거래의 흐름도를 만들어(그림 I-6) 설명해 본다.

국내 은행(외국계인 씨티은행과 SC제일은행을 포함)은 국내 기업과 ①과 같은 키코 계약을 체결하면 그림 I-6의 ②와 같이 동일한 조건으로 외국 은행과 반대 거래를 실시한다. 일부(2~3개) 은행의 경우는 옵션 포지션을 관리할 수 있는 능력을 갖고 있어서 외국 은행과 반대거래를 실시하

그림 I-6_ 키코 거래 흐름도

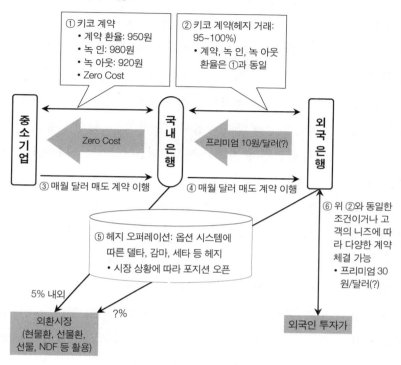

지 않고 ⑤와 같이 외환시장에서 헤지 거래를 실행하기도 한다. 그러나 국내 은행은 옵션의 포지션 관리 시스템, 각종 포지션 규제, 은행 내부의 리스크 관리 정책, 외환시장 지배력 등에서 상당한 제약 요인을 안고 있다. 그래서 그 규모는 그리 크지 않다. 키코 거래 금액의 한 5% 내외에 지나지 않는다고 생각한다.

반면에 외국 은행은 국내 은행과는 달리 제약 요인이 별로 없다. 외국 은행과 그 고객인 외국인 투자가는 이런 이점을 활용하여 거액의 수익을 거둘 수도 있다. 2008년 중 외국 은행(외국인 투자가 포함)은 키코 거래로 발생하는 낮은 환율의 달러 매입 옵션 포지션을 그대로 유지한 상태에서 달러 매입을 더욱 늘렸다. 수출액보다 많은 금액의 키코 거래 이행을 위한 달러 매입에 외국 은행의 달러 매입이 가세하여 달러/원 환율의 상승을 부채질했다. 외국 은행과 외국인 투자가들은 이익을 극대화했을 것으로 생각된다.

키코 계약 체결에 따라 외국 은행이 국내 은행에 주는 옵션 프리미엄은 계약 기간, 계약환율, 녹 인KI 환율, 녹 아웃KO 환율에 따라 달라진다. 옵션 프리미엄은 계약 기간이 장기일수록, 녹 인 환율이 낮을수록, 녹 아웃 환율이 높을수록 증가하고, 계약환율이 시장환율보다 높을수록 낮아진다고 할 수 있다. 외국 은행에 반대거래를 실행했을 때 받는 프리미엄 달러당 10원은 예로 들어본 것이다. 6개월 만기 키코 거래를 실행하면 달러당 프리미엄이 5~6원이었으니, 1년 만기 키코 거래에서 달러당 프리미엄은 최소 10원은 될 것이다.

그림 I-6의 ①과 ②의 조건으로 전부 외국 은행과 반대 거래를 했을 경우, 1년간 월 100만 달러 계약이라면 국내 은행은 1억 2000만 원(= 100만 달러×12개월×10원)의 수익이 발생한다.

그림 I-6의 ⑥에서 프리미엄을 30원/달러로 추정해 본 것은 2008년 1월 이후 달러 금리(기간에 따라 2~3%)와 원화 금리(기간에 따라 5~6%)의 차이(3% 내외)를 감안한 것이다. 즉, 이론적인 선물환율을 추정해 본 것으로, 한국 주식이나 채권에 투자한 외국인 입장에서는 이 정도의 프리미엄을 지급해도 손해 볼 게 없는 수준이라고 볼 수 있다.

금융감독원이 조사한 키코 거래 잔액은 2008년 8월 말 현재 12개 은행에 79억 달러였다. 한국씨티은행이 21억 달러로 단연 선두이고, 외환은행과 신한은행이 각 16억 달러로 그 뒤를 잇고 있다. 산업은행, 하나은행, 국민은행도 각 5억~6억 달러로 적지 않은 거래를 유치했고, 부산, 대구 등 지방은행과 농협조차도 1억~2억 달러의 거래 잔액을 보유하고 있었다. 기업은행과 우리은행의 경우는 은행의 규모에 비해서는 보수적(?)으로 하여 각 2억 달러의 잔액이 있었다. 가히 키코 광풍이 불었다고 해도 과언이 아닐 것이다.

2008년 8월 말 이전에 거래가 종결된 키코 거래 규모는 얼마인지 자료를 특별히 찾아보지 않아 정확한 금액에 관한 정보는 갖고 있지 않다. 키코 거래가 알려지기 시작한 2006년 이후 약 2년 반이라는 기간을 감안하면 한 40~50억 달러는 되지 않을까? 국내 은행이 거래한 키코 거래의 규모를 감독원이 발표한 2008년 8월 말의 79억 달러와 그 이전에 거래가 종결된 건이 한 50억 달러가 된다고 가정하면 총거래규모는 130억 달러가 된다.

국내 은행이 '싱아'를 얼마나 먹었는지 이야기를 해볼까 한다. 개인적인 업무 경험을 바탕으로 하긴 했지만 상당 부분은 개인적인 상상력을 발휘해서 추정한 것이라는 점을 감안해 주기 바란다.

국내 은행은 그림 I-6의 흐름도에서 보는 바와 같이 기업과 키코 거래를 체결하면 바로 외국 은행과 반대 거래를 실행한다. 양쪽 거래 간의 시차는 없다고 봐도 무방하다. 국내 은행이 기업에 거래 조건을 제시할 때 이미 외국 은행이 동일한 조건의 거래를 실행할 경우 얼마의 프리미엄을 줄지를 점검한 후 제시하니까. 평균 프리미엄은 달러당 얼마쯤일까? 기간, 녹 인과 녹 아웃의 수준, 상품 종류(키코, 스노우볼, 피봇 등)에 따라 다 다르지만, 평균 옵션 프리미엄은 달러당 10원 내외이지 않을까 하며 최대한으로 잡아도 달러당 15원은 넘지 않는다고 생각한다. 최대한인 15원의 프리미엄을 받았다고 한다면, 국내 은행이 취한 옵션 프리미엄은 '130억 달러×15원 = 1950억 원'이 된다. 즉, 국내 은행들은 키코 거래를 통해 최대 2000억 원의 수수료 수익을 올렸다고 볼 수 있다.

그런데 이 2000억 원의 수익도 은행이 온전히 챙겼을까? 그렇지 않다. 2008년 9월 태산LCD의 법정관리 신청을 필두로 하여 키코 거래 기업들이 줄줄이 부도를 내거나 법정관리를 신청하였다. 키코 사태에 따른 기업의 부도를 막기 위해 정부는 '패스트트랙Fast Track'[1]을 시행하여 긴급

----

1 2008년 10월 키코 거래로 인하여 유동성이 악화된 중소기업에 대한 지원책인 '긴급 유동성지원 제도'를 말한다. 정부는 유동성이 악화된 중소기업에 대해 신규 여신, 키코 손실금의 대출 전환, 기존 여신의 만기 연장 등을 추진했다. 대상 기업으로 선정되면 1개월 이내에 신속하게 유동성을 지원받는다고 하여 '패스트트랙'이라 불렀다.

유동성을 공급했으나, 이는 상당수 기업의 부도를 일정 기간 유예하는 효과에 지나지 않았다. 기업이 부도가 나면 키코 거래 흐름도에서 ①의 거래는 이행이 안 되지만 국내 은행은 ②의 거래는 이행해야 한다. 통상 키코 거래 기업이 부도가 나면 외국 은행과 체결한 ②의 거래는 청산 작업을 한다. 미래에 이행해야 할 거래를 현재가치로 환산하여 손익을 정산하고 서로 채권 채무가 없는 것으로 만들어버리는 것이다. 이 과정을 통해 기업의 손실은 고스란히 은행의 손실로 바뀐다.

태산LCD 한 건만으로도 2008년 9월 17일 하나은행이 공시한 은행의 손실규모는 2861억 원이었다. 법정관리에서 워크아웃으로 전환한 태산 LCD는 그해 12월과 이듬해 6월에 키코 관련 채무를 전부 출자 전환했는데 그 규모는 4340억 원이라고 하였다. 하나은행은 회사가 법정관리를 신청한 시점에서 바로 외국 은행과 체결한 반대 거래를 청산하지 못하고 끌고 가다가 환율 상승으로 인하여 손실액이 더욱 크게 늘어났다고 볼 수 있다. 그리고 2014년 3월에 태산LCD는 상장이 폐지되었다. 하나은행은 출자 전환한 주식을 처분하지 못하고 거의 전액을 손실 처리했을 것이다. 우리나라에서 파생금융상품으로 인해 발생한 손실 중 단일 건으로는 최대 규모일 것이다. 비단 하나은행만의 문제가 아니라 키코 거래를 한 모든 국내 은행은 하나은행과 동일하거나 비슷한 과정을 통해 적게는 몇백억 원에서 많게는 수천억 원의 손실을 부담하였다.

결국 3조 5000억에서 10조 원에 이르는 '싱아'는 외국 은행과 외국 투자자들에게 다 갔다. 손실금의 반 정도는 기업이 부담했고, 기업이 부담할 수 없었던 손실금은 결국 국내 은행이 지불하였다. 국내 은행이 지불한 금액이 적지 않으나, 수많은 우량 중소기업을 나락에 빠뜨린 죗값에 비해서는 많다고 할 수 없을 것이다. 2008년 금융위기의 원인이 된 모기지 증권 부실 판매 등으로 상당수 미국 은행들은 엄청난 금액의 벌금을 납부해야 했다. JP모건체이스 1개 은행이 지불한 벌금만 해도 130억 달러, 달러당 1100원으로 계산하면 14조 3000억 원이었다. 이런 엄청난 금액의 벌금을 낸 것과 비교하면 오히려 특혜를 받았다고 해야 할 것 같다. 은행의 부실한 업무 처리에 벌금을 많이 물린다고 해서 좋은 것만은 아니겠지만 우리나라의 경우에는 금융회사의 잘못된 행동에 대한 제재가 제도적으로 대단히 미비하다는 점은 부인할 수 없다. 지금도 원님 재판하는 듯한 제재와 인적인 징계에 치중하는 감독기관의 행태를 둘러싸고 논란을 벌이는 걸 보면 아직 갈 길이 멀다는 것을 절실히 느낀다.

키코 거래를 했음에도 부도나 법정관리를 피할 수 있었던 우량 중소기업들은 그 뒤 약 2~3년에 걸쳐 피눈물 나는 과정을 거치며 키코 계약을 이행하였다. 키코 거래는 2011년 3월이 되어서야 대부분 정리되었다고 할 수 있다. 그리고 달러당 원화 환율은 다시 1000원대로 돌아왔다. 3년이 걸렸다.

키코의 추억— 마무리

2013년 1월 이후 10개월간, 법정관리를 받고 있던 기업에서 감사로 일한 적이 있다. 이 회사는 바로 키코로 인하여 수년 동안 많은 고생을 하다가 기업회생절차, 즉 법정관리를 신청했고, 2013년 1월에 회생계획안이 인가되어 본격적인 회생절차에 들어갔다. 개인적으로는 "참, 키코와 인연이 질기구나!"란 느낌을 가졌고, 한편으로는 이 회사(이하 'A사')를 위해 도와줄 수 있는 건 최대한 도와야겠다고 생각하였다.

A사는 태산LCD와 같은 업종인 LCD의 BLU^{Back Light Unit}를 만드는 회사였다. 태산LCD와는 달리 A사는 휴대전화나 자동차 내비게이션 등에 사용되는 소형의 BLU를 만드는 회사였고, BLU업계에서는 선두주자 중의 하나이면서 한때는 연간 매출액이 900억 원에 달하기도 하였다. 키코 사태가 터지기 이전에는 은행 차입이 한 푼도 없고 사내유보금도 꽤 많

았다. 모든 은행들이 거래를 유치하고자 하는 대단히 튼튼한 중소기업이었다.

A사 업무를 하면서 동종 업계의 경쟁사들을 훑어보니 키코 거래로 피해를 입지 않은 회사가 별로 없었다. 아마 동종 업계의 모임을 통해 "키코로 어느 기업이 얼마 벌었다더라!"라는 소문이 퍼지고, 어느 한 회사와 키코 거래에 성공한 은행이 동종업계의 회사들을 적극 섭외한 결과로 이런 현상이 벌어졌을 것으로 짐작된다.

A사의 상황을 요약하면 이렇다.

A사는 2012년 3월에 법정관리를 신청하였다. A사는 3개 은행과 키코 거래를 했는데, 키코 거래에 따른 손실금이 너무 컸고 손실금의 상환이 지연되어 연체이자도 눈덩이처럼 불어났다. A사가 아무리 우량하다 해도 키코 관련 채무를 상환할 수는 없었다. 최대 채권은행인 외국계 S은행은 A사가 삼성전자에 납품한 제품의 매출채권에 가압류를 법원에 신청하여 허락을 받았고, A사는 이에 대응하기 위해 법정관리를 신청하였다. 법정관리 신청 시점에서 A사의 키코 관련 채무는 총 700억 원이 넘었다. 키코 거래에 따른 손실금 452억 원과 동 손실금을 제때 상환하지 않아 발생한 연체이자 257억 원으로 구성되어 있었다. 한편, 법정관리 신청 이전에 자진 상환이나 은행의 상계 등의 조치로 이미 A사는 180억 원의 손실금을 지급하였다. 즉, 연체이자를 제외하더라도 키코 손실금은 630억 원이나 되었다.

키코 거래를 얼마나 해야 이 정도 손실이 발생할까? 한번 추정해 보았다. 당시 달러당 평균 손실금을 약 300원 정도로 보면 충분하지 않을까 한다. 금융감독원이 발표한 자료에 따르면, 2008년 8월 말 시장환율이 달러당 1089원인 시점에서 키코 잔액이 79억 달러이고, 관련 손실 금액 이 1조 6943억 원이라고 하였다. 이를 역산하면 달러당 108원[= (1조 6943억 원/79억 달러)/2] 정도 손실금이 발생했고, 키코 계약의 평균환율 은 980원(= 1089원−108원) 정도가 된다. 그 뒤 달러/원 환율이 1600원 근 처까지 오르기도 했으니, 키코 계약에 따라 이행한 매월 달러 매각 평균 환율은 그 중간 정도인 1300원 내외가 아닐까라고 추정해 보았다. 이런 계산으로 A사의 달러당 평균 손실금을 300원으로 가정하였다. 이를 활 용하여 A사의 키코 거래 금액을 역산하면 1억 달러가 넘는다.[1] 연간 매 출액 700억 원을 감안하면 A사는 1년 반 정도의 물량을 키코 거래로 환 헤지를 한 것으로 추정할 수 있다.

여기서 한 가지 생각해 봐야 할 점은 A사의 매출이 대부분 달러 표시 로 일어나지만 매출원가의 약 70% 이상을 차지하는 원재료 구입 또한 대부분 달러 표시로 일어난다는 것이다. 그리고 달러 표시 원재료 대금 은 법정관리에 들어가기 이전에는 대부분 1~3개월 후지급 조건이었다. 제품의 매출 대금이 회수되는 시점에 맞추어져 있었다. 즉, A사가 환리 스크를 헤지해야 하는 금액은 연간 매출액의 30% 내외만 헤지하면 충분

----

1   키코 손실금 630억 원을 달러당 손실금 300원으로 나누면 거래 규모가 2.1억 달러 라는 결과가 나온다. 녹 인 시에 달러를 두 배로 매각해야 한다는 키코 조건을 감안 하면 실제 계약 금액은 1.05억 달러가 된다.

하다는 말이 된다. 달러로 환산하면 2000만 달러 조금 넘는 금액이 연간 헤지해야 할 금액이다. 결과적으로 A사는 거의 5년치의 환리스크를 헤지했고, 키코 계약에 따른 녹 인Knock-in이 발생한 경우에는 무려 10년치의 환리스크를 헤지한 것이 된다.

중소기업이든 대기업이든 환리스크를 헤지하기 위한 기간이나 헤지 비율을 어느 정도로 할 것인가 하는 것은 경영 정책상 결정해야 할 주요 과제 중 하나이다. 따라서 문제를 단순하게 일반화하여 어느 회사의 헤지 포지션이 적정했는지 아닌지를 판단하기는 어렵다. 그러나 제품의 회전기간이 매우 긴 조선이나 중공업 회사가 아닌, 기껏해야 제품의 회전기간이 3개월 내외에 지나지 않은 IT 부품 제조회사인 A사가 그만 한 금액을 헤지했다는 것은 엄청난 금액을 '오버 헤지Over Hedge'했다고밖에 말할 수 없을 것 같다. '오버 헤지'란 다른 말로 하면 투기거래를 했다는 것이다.

이제 키코의 추억을 마무리하고자 한다. 키코의 추억을 시작할 때 키코로 인한 피해자는 분명히 있는데 가해자는 명확하지 않다고 하였다. 내가 일했던 A사는 키코 피해 기업들이 보여주는 전형적인 형태의 하나라고 할 수 있다. 누가 이 A사를 환리스크 헤지라는 명분하에 투기로 내몰고 종국에는 엄청난 고통과 피해를 안겼을까? 지금까지의 추억을 정리하는 차원에서 은행과 정부·감독기관에 대해 간단하게나마 몇 가지 짚어보고자 한다. 먹고 튄 외국 은행을 탓해보아야 뭣하겠는가. 당한 우리만 더욱 초라해질 뿐이다. 그리고 키코 거래를 한 중소기업의 경영진

중에는 회사의 본업보다는 키코 트레이딩으로 환차익을 올리는 데 열중한 이들도 있었다. 그러나 이들은 극히 일부에 지나지 않았고 그들도 키코에 대해서 얼마나 알고 있었겠는가? 중소기업 경영진의 책임을 따진다는 것은 너무 가혹한 얘기가 아니겠는가.

키코 소송에서 대법원은 은행에 잘못이 없다고 대부분 판결하였다. 그렇다고 하여 은행이 잘못한 게 없는 것은 절대 아니라고 생각한다. 법률 전문가가 아니지만, 키코 같은 피해를 입은 금융소비자에 대한 법적인 보호 장치가 제대로 갖춰져 있지 않아서 그런 판결이 나왔을 것으로 짐작한다. 일부에서는 거대 로펌과 은행들이 합작하여 법원에 막강한 로비를 하여 그런 판결이 나왔다고도 주장한다. 그러나 우리나라 사법부가 그렇게까지 타락했다고는 생각하지 않는다.

은행은 대출을 할 때 까다롭게 심사를 한다. 대출을 받을 기업의 자산과 부채를 샅샅이 뒤져보고, 앞으로 장사도 잘 될지 안 될지 요모조모 따져본다. 경영진의 자질은 문제없는지 직접 면담도 한다. 그러고 나서 문제없다고 판단해야 대출을 결정한다. 특히 그 기업의 차입금에 대해서는 어디에서 얼마나 빌렸는지 반드시 확인한다. 기업이 빚이 너무 많다면 다른 게 괜찮아도 돈을 빌려주려 하지 않는다. 그런데 키코 거래에서는 은행들이 너무나 관대하게 기업을 대우했다. 대출은 안 해줘도 키코 거래는 해주었으니까. 사실 IMF 외환위기 이후 우리나라의 금융시스템에는 큰 변화가 있었다. 그중 하나가 과거에는 여신의 범주에 들어가지 않았던 선물환을 비롯한 파생금융상품 등 부외거래off balance sheet transactions나 각주항목footnotes에 대해서도 리스크 정도에 따라 일정 금액을 여신으로 간주하도록 바뀐 것이다. 키코 거래를 유치하지 못해서 그렇지, 일선 영업점에서 유치만 하면 대부분 기업에 대해 다른 은행과 체결한 키코 거래가 얼마나 있는지 따지지도 않았고, 일반 대출금이 많이 있어도 키코 거래는 예외로 취급하여 거래를 승인하였다. 영업점에서 키코 거래를 유치했는데 여신심사 부서에서 이런저런 이유를 들어 부정적인 의견을 제시했다가는 온갖 비난을 감수해야 했을 것이다. 키코 거래에 대해서는 은행 전체적으로 특급 대우를 해줬다고 할 수 있다. 키코 사태를 겪은 이후 금융감독 당국에서도 은행이 거래기업과 파생금융상품을 계약할 경우 그 기업이 다른 금융기관과 계약한 파생금융상품이 얼마나 되는지 파악하고 기업의 외환거래 규모나 여신규모를 감안하여 과다한 거래가 되지 않도록 규제하였다. 소 잃고 외양간 고친 격이다. 외양간을 고친 덕분에 요즘에는 중소기업들이 가장 전통적인 선물환거래를 하고자 해도 은행으로부터 선물환거래 여신한도를 받기 어려워 애로를 겪기도 한다.

은행은 키코 거래를 통해 소탐대실의 대표적인 모습을 보였다. 1000억~2000억 원의 수수료 수익을 벌고는 수조 원의 손실을 떠안았으니까. 게다가 은행들은 고객이 왕이고 고객의 이익과 기업의 발전을 위해 최선을 다하고 있다고 해왔는데 키코 거래로 인하여 그 허상이 그대로 드러나고 말았다. 이젠 기업이 은행의 말을 잘 믿지 않는다.

아직도 상당수의 중소기업이 키코 소송을 진행하고 있다. 언제까지 소송전이 계속될지 참 답답하다. 키코 피해 중소기업과 은행이 서로 타협할 수 있는 방안은 없을까? 상호 타협할 수 있는 방안을 찾을 수 있다면 신뢰를 다시 쌓을 수 있지 않겠는가. 사람도 바뀌고 시간도 많이 흐른 지금에 와서 은행이 할 수 있는 방법은 무척 제한되어 있다. 이미 장부에 계상되어 있는 채권을 함부로 타협하여 줄여준다고 할 수도 없다. 배임에 바로 직면할 수 있으니까. 타협하기 위해서는 법적인 절차나 요건을 갖추어야 한다.

은행과 키코 피해 기업이 타협을 한다면 어떤 선에서 서로 합의하면 좋을까? 법원에서 인가된 A사의 회생계획을 한번 살펴보도록 하자. A사에 대한 회생계획의 내용은 연체이자 257억 원은 전부 탕감, 미상환 키코 손실금 452억 원의 65.5%인 296억 원은 출자전환(액면 500원의 주식을 주당 8500원에 전환), 나머지 34.5%인 156억 원은 10년 분할 상환으로 구성되었다. 출자전환으로 기존 사주의 지분은 10% 조금 넘는 수준으로 바뀌었으나, 회사의 채무부담은 크게 경감되었다. 10년 분할 상환하는 금액도 현재가치로 하면 100억 원이 채 되지 않는다. 법정관리를 신청할 당시 A사는 1백 수십억 원의 현금을 보유하고 있었다. A사는 회생계획이 수립된 지 10개월 만인 2013년 10월 법정관리를 졸업하고 정상적인 영업을 하고 있다.[2]

....

2 A사 감사로 있는 동안 주채권은행인 S은행이 보유하고 있던 출자전환 주식과 채권을 A사의 기존 사주가 매입하여 회사를 되찾는 방안을 모색하고 있었다. 그 와중에 S은행은 A사 주식과 채권을 포함하여 다수의 부실채권을 공개 매각했고, 강남의 대

키코 거래 기업의 상황은 회사마다 다 다르다. 아예 법정관리를 신청할 수 없을 정도로 어려운 회사도 있을 것이고, 은행을 상대로 개별적으로 또는 단체로 소송을 진행한 회사도 있으며, 조용히 손실을 감내하고 극복해 나가는 회사도 있다. 어쨌거나 키코 피해 중소기업과 은행 간에 상호 타협할 수 있는 법적인 절차나 근거가 마련된다면 A사 회생계획의 내용은 충분히 참고할 만하다고 생각한다.[3]

키코라는 파생금융상품이 중소기업으로까지 급속도로 확산되는 동안 외환정책을 담당한 정부와 감독기관은 무엇을 하고 있었을까? MB 정부에 들어서 소위 '최강라인'이 환율주권론을 말하여 달러/원 환율이 급등했고, 이에 따라 키코 문제도 급부상하였음에도 정부나 감독기관은

부회사가 싼 값에 이를 매수하였다. 최대 주주가 된 대부회사와 옛 사주 간의 갈등을 해소하기 위해 회생채무 156억 원을 전부 상환하면 대부회사가 보유한 지분을 옛 사주에게 액면가로 전부 매각한다는 계약을 체결하게 하였다. 그 후 감사로서 법원에 회생절차를 종결하도록 건의하여 처리되었다. 2018년 A사의 감사보고서를 보니 회생채무는 156억 원에서 68억 원으로 감소했고, 순자산은 200억 원 이상으로 2013년 당시보다 더 좋아졌다. 늦게나마 옛 사주가 회사를 되찾을 수 있을 것으로 보인다.

3 이 책의 원고를 정리하던 중인 2019년 12월 12일 금융감독원은 금융분쟁조정위원회를 열고 키코 피해 기업이 신청한 분쟁조정에 대해 은행의 불완전판매 책임을 인정하고 손해액의 일부를 배상하도록 조정 결정했다고 발표하였다. 동 분쟁조정은 4개 회사가 6개 은행을 상대로 신청한 것이다. 업체에 따라 손해액의 15~41%를 배상하도록 했는데, 가장 높은 배상률은 102억 원의 손실금에 42억 원의 배상금으로 41%였고, 가장 많은 배상금은 921억 원의 손실금의 15%인 141억 원이었다.

2008년 9월까지 제대로 대처하지 않았다. 2008년 4~6월 달러/원 환율이 하루가 다르게 올라가는 상황에서 중소기업들이 환율이 오를 만큼 올랐다고 착각하여 새로운 키코 거래를 하도록 방치하기도 하였다. 미국의 금융위기가 표면화된 이후 더는 손쓸 수도 없는 상황이 되어서야 '패스트트랙' 등 자금지원을 중심으로 대책을 내놓았고, 이 지원책에 따라 결과적으로 중소기업은 키코라는 올가미에 더욱 매이게 되었다.[4] 이른바 재난 구조에서 '골든타임'을 놓쳤고 그 후 제대로 된 구조 대책도 내놓지 못하였다. 은행과 기업 간의 상호 계약에 의거한 거래로만 인식하여 괜히 끼어들었다가 책임 문제만 불거질 수 있다는 생각에 사로잡힌 것은 아닌가 하는 의심마저 든다. 키코가 뭔지, 어떻게 얼마나 거래되었는지 제대로 알고 있었다면, 그리고 IMF 때처럼 환율이 급등할 경우 어떤 사태가 벌어질지에 대한 시나리오라도 한번 구상해 봤으면 그렇게 무대책이지는 않았을 것이다.

금융회사가 뭔가 조금이라도 새로운 상품을 팔려고 하면 감독기관을 사전에 접촉하여 "이러이러한 걸 팔려고 하는데 괜찮겠습니까?" 하고 물어본다. 이른바 '창구지도'이다. 공식적인 승인 절차는 아니지만, 이걸

4　키코 손실금의 대출 전환은 해당 기업의 유동성 위기를 넘기는 데는 일부 기여하였지만 키코 계약 자체가 2008년 하반기에 청산되지 않고 지속되어 기업의 채무를 더욱 급증시키는 요인이 되었다. 역설적으로, 2008년 8~9월에 계약 불이행으로 잔여 키코 계약이 종결·청산되었더라면 오히려 그 뒤의 환율 급등에 따른 피해가 줄어들었다고 할 수 있다.

생략하고 팔았다가 나중에 조금이라도 문제가 생기면 감독 당국의 질책이나 책임 추궁이 만만치 않게 된다. 은행을 비롯한 금융회사들은 규정상 필요가 없더라도 이런 책임 추궁을 피하기 위해 사전협의라는 명분으로 감독기관을 접촉하기도 한다. 키코도 당연히 이런 절차를 거쳤을 것이다. 키코 사태가 터진 후 은행에 대해 감독기관이 뭔가 강한 조치를 하였다거나 책임을 추궁했다는 뉴스를 본 적도 별로 없다. 자신들이 인정하지 않은 거래였다면 관련 임직원과 회사에 대한 징계 등을 요구하면서 대단히 요란하게 은행을 핍박했을 것이다. 제재도 키코를 판매했다는 원천적인 문제가 아니라 일부 업체에 대한 서류 미비나 설명(위험 고지) 부족 등을 문제 삼아 형식적인 정도로 취했던 것으로 기억한다. 감독기관의 태도는 미온적이었다고 하는 게 보편적인 인식이었다.

2000년 상반기에 발생한 현대그룹의 유동성 위기가 어느 정도 정리가 된 뒤인 2001~2003년 사이에 외국인들이 우리나라에 대거 투자하였다. 2005년에 들어 환율이 1000원에 가까워지자 외국인들은 서서히 출구전략을 생각하기 시작하였다. 한국에 투자한 각종 사모펀드의 만기가 서서히 다가와 투자금을 회수해야 하니 당연히 출구전략을 본격 검토해야 했다.

반면에 국내 수출기업들은 2003년 이후 장기간 지속된 원화 절상 추세 속에서 어떻게 하면 선물환 매도를 많이 하느냐로 고민하고 있었다. 특히 조선업계는 2006~2007년 최대의 호황기를 맞이하여 거액의 선박 수주가 잇따랐다. 달러/원 환율이 지속적으로 하락하는 상황에서 조선

업계로서는 주기적으로 들어오는 선수금과 잔금에 대한 환리스크를 어떻게 관리하느냐가 매우 중요했고, 환리스크 헤지를 위해 모든 수단을 총동원하였다. 선물환거래를 하자니 규모가 너무 커서 국내 은행들이 다 소화하지도 못했고, 거액의 선수금이 들어오는 날에는 달러/원 환율이 급락하는 등 외환시장에 주는 충격도 만만치 않았다. 당시 이런 어려움은 조선업계만이 아니라 삼성전자나 현대차도 똑같이 안고 있었다. 그래서 환율의 미세조정, 즉 스무딩 오퍼레이션Smoothing Operation을 중요시하는 외환 당국은 이들 업체의 수출대금 유입에 촉각을 곤두세웠고, 간섭도 심하였다. 업체의 달러자금 매도 규모가 클 때는 외환 당국이 외환시장을 거치지 않고 직접 환수해 가기도 했다.

한국에 거액을 투자한 각종 고객을 보유하고 있는 외국 은행은 시장상황을 누구보다 빨리 파악하고 이에 대처하는 상품을 만들어내는 데는 천부적이다. 즉, 돈 냄새 맡는 데는 귀재인 것이다. 그래야 떼돈을 번다. 당시 한국이 처한 상황과 비슷한 경험은 이미 많이 겪었다.

이런 상황에서 키코는 수출 업계나 정부 당국에 하나의 돌파구가 되었을 수 있다. 기업이 선물환 매도를 하면 대부분의 거래금액은 은행의 중개를 통해 외환시장에서 현물환 매도로 이어진다. 그러나 키코 거래는 옵션상품이다 보니 계약 체결이 바로 현물환 매도로 이어지지 않는다.[5]

5　B라는 조선사가 2년 뒤에 인도하기로 하고 1억 달러짜리 선박을 수주한 것을 가정하여 예를 들어보자. 통상 선주는 계약금 20%, 선수금은 6개월 단위로 20%, 잔금 20%를 지급하기로 계약한다. 달러당 원화 환율이 계속 하락하기 때문에 B사는 환

환율의 미세조정을 원하는 당국이나, 간섭으로 인해 충분한 금액의 환리스크 헤지를 실행할 수 없어 고민이었던 업계로서는 서로 이해가 맞아떨어졌다고 할 수 있다. 키코가 팔리던 초기에는 조선업계를 비롯한 수출 대기업이 마케팅의 주요 대상이었다. 그것도 외국 은행 서울지점이나 사무소를 통해 마케팅을 하고 실제 거래는 그림 I-6 '키코 거래흐름도'에서 예를 든 바와 같이 국내 은행을 중간 매개은행으로 하여 거래를 실행한다. 그렇게 해야 나중에 국내 기업에 문제가 생기더라도 외국 은행은

리스크를 방지하기 위해 나머지 선수금과 잔금 8000만 달러를 기일에 맞추어 선물환으로 은행에 매도한다. 이를 매수한 은행은 선물환 시장에 바로 내놓아 팔면 제일 쉬우나, 우리나라 선물환 시장이 그렇게 발달되어 있지 않아 물량이 소화되지 않는다. 따라서 은행은 8000만 달러를 차입하여 현물환시장에서 달러를 매각하고, 선물환 기일이 도래하면 B사로부터 달러 매입을 실행하고 이 돈으로 달러 차입금을 상환한다. 외환시장 전체로 보면, B사가 1억 달러의 선박을 수주한다는 것은 바로 1억 달러(계약금 20% 포함)의 달러 매도물량이 바로 한꺼번에 외환시장에 유입되는 것이고, 이는 달러/원 환율을 하락시킨다. 정부에서는 이런 거래가 IMF의 원인이 되기도 했던 은행의 단기차입 증가 → 단기대외부채 증가라는 점과 환율의 스무딩 오퍼레이션에 지장을 준다는 점에서 매우 곤혹스러워했었다. 조선사들이 선박 수주를 받지 말라고 할 수도 없으니까. 반면 B사가 키코로 환 헤지를 한 경우, 옵션을 판매한 은행은 외국인 투자가에게 이 거래를 반대 매매했다면 달러를 차입하여 현물환시장에 매도할 필요 없이 수수료 차익만 챙기면 되고, 자체 트레이딩 포지션으로 흡수할 경우에는 옵션계약 금액의 일부(최대 50%를 넘지 않을 것이다)에 대해서만 달러를 차입하여 현물환시장에 매도하고 이후 환율의 변화에 따라 달러 매도를 늘리거나 줄이는 오퍼레이션(델타 헤지 등)을 한다. 따라서 B사의 수주금액 전체가 한꺼번에 현물환시장의 매도물량으로 나타나지 않고 계약 기간 전체에 걸쳐 분산되는 효과가 있다.

그 문제로부터 자유로울 수 있기 때문이다.

외국인 투자가, 외국 은행, 국내 대기업, 국내 은행, 외환정책 당국 등 모두의 이해관계가 잘 맞아떨어진 키코 상품은 잘 팔렸다. 환율은 적정 밴드 이내에서 움직이고, 단순 선물환 거래를 할 때보다 훨씬 수익성도 좋으며, 한 번 거래로 6개월~2년치의 선물환 거래를 한꺼번에 한 것과 같아서 수수료 수익이 여간 짭짤한 게 아니었다. 이럴 경우 당연히 '어디 거래를 확대할 데 없나?'라고 생각하게 된다. 중소기업들이 눈에 들어온다. 그 후의 경과는 이미 얘기한 바와 같다.

정부나 감독기관으로서는 대기업과 이미 하고 있는 키코 거래를 중소기업을 상대로 한다고 해서 막을 수는 없다고 주장할 수 있겠다. 그러나 IMF 외환위기 당시 SK 등 일부 대기업과 국내 종금사들이 동남아 통화 관련 옵션이 포함된 거래로 엄청난 손실을 입은 사실을 분명히 알고 있었을 정부나 감독 당국이 이런 위험한 상품 거래를 별다른 대책 없이 마구 거래되도록 한 것은 분명 문제가 있었다. 꼭 필요한 회사와 적정 수준 이내에서 거래하도록 감독했어야 했는데 말이다.

또한, 2006년 1월부터 고객알기제도KYC Rule: Know Your Customer Rule[6]가 본격 시행되었고, 2007년 8월에는 「자본시장법」이 제정되는 등 사회적으로도 금융거래 대상자에 대한 주의 의무를 다해야 하고 그들을 최대한 보호해야 한다는 인식이 널리 확산되는 시점이었다. 고객알기제도는 자

6　고객주의의무제도CDD: Customer Due Diligence라고도 한다.

금세탁Money Laundering 방지와 관련하여 주로 인식되고 있지만, 또 다른 주요 목적 중 하나는 금융회사 입장에서 고객을 제대로 파악하여 고객과의 거래에서 생기는 리스크를 줄이고 이를 바탕으로 금융서비스의 질을 제고하기 위한 것이다. 키코와 같은 상품을 제대로 알지도 못하고 관리할 능력도 없는 중소기업과는 거래하지 말라는 것이다. 감독 당국이 조금만 신경을 쓰고 감시했더라면 그렇게까지 사태가 악화되지는 않았을 것이다. 이들은 키코 거래의 실태를 제대로 파악하지도 못했을 수도 있다. 기업들이 얼마나 많은 키코 계약을 체결했는지 제대로 파악했더라면 MB 정권의 최강라인이 원화가치 하락을 통한 경기 부양을 그렇게 용감하게 추진하지 못했을 것이다.

2014년에 들어 신문 지상에 환리스크 관리에 관한 기사가 부쩍 많아졌다. 지난 7월, 달러당 원화 환율이 1010원을 하향 돌파하자 7년 만에 다시 환율이 900원대에 들어갈 것이라며 호들갑을 떨었다. 2014년 7월 15일 모 신문 경제면에 실린 기사 제목은 "키코 피해 트라우마에…… 중기 74% 환 헤지 안 하고 있다"이다. '키코 트라우마'란 말까지 사용하며 중소기업들이 환 헤지를 안 하고 있어서 큰 문제라는 식의 기사였다. 구글에서 '키코 트라우마'를 검색해 보니 정말 많은 신문 기사에서 '키코 트라우마'란 용어를 사용했음을 알 수 있었고, 일부 기사는 3년 전의 것도 있었다. 키코 사태가 발생하기 전이나 지금이나 신문과 방송은 달러/원 환율이 하락하면 수출 중소기업의 가격 경쟁력이 없어져서 곧 망할 것처럼 떠들고 이에 대한 대책으로 환 헤지를 해야 한다고 전문가의 말을 빌려 주장한다. 다만, 이들 기사에는 키코와 같은 거래는 하면 안 되고 선물환거래나 무역보험공사의 환변동보험 등을 적극 활용해야 한다고 주장하는 것만 약간 달라졌다. 환 헤지란 일시적인 수단에 지나지 않고, 근본적으로는 기업이 저환율에도 살아날 수 있도록 생산성 향상 등 체질 개선이 가장 중요하다는 점을 강조하는 기사는 찾기 어렵다.

정말 중소기업들이 트라우마 때문에 환 헤지를 하지 않는 걸까. 트라우마 때문이 아니라, 키코 사태를 통해 엄청난 대가를 치른 중소기업과 은행 모두 환 헤지가 무엇인지를 배웠기 때문이라고 생각한다. 중소기업들은 환 헤지가 만능이 아니며 잘못된 헤지는 오히려 큰 손실을 입혀 기업 경영의 안정성을 크게 저해한다는 것을 배웠고, 은행은 거래기업에 대한 이해를 충분히 하지 않고 함부로 아무 상품이나 팔아서는 안 된다는 것을, 특히 환율이나 주가 등 시장가격과 관련된 상품은 정말 고객에게 도움이 될 수 있는지를 신중하게 판단하여 거래해야 한다는 것을 배웠다.

이 글을 시작하기 얼마 전에 세월호 사고가 발생하였다(2014.4.16). 세월호 사고가 발생하고 난 뒤의 구조 과정을 지켜보고, 사고의 발생 원인과 배경이 무엇인지를 파악하고 대책을 강구하는 과정에서 우리 사회의 총체적인 문제점이 한꺼번에 드러나는 걸 보았다. 그런데 키코 사태에서도 세월호와 유사한 점이 한두 가지가 아니라는 것을 알 수 있었다. 중소기업들은 대부분 법인 형태를 취한다. 법인은 법적인 사람이다. 환율의 파고를 넘어 안전한 곳으로 데려다줄 것으로 생각하고 별 생각 없이

'키코 열차'에 승선했다가 수많은 사상자가 발생하였다. 이런 일이 재연되지 않기 위해서는 금융회사 스스로 아무 상품을 아무에게나 판매하지 않도록 하는 내부 통제시스템을 더욱 단단히 갖추어야 하겠다. 그리고 사고가 발생할 경우에는 금융 소비자를 보호할 수 있는 법적인 장치도 충분한지 둘러봐야겠다. 무엇보다도 자신이 거래하는 금융 상품에 대해 잘 모를 경우에는 금융회사 직원들의 권유를 단호하게 거부해야겠다. 아니면 충분히 공부하여 상품에 내재된 위험을 스스로 감내할 수 있는 범위 내에서 투자하는 투자자가 되어야겠다.

제II부
헤지와 스펙

"위험 없이 수익 없다"

"우리 증권회사나 은행들이 옵션이 뭔지 모르는 고객과
한 푼 두 푼 아껴 저축하여 목돈을 마련하려는 서민에게는
절대 ELS를 판매하지 않는 그런 건전한 인식과 금융 관행이
모든 임직원의 기본 상식이 되기를 바란다.
언제 그런 세상이 올는지?**"**

慧知와 須白
Hedge   Spec: Speculation

나는 금융인 생활 33년 동안 외환, 자금, 파생금융상품 등과 관련된 업무를 많이 진행했다. 그러다 보니 위험을 회피하기 위한 목적으로 파생금융상품을 많이 활용하는 '헤지Hedge' 거래라는 말이나, 은행 돈으로 가격 상승이나 하락을 노리고 채권, 주식, 파생금융상품 등을 매매하는 '스펙 Spec'[1] 거래라는 말을 많이 사용하며 살아왔다. 당분간 이 '헤지'와 '스펙'이란 주제를 중심으로 얘기해 보고자 한다.

글 제목은 이 '헤지'와 '스펙'의 음과 비슷한 한자어를 이용해 붙였다. '지혜로운 지식'이란 뜻에서 헤지를 慧知로, '모름지기 많은 것(百−1 = 白, 즉 99)을 추구'한다는 뜻에서 스펙을 '須白'으로 붙여 보았다. 내 마음대로

---

1   투기를 뜻하는 'Speculation'을 줄여서 'Spec'이라고 많이 쓴다.

붙여 본 건데 그럴듯한지 모르겠다. 물론 '헤지'란 게 항상 지혜로운 건 아니었고, 종종 사람들을 홀리는 수단으로 사용되고 있어서 이런 멋진(?) 한자 이름을 지어주는 것이 온당한지도 의문이다. 그리고 '스펙', 즉 투기란 게 멍청하고 아무 생각 없이(흰 백白) 욕심만 부리는 건 아니기에 그런 의미의 한자어를 붙이는 것이 타당하지도 않을 것이다. 다만, 헤지란 어떤 거래에서 발생할 수 있는 위험을 줄이고자 취하는 별도의 거래이고 스펙이란 위험을 감수하고 이익을 극대화하고자 하는 거래라는 통념에 비춰보았을 때 그렇게 무리한 작명은 아닐 것이라고 생각해 재미 삼아 붙여 본 것이다. 그런데 이 스펙, 즉 투기거래를 미국계 금융기관에서는 아주 우아한 말로 '프롭Prop: Proprietary 트레이딩Trading'이라고 한다. 자기자본거래라고 번역하기도 한다. 말이 좋아 자기자본, 즉 내 돈으로 마음대로 베팅하겠다는 것이지 금융기관 내에서 내 돈하고 고객 돈이 무 자르듯이 쉽게 구분되는 건 아니어서, 2008년 미국발 금융위기 시 문제를 일으키기도 하였다.

참, 한 가지 거래가 더 있다. '차익 또는 재정Arbitrage 거래'라고 부르는 거래이다. 가장 단순하게 설명하자면, 어느 특정 상품이 동일 시간대에 A시장과 B시장에서 서로 다른 가격으로 거래될 경우 싸게 거래되는 시장에서 사서 비싸게 거래되는 시장에서 파는 거래를 말한다. 엄밀하게 따지자면 사고파는 거래가 동시에 이루어질 수 없기 때문에 이것도 투기거래의 일종으로 간주할 수 있다. 또한, 가격 차이가 있다고 해서 모든 상품을 쉽게 재정거래를 할 수는 없다. 모든 거래에는 수수료나 세금 등 각종 거래비용이 따르고 국경을 넘어설 경우에는 외환 관리 등 각종 법적·제도적인 제약이 따르기 때문이다.

통상 파생금융상품의 거래를 기능적으로 구분할 때 위의 세 가지 방식을 들어 설명한다. 그러나 현실에서는, 우리가 어떤 거래를 했을 때 이세 가지 중 어느 하나를 적용해 이 거래는 헤지, 저 거래는 투기, 이 거래와 저 거래를 합쳐서 재정거래라고 단정한다는 것이 쉽지 않다. K은행에서는 이런 거래의 성격에 따라 전결권에 상당한 차이가 있었고, 거래하는 시점에서 어떤 거래인지 그 성격을 명확히 하도록 했지만.

정대영 송현경제연구소장이 쓴 책 『동전에는 옆면도 있다』를 보면 투기와 투자에 대한 설명이 나온다. 이 책은 투기와 투자의 구분법을 비롯하여 우리나라의 부동산 투기의 폐해와 어떤 투기가 국민경제에 도움이되는지를 자세하게 설명하였다. 그럼에도 사실 투자와 투기는 명확히 구분하기 어렵다. 어떤 거래에 대해서 느끼는 위험의 정도가 사람에 따라서 다 다르고, 그 거래에 대한 가치관도 다르기 때문이다. 또한 금융거래에서는 자금을 투입하는 측면뿐 아니라, 그 자금을 받아들이는 차입의측면에서도 투기냐 아니냐는 문제가 발생한다. 따라서 금융과 관련하여설명을 할 때는, 투기와 투자의 구분법이 아니라 헤지된 거래(투자, 차입등)냐 아니면 위험에 노출된 투기적인 거래냐 하는 것으로 나뉜다고 볼수 있다. 『동전에는 옆면도 있다』에서도 투기의 범위를 넓히면 미국 상품선물거래위원회US Commodity Futures Commission에서 정의했듯이 "위험을 피할 수 있는 거래(헤지)를 하지 않은 모든 자금 투입"이 된다고 인용했는데, 내가 얘기하고자 하는 투기가 바로 그런 개념이다.

현실 세계에서는 위험의 종류가 너무나 많다. 가장 대표적이고 우리가 익히 들어 알고 있는 것이 환율, 금리, 주가 등 시장에서 거래되는 각종 상품의 가격 변동에 따른 위험일 것이다. 이를 시장위험Market Risk이라고 하고, 환율 관련은 환위험, 금리 관련은 금리위험이라고 한다. 거래 상대방의 신용도와 관련하여 발생하는 신용위험Credit Risk, 주문을 잘못 입력하거나 자금이체 처리를 정확히 하지 않는 등 업무 처리 과정의 실수로 발생하는 운영위험Operation Risk, 법률 해석이나 적용을 잘못하여 분쟁 발생 시 손실을 볼 수 있는 법적 위험Legal Risk, 국가적으로 부도Default나 지불유예Moratorium를 선언할 경우의 국가위험Country Risk 등등 분류해 나가면 이 외에도 상당히 많다.

이들 위험을 헤지하기 위해 다양한 파생상품이나 보험이 개발되기도 했다. 그러나 현실적인 측면에서 보면 헤지 수단이 있다고 하여 이 모든 위험을 헤지할 수는 없다. 가능하다고 하여 헤지를 해봤자 헤지 비용으로 인해 이익이 다 사라지거나 오히려 손실을 보게 될 수도 있다. 금융거래란 위험을 수반하지 않고는 수익이 발생하지 않는다. 이 모든 위험을 얼마나 효율적으로 파악하고 관리할 수 있느냐 하는 것이 금융업무의 핵심이라고 할 수 있다. 우리 각자의 금융자산 관리에도 마찬가지로 적용되는 개념이라고 생각한다. 말은 참 쉬운데 쉽게 되지 않는 게 현실이다. 많지 않은 경험이지만 겪은 일들을 중심으로 헤지와 스펙에 대해 얘기해 보고자 한다.

"헤지 안 한 책임은 누가 지나요?"

유로엔 금리선물 헤지 실패기

키코 사태에서 알 수 있듯이 잘못된 헤지Hedge 거래는 많은 고통을 초래한다. 23년 전에 내가 헤지 거래로 인해 곤욕을 치른 적이 있다.

    1989년 여름, 나는 일본의 도쿄지점으로 발령받았다. 일본은 도쿄올림픽을 치른 후인 1965년 말에서 1970년 중반까지 57개월에 걸친 호황기인 '이자나기' 경기 이후 최장의 호황기라 부르는 '헤이세이' 경기의 정점에 있었다.[1]

---

[1] 이자나기는 일본 신화에 나오는 신으로, 아마테라스 오미카미天照大神의 아버지이자 천황가의 시조인 진무천황神武天皇의 7대조이다. '창조의 신'이며 천황가의 조상신으로 숭배받고 있다. 헤이세이는 히로히토 일왕에 이어 1989년에 즉위한 아키히토 일왕의 연호이다. 헤이세이 경기는 1986년 11월~1991년 2월에 걸친 51개월 동안 지속되었다.

1985년 9월 플라자합의[2] 이후 급속도로 진행된 엔화 가치의 상승으로 일본 기업들이 죽겠다고 아우성을 쳤다. 그러자 일본 정부는 환율 급락을 보완하는 수단으로 수년간 저금리 정책을 유지하였다. 이런 정책의 결과로 시중의 유동성은 급팽창했으며, 모든 자산 가격이 급등하는 버블이 발생하였다. 도쿄 시내 한복판에 있는 황궁을 팔면 캐나다 전체를 살 수 있다는 말까지 나올 정도로 부동산 가격이 폭등했다. K은행의 사택은 우리나라 아파트를 기준으로 말하자면 한 32평 정도 되었고, 강남 같은 요지는 아니었지만 그래도 괜찮은 지역의 10여 가구가 들어 있는 빌라였다. 우리나라 같으면 5000만 원 정도인 이 집의 가격이 3억 엔(당시 환율로 약 18억 원 정도)을 초과하였다. 증시도 호황을 누려, 1989년 말에는 일본의 종합주가지수인 '니케이 225'가 3만 8900을 돌파했다. '니케이 225'는 몇 년 전 7000까지 떨어졌다가 요즘 많이 회복되어 1만 4000 내외를 기록하고 있으니 당시의 자산가격 거품이 얼마나 심했는지 짐작할 수 있다.

이런 거품을 잡기 위해 일본 정책당국은 금리를 지속적으로 인상하였다. 1989년 초 4.5% 수준이었던 시장금리가 1990년 8월경 8%를 넘어섰

---

2 레이건 정부 당시 미국의 쌍둥이 적자, 즉 무역적자와 재정적자를 해결하기 위해 미국 달러화의 가치를 내리고 일본 엔화와 독일 마르크화 가치를 높이는 정책을 G5 재무장관과 중앙은행 총재가 채택한 합의이다. 1985년 9월 22일 뉴욕의 플라자 호텔에서 발표하였다. 발표 다음 날, 달러화 환율은 1달러에 235엔에서 약 20엔이 하락했고, 1년 후에는 달러의 가치가 거의 반이나 떨어져 120엔대에 거래가 되었다.

고, 이런 상승세가 2~3년간 계속될 것이라고 전망되는 상황이었다.

한편, K은행의 도쿄지점은 150억 엔의 부실 대출금을 안고 있었다. 이 대출금은 1970년대 중반에 나갔고, 지금 일본 도쿄에서 젊은이들이 가장 선호하고 많이 붐비는 곳인 롯본기에 있는 빌딩을 담보로 잡고 있었다. 그럼에도 은행이 오랫동안 이자 한 푼 받지 못하고 원금 회수를 위한 담보물 처분도 감히 검토하지 못하는 등 누구도 해결하지 못하는, 아니 해결하려는 시도도 하지 않았던 악성 대출금이었다.[3]

도쿄지점은 연간 약 12억 엔 정도의 영업이익을 거둘 수 있었지만, 위에서 말한 부실 대출금의 조달비용 때문에 실제 이익은 크게 잠식되었다. 조달금리가 4~5%일 때는 5억~7억 엔의 당기 순이익을 올렸으나, 1990년 6월 이후 시장금리가 7%를 넘어서자 부실 대출금의 자금조달 비용이 여타 영업에서 벌어들인 이익을 다 까먹고 드디어 영업적자 문제가 심각하게 대두되었다.

자금팀 내에서는 시장금리가 7%를 넘어서고 있으니 조달금리 상승을 헤지해야 하는 것 아니냐는 주장이 대두되었다. 특히, 현지 직원인 신 상

---

3   대출금이 부실화된 것은 정치적인 배경으로 대출이 이루어졌기 때문이었다. 차주 사의 배경에, 1970년대 대한민국을 떠들썩하게 만들었던 한강변 권총 살인 사건의 주인공인 모 여인이 도쿄에 있을 때 이 여인을 보호했으며 일본에서 주먹으로 한 시대를 풍미한 것으로 널리 알려진 재일 한국인 모 씨가 있었다고 알고 있다. 한국이나 일본의 금융감독기관이 도쿄지점을 검사하러 와도 이 대출금의 부실에 대해서는 외면했다고 한다. 당시까지 연체이자만도 100억 엔이 넘었던 그런 대출금이었다. K은행 내에서는 'TSK 대출금'으로 유명했다.

(현지 직원인 행원에 대해서는 성에 일본어 경칭인 '상'을 붙인다)은 차장님 주재 주간 회의 때마다 '현재의 금리 상승 추세는 일시적인 게 아니라 장기간 지속되기 때문에 우리 도쿄지점은 금리 상승에 대비한 헤지가 꼭 필요하다'고 주장하였다. 신 상은 다른 현지 직원과는 달리 자금 전문가로 도쿄지점에서 채용한 직원으로 상당히 똑똑하고 유능했다. 다른 재일교포 직원들은 일본어밖에 못 했는데 이 직원은 한국어와 영어가 가능했고, 자금업무에 대한 긍지나 지식도 남달랐다. 그래서 아랫사람이라고 해서 신 상의 발언을 무시할 수만은 없었다.

그러나 나는 한동안 신 상의 의견을 반대하였다. 3~6개월의 단기 헤지로는 근본적인 문제가 해결되지 않기 때문에, 헤지를 한다면 2~3년이라는 장기간으로 해야 하며, 그 기간 중에 만에 하나 금리 상승세가 꺾여 헤지한 금리 수준 이하로 하락한다면 헤지 때문에 오히려 이익이 줄어들 것이고 이로 인해 책임 문제가 발생할 수도 있다는 점을 들었다.

이러한 나의 주장은 매주 월요일 열리는 자금팀 회의 때마다 점차 힘을 잃어갔다. 반면 신 상의 발언은 점차 강도를 높여갔다. 금리가 나날이 높아졌기 때문이었다.

1990년 8월 초 월요일 아침, 그날도 헤지를 해야 하느니 마느니 나와 신 상 간에 언쟁이 붙었다. 언쟁의 말미에 신 상이 한마디 했다.

"대리님! 그럼 헤지 안 한 책임은 누가 지나요?"

이 말 한마디에 나는 순간적으로 멍한 상태가 되었고, 그걸로 회의는 끝났다. 회의가 끝난 후 며칠간 머릿속에서는 신 상의 그 말이 떠나지 않왔고, 끊임없이 헤지를 해야 되느냐 말아야 되느냐로 고민에 빠졌다. 향후 금리 전망에 대한 각종 자료를 뒤지기도 하였다.

'그래! 명색이 자금 전문가로 본점에서 해외지점으로 발령받아 온 놈이 헤지에 대한 책임이 두려워 회피해서야 되겠는가!' 이것이 고민의 결론이었고, 고난의 시작이 되었다. 신 상을 불렀다.

"좋다! 헤지하자! 헤지 기간은 2년으로 하고 헤지 방식은 유로엔 선물로 3개월 단위의 스트립Strip 방식으로 한다.[4] 지점장님 결재를 받을 품의서를 만들되 일본의 경제 상황, 향후 금리 상승과 장기간 고금리 지속에 대한 판단 근거, 우리 지점의 영업 상황과 헤지의 필요성 등을 품의서에 명확히 언급하고, 후에 누가 보더라도 당시에 헤지가 필요한 것이었다고 인정할 수 있도록 하자!"라고 하였다.

이렇게 하여 내 생애 최초의 헤지 전략은 순식간에 추진되었고, 며칠 뒤 지점장님의 결재를 받고 실행되었다. 아마 은행 내에서도 파생금융상품을 이용한 최초의 헤지 거래였을 것으로 생각한다.

당시 K은행 도쿄지점은 한국계 금융기관으로는 유일하게 도쿄금융선

---

[4] 스트립 헤지란 헤지해야 할 변동금리부 자산이나 부채가 장기간에 걸쳐 존재할 때 해당 기간 전 기간에 걸쳐 각 결제월의 단기금리선물을 동일 수량만큼 매입하거나 매도하는 헤지 기법을 말한다. 예를 들어, 변동금리 부채가 100억 엔이고 헤지 기간이 1990년 9월~1992년 8월이라면 1990년 9월물, 12월물, 1991년 3월물, …… 1992년 6월물의 3개월 유로엔 금리선물을 각각 100억 엔씩 매도한다. 이를 통해 변동금리인 부채를 고정금리 부채로 전환하는 효과가 있다.

물거래소TIFFE: Tokyo Int'l Financial Futures Exchange의 회원사였다. 요즘이야 우리나라가 주가지수를 비롯한 각종 금융상품에 대한 선물과 옵션의 거래량이 세계 1위를 차지하지만, 당시에는 금융선물에 대해 아는 사람도 별로 없던 시절이었다. 그래서 한국계 은행이 엔화 관련 선물거래를 중개하여 수수료를 벌 수 있는 상황도 아니었다. 아마 은행의 이름에 걸맞고 장래에 대비한다는 명분으로 일본 은행들이 주축이 되어 1988년 6월에 설립한 도쿄금융선물거래소에 개장과 동시에 회원사로 가입하였다. 가입 이후, 회원사로서의 자격을 유지하기 위해 소규모의 유로엔 금리선물거래[5]를 현지 책임자가 담당하여 거래를 하고 있었다.

차입금의 금리 상승에 대한 헤지로 가장 간편한 방법은 고정금리의 장기자금 차입이다. 당시 한국계 은행의 해외지점 입장에서는 신용도 등의 문제로 고정금리의 장기 엔화자금을 차입하는 것이 쉽지도 않았고, 장기자금에 대한 가산금리(차입 스프레드)도 상당하여 실행하기 어려웠다. 반면에 유로엔 금리선물거래를 활용하면 회원사인 관계로 수수료를 별로 들이지 않고도 헤지 거래를 쉽게 처리할 수 있었다. 그래서 헤지 거래를 유로엔 선물거래로 처리하였다. 2년치 선물거래로 헤지한 평균금리는 약 8%대 초반이었던 것으로 기억한다.

1990년 9월에도 일본 금리는 계속 상승하여 드디어 9%를 돌파했다.

---

5   금리선물의 가격은 '100.00 - 금리(%)'로 표시된다. 3개월 유로엔 금리가 6%라면 해당 금리선물 가격은 94.00이다. 금리가 오르면 가격은 내려가고, 금리가 내리면 가격은 올라간다. 그래서 금리 상승을 대비할 경우에는 금리선물을 매도한다.

헤지 전략은 얼핏 성공하는 듯 보였다. 그러나 행복한 순간은 오래가지 못했다.

주가가 계속 하락하는 등 정책금리 인상의 효과가 서서히 나타나기 시작하자 시장은 급변하여 추가적인 금리인상설은 꼬리를 감추기 시작했다. 10월 이후에는 금리가 오르기는커녕 오히려 내려가기 시작했고, 헤지에 대한 불안감도 함께 밀려왔다.

1991년 1월까지 그럭저럭 8%대를 유지하던 금리는 2월 들어 7%대로 내려앉았다. 한때 4만을 육박하던 니케이 지수도 2만대로 내려앉는 등 경제 상황이 급속도로 악화되었다. 금리 상승세 지속을 주장하던 논자들이 다 사라졌다. 그리고 헤지 거래에 대한 품의서를 결재하셨던 지점장님이 귀국하시고 새로운 지점장님이 부임해 오셨다.

지점의 전반적인 상황을 점검하던 신임 지점장님에게, 부실 대출금의 조달비용을 헤지하기 위해 유로엔 선물거래를 했으며 관련 손실이 발생하고 있음을 보고했다. 은행 업무를 하면서 헤지 거래와 금융선물 거래를 처음 접해보시는 신임 지점장님을 이해시키기 위해 관련 자료를 보여드리며 내 나름대로 최선을 다해 설명했다. 그러나 손실이 발생하는 헤지 거래를 직접 결재를 하지 않으신 신임 지점장님께서 이를 수긍할 리가 없었다. 잔여 헤지 거래를 모두 즉시 청산하라는 지시가 떨어졌다. 우려했던 일이 벌어진 것이다. 반대거래를 통해 유로엔 선물 포지션을 모두 정리하고 보니 2억 엔 이상의 손실이 발생했다.

"헤지 안 한 책임은 누가 지나요?"라던 신 상은, 우연인지는 모르겠으나, 헤지 포지션이 손실로 돌아선 얼마 뒤 대장에 폴립, 즉 용종이 발견되어 홋카이도에 있는 온천으로 요양하러 간다며 사표를 제출하였다. 요즘이야 내시경 검사로 대장의 용종 정도는 가볍게 처리할 수 있지만, 당시 일본의 의료기술로는 처리가 쉽지 않았을 것이다. 그에 따라, 나만이 홀로 남아 신임 지점장님께 헤지 거래의 당위성에 대해 주장하는 꼴이었다. 결과적으로 나는 신임 지점장님께 요주의 인물이 되었다. 그리고 재일교포 현지 책임자가 매입한 일본 주가연계채권Nikkei Index Linked Note이 녹 인Knock-in 구간에 진입하여 큰 손실이 발생했다.[6] 이런저런 좋지 않은 일들이 도쿄지점에 쌓여 신임 지점장님과 동거했던 1년 반 동안의 해외지점 생활은 아주 어려운 지경이 되었다.

도쿄지점에서 실행한 헤지 거래는 정말 헤지의 개념에 적합한 것이고 방법이나 시기가 타당한 것이었을까? 그렇지 않았다. 돌이켜 보건대 당시 헤지는, 선무당이 사람 잡는다고, 관련 책 좀 읽어서 쌓은 알량한 지식으로 무모하게 저지른 일이었다.

우선, 자금운용상의 문제를 자금조달 문제로 잘못 생각하였다. 당시 도쿄지점의 수익성에 문제가 발생한 것은 자금조달을 잘못해서가 아니라 대출금이 연체되어 부실자산이 발생했기 때문이다. 비록 미수수익으로 계상하지 못하여 당기 순이익에 기여하지는 못하지만 조달금리를 훨씬 상회하는 연체이자율을 적용하고 있었기 때문에 조달금리가 올랐다

---

6   이 건에 대해서는 다음 장(「또 다른 키코, ELS」)에서 설명한다.

고 해서 함부로 헤지할 성격의 거래가 아니었다. 어떻게 하면 빨리 부실자산을 정리하고 밀린 연체이자를 받아낼 것인가에 초점이 맞춰져야 했다. 취급 경위, 당시의 정치적 상황, 차주의 배경 인물 등 여러 요인으로 인해 관련 부실 대출금을 쉽게 해결할 수 없었다. 이를 감안하더라도 자금운용, 즉 대출팀과 충분히 협의하여 이들의 동의와 승인을 받았어야 할 사안이었지 자금조달팀의 독자적인 판단에 의해 헤지를 실행할 일은 아니었다.

관련 손익의 관점에서 볼 때도 잘못된 거래였다. 어려움이 있더라도 실제 고정금리의 장기차입으로 대처하는 것이 정당했다. 선물거래는 그 손익이 매일매일 정산되어 손익계산서에 반영되기 때문에 기간손익의 왜곡이 발생하였다.

시기적으로도 적절하지 못했다. 금리 추가 상승에 따른 헤지의 효과와 하락의 위험성에 대해 좀 더 심사숙고를 했어야 했다. 금리 상승의 막바지 단계에 들어간 상황에서 추가적인 금리 1~2% 상승에 대비할 사안도 아니었다. 하려면, 금리가 4~5%였던 1989년도에 했어야 했다.

결론적으로, 금리 상승에 대비하여 지점의 이익 규모를 일정 수준에 고정시키고자 실행한 유로엔 선물거래는 헤지가 아닌 투기가 되어버렸다. 무식하면 용감하다고, 무지의 소산으로 겁 없이 실행한 투기일 뿐이었다.

유로엔 금리선물 거래를 전부 청산하지 않았다면 어떻게 되었을까? 손실은 한참 더 늘어났을 것이다. 1992년 1월 일본의 시장금리(CD 90일

"헤지 안 한 책임은 누가 지나요?"

물)는 5% 내외를 기록했으니, 헤지 포지션을 정리하지 않고 그대로 갔더라면 아마 10억 엔 이상의 손실을 초래했을 것이다.

헤지 거래로 인해 곤욕을 치렀지만, 도쿄지점을 떠나온 뒤에도 어떤 결정을 해야 할 때는 신 상의 "헤지 안 한 책임은 누가 지나요?"란 물음이 자주 뇌리를 스치고 지나갔다. 책임을 회피하고자 하는 측면이 아니라, 어떤 일이 있을 때 내 일이 아니라고 외면하지 않고, 그 일을 외면함으로써 발생할 수 있는 문제에 대해서도 책임을 느껴야 한다는 교훈적인 측면에서 되새겨 보게 되는 것이다.

참, 젊은 시절의 패기가 느껴지는 말이었다. "헤지 안 한 책임은 누가 지나요?" 다시 한 번 들어보고 싶다.

또 다른 키코, ELS

慧知Hedge와 須白Spec에 관한 첫 번째 얘기를 ELSEquity Linked Securities (주가연계증권)로 정하고 준비하던 2014년 10월 8일 아침, "'인기 폭발' ELS, 3분기 발행금액 50% 급증"이라는 연합뉴스발 기사가 인터넷 뉴스 창에 떴다. 예탁결제원의 발표에 따르면 3분기 ELS(파생결합사채 포함) 발행 금액이 前 분기보다 46.1% 증가한 20조 1542억 원으로 집계됐다는 내용이었다. 이렇게 급증한 것은 지난 8월 한국은행의 기준금리 인하로 시중은행의 예금 금리가 1%대로 떨어지자 상대적인 고금리를 제공하는 ELS가 예금의 대안으로 부각된 때문이라고 설명하였다. 원금 보전 여부를 기준으로 3분기 발행액을 분류하면, 원금 非보전형이 15조 3000억 원(전 분기 대비 53.3% 증가)으로 79.3%를 차지하여 원금 보전형 20.6%에 비해 압도적으로 높은 비중을 차지하고 있고, 기초자산을 기준으로 분류하면, 코스피 200 등 각종 지수를 기초자산으로 하는 ELS가 전체 발행금액의 96.6%를, 개별 주식종목을 기초자산으로 하는 ELS는 1.6%를 차지한다는 등의 기사였다.

내친 김에 ELS 관련 뉴스를 검색해 보았더니 뉴스가 다양하고 엄청나게 많기도 했다. "'시중금리 3배 기쁨' ELS 뭐길래" 등 자극적인 기사 제목과 더불어 저금리 시대에 살아가기 위해서는 중위험(?) 상품인 ELS 투자를 적극 고려해야 한다고 주장하면서, 요즘처럼 코스피 지수가 2000 안팎일 때가 안성맞춤이라고 충고하는 칼럼도 있었고, 금감원의 감독 강화 필요성과 손실 발생 가능성을 우려하는 기사도 있었다. 그리고 9월 말 현재 ELS에 투자한 잔액이 50조 원을 돌파했다고 한다.

또한 2014년 10월에는 KBS2 TV의 〈추적 60분〉에서 「어느 증권맨의 비극」을 방영하였다. 무리한 ELS 판매를 추진했다가 고객에게 손실을 입힌 증권사 지점장의 자살을 다룬 내용이었다.

2007년 말부터 2009년 상반기에 벌어진 글로벌 금융위기 시 ELS나 ELD^{Equity Linked Deposits}(주가연계예금)도 많은 사람들에게 피해를 줬다. 키코가 중소기업에 피해를 입힌 반면에, ELS나 ELD는 저금리 시대에 한 푼이라도 더 이자를 받고자 하는 일반서민에게 큰 피해를 주었다. 우리나라가 글로벌 금융위기에서 비교적 단기간 내에 벗어났고, 주가도 반등하여 이들 채권이나 예금이 만기일에 큰 손실 없이 상환된 경우가 많았다. 그래서 주가연계상품들이 키코만큼 사회적 물의를 일으키지 않았고, 크게 주목을 받지도 못했다. 그런데 2014년에 들어 ELS가 뉴스에서 나온 것처럼 폭발적인 인기를 끌고 있다.

개인적으로나 은행의 조직 내에서 ELS에 직접 투자한 적은 없다. 그러나 도쿄지점에 근무할 당시 ELS와 동일한 상품인 일본 주가연계채권 투자와 관련되어 곤혹스러웠던 경험이 있다. 좀 지루한 얘기가 되겠지만, 옛날 추억을 되살려 보고자 한다.

도쿄지점에서 담당한 나의 첫 업무는 후선Back-office 업무[1]였다. 일본어를 전혀 할 줄 모르는 상태에서 발령받았기 때문에 후선 업무를 담당하면서 일본어를 빨리 익히라는 담당 차장님의 배려였다. 부임한 지 한 달쯤 지난 일이었다. 차장님이 일본계 증권회사가 팩스로 보낸 주가연계채권 투자 제안서를 보여주면서 투자해도 괜찮은 것인지 검토해 보라고 하였다. 채권 투자는 재일교포인 H 과장이 맡고 있었는데, 차장님은 채권 투자나 외환 딜링 등의 경험이 전무하여 H 과장의 결정에 전적으로 의존하였다. 그런 상황에서 본점의 국제금융부에서 일하다 온, 소위 국제금융전문가의 의견을 들어볼 수 있다고 생각하여 내 의견을 물어왔다. 선무당한테 의견을 물었던 것이다.

주가연계채권 투자 제안서의 내용을 요약하면, 금액 2억 엔, 만기 2년,

---

1 딜링 업무 조직은 크게 외환, 자금, 채권이나 주식을 직접 매매하고 투자하는 프런트 오피스Front-office, 프런트의 각 파트와 딜러들의 딜링 한도나 규칙 준수 등을 감시하고 딜링 업무에 따른 각종 위험을 관리하는 미들 오피스Middle- office, 프런트 오피스가 실행한 거래의 사후 조치, 즉 거래상대방 앞 거래확인서 발송이나 자금이체 등을 실행하고 관리하는 백 오피스Back-office 업무로 구분된다.

수익률은 동급의 일반 채권보다 2% 정도 높은 수준이었고, 일본의 대표 주가지수인 '니케이Nikkei 225'가 일정 수준 이하가 되면 원금 손실이 발생되고Knock-in, 2만 4000 이하인 경우에는 원금 전액 손실, 즉 상환액이 제로가 되는 그런 채권이었다. 1989년 9~10월의 일본 주가는 3만 6000 내외를 기록하면서 무서운 기세로 상승세를 이어가고 있었다.

이런 상품이 당시 일본 내에서 많이 유통되고 있는지, 발행자의 신용도와 동급 신용도의 여타 채권의 수익률 수준과 녹 인Knock-in 수준은 적절한지, 원금 전액 손실 발생 니케이 225 지수 수준은 어떤지 등을 알아보았고, 이런 채권의 매입에 관해 해외지점장의 직무전결규정에 특별한 제한은 없는지 등에 대해 점검했다. 그리고 이 건을 검토하기 2개월 전에 동일한 유형의 채권에 2억 엔을 이미 투자했다는 것도 알게 되었다. 옵션의 본질과 2년이라는 장기 옵션의 무서움에 대해 제대로 된 지식을 갖추지 못했던 선무당은 수박 겉핥기 수준의 검토만 하고는 그렇게 문제가 될 사안은 보이지 않는다고 보고했다. 차장님은 채권 투자가 담당업무는 아니지만 같이 검토했다는 점에서 투자승인 품의서에 내 도장도 찍도록 말씀하셨고, 나는 당연하다고 생각하고 이에 따랐다. 그러곤 이를 까맣게 잊어먹고 있었다.

더군다나 1990년 2월 중순, 정크본드로 유명한 '드럭셀 버넘 램버트사 Drexel Burnham Lambert Inc'(이하 'DBL'이라 함)가 파산했는데, 도쿄지점은 불행하게도 DBL이 발행한 유로Euro CPCommercial Paper(상업어음)에 1500만 달러를 투자하고 있었다. 만기를 10일 정도 앞두고 거액의 채권이 부실

화됨에 따라 사후수습과 본점 앞 보고 등 관련 업무가 봇물 터지듯 쏟아져 나왔다. 우리말과 글에 서툴고 영어도 그리 능숙하지 않았던 H 과장이 그 일을 맡을 수 있는 상황도 아니어서 DBL 관련 사후 수습 등 제반업무는 전적으로 내가 맡아 처리하고 있었다. 그렇게 정신없이 몇 달을보냈던 것도 일본 주가연계채권 투자 사실을 까맣게 잊어버린 이유 중하나가 아닌가 생각한다. 그리고 1990년 하반기에 저지른 엔화 금리 헤지 사건(「헤지 안 한 책임은 누가 지나요?」 참조)도 일본 주가연계채권의 존재를 망각하게 하였다.

DBL 발행 유로 CP 1500만 달러 부도 사건으로 인해 지점장님과 차장님이 임기 3년을 채우지 못한 채 1991년 초에 조기 귀국하고, 신임 지점장님이 오셔서 도쿄지점의 모든 사항을 세밀하게 점검하였다. 이 과정에서 유로엔 금리선물 헤지 거래와 함께 이미 상당한 손실이 발생한 일본 주가연계채권 투자 두 건이 부각되었다. 신임 지점장님은 즉각 본점에 이들 채권의 투자 상황을 보고하였다.

본점의 외화채권 투자를 담당하는 부서에서는 이 보고를 받고 난리가났다. 거액의 CP 부도 사건에 이어 본점에서도 투자한 적이 없는 주가연계채권을 도쿄지점이 투자했고, 이로 인해 손실이 크게 발생했으며, 최악의 경우 원금도 전부 날릴 수 있는 상황이란 걸 파악하고 난 뒤였다. 더군다나 DBL CP 사건으로 지점장과 차장이 조기 귀국 조치된 지 얼마지나지 않아 이런 사건이 보고되었으니, 본점의 담당 부서는 해외지점의채권 투자에 대한 관리와 감독을 제대로 하지 않았다는 질책을 받을 수도 있는 상황이었다.

본점은 일본 주가연계채권 투자에 대해 아래와 같은 결론을 내렸다.

첫째, 해외지점장의 전결로 투자할 수 있는 채권은 어떠한 조건이 첨부되어 있지 않은 일반적인 채권을 의미한다. 따라서 도쿄지점의 투자 건은 본점의 승인을 받아야 투자할 수 있는 것으로 본점의 승인을 받지 않아 전결권을 위반하였다.

둘째, 채권의 금리가 다른 채권보다 다소 높으나, 주가지수가 하락할 경우 손실이 발생하는 조건이 부과되었다면 주가지수가 발행 당시보다 상승할 경우에는 추가적인 이익을 제공해야 하는데, 이 채권은 손실 조건만 있고 이익 조건은 없기 때문에 불평등한 채권으로 문제가 있는 채권 투자이다.

우리나라에서 발행된 ELS는 굉장히 다양하다. 그리고 날이 갈수록 진화하고 있다. 만기 3년에 6개월마다 2~3개의 기초자산(개별 주식이나 각국의 주가지수)의 가격이 일정 수준의 배리어Barrier(기준 가격의 95%, 90%, 85% 등 기간 경과에 따라 스텝다운Step down됨) 이하로 하락하지 않으면 시중금리보다 훨씬 높은 이자를 지급하면서 조기 상환해 주는 ELS는 이젠 고전적인 상품이 되었다. 거꾸로 하락 배리어가 아닌 상승 배리어를 설정한 ELS, 일정 수준 이하나 이상의 양방향 배리어를 설정한 ELS, 원금 보장형 ELS, 고객이 원하는 기초자산과 조기 상환 조건이나 '녹 인' 조건에 맞춘 맞춤형 ELS, ELS에 투자하는 펀드 등 다양한 상품이 나왔다. 기초자산의 종류나 개수에 따라, 그리고 조기 상환 및 녹 인의 조건에 따라 ELS의 이자율은 시장금리 보다 연 2~3% 높은 것에서 연 15% 이상 높은 것까지 매우 다양하다. 정말 뉴스 제목처럼 인기폭발에다가 다양성을 다 갖추었다. 이런 ELS에 익숙한 우리 투자자 입장에서 볼 때, 25년 전의 일본 주가연계채권은 정말 호랑이 담배 먹던 시절의 얘기가 아닌가 한다. 특히, 본점에서 해석한 불평등 조건의 채권이라니?

엄밀한 의미에서 따져 보면 옛날의 일본 주가연계채권이나 요즘 다양하게 발행되는 우리나라의 ELS는 모두 불평등한 조건을 갖고 있다.

우선, 추가로 얹어주는 금리가 적당한 것인지 일반투자자는 모른다. 발행 증권사가 정해서 "투자할 사람은 투자하시오!"라고 하면 이에 따르든지 말든지 배짱이다.

가격하락 배리어가 부여된 통상의 ELS는 투자자 입장에서는 풋 옵션 매도가 되고, 채권을 발행하는 증권사는 이를 매입하는 것이 된다. 이 옵션의 대가로 증권사는 조건이 충족될 경우 높은 금리를 지급한다. 즉, 옵션 프리미엄을 금리에 얹어서 준다. 그런데 옵션에 해박한 지식을 갖고 있고, 소위 옵션 가격 책정의 가장 기초가 되는 이항옵션 가격결정모형이나 블랙숄즈Black-Scholes 옵션 가격결정모형을 비롯하여 옵션 가격 산정 컴퓨터 프로그래밍에 능숙한 전문가가 아닌 일반투자자는 이 옵션 프리미엄이 얼마나 되는지 알지 못한다. 그래서 해당 기초자산의 가격 변동성이 기간별로 어느 정도이고, 이를 기초로 계산한 이론적인(또는 합리적인) ELS나 ELD의 금리는 얼마나 되며, 발행 증권회사는 수수료로 얼마를 가져가는지 등 모든 내용에 대해 알지 못한다. 정보의 완벽한 비대칭 상황이라고 할 수 있다.

또한, ELS를 매입하는 것이 어떤 의미를 갖는 것인지 상당수 일반투자자는 모르고 있다. 심하게 말하자면 "우리가 돈을 줄 테니 그 돈으로 기초자산, 즉 해당 주식이나 주식선물, 주가지수선물 등에 마음껏 **투기하여** 이익 발생하면 다 가져가세요. 다만, 그 기초자산의 가격이 너무 많이 떨어지지 않으면 조금 많은 금리를 주시면 됩니다"와 같은 논리가 아닐까 한다.

증권회사가 ELS의 기초자산을 선정할 때 어떤 주식이나 주가지수를 택하고 어떤 시기에 ELS를 많이 발행할까? 주가나 주가지수가 불안정하게 자주 등락을 거듭하거나 큰 폭의 가격 급등락이 예상되는, 즉 전문 용어로 변동성Volatility이 높아질 것으로 예상되는 시기에 그런 상품을 기초자산으로 해서 많이 발행한다고 할 수 있다. 안정된 시장과 주식을 대상으로, 그리고 아무 시기에나 ELS를 발행할 수도 있다. 그러나 이런 기초자산으로는 투자자를 유인할 매력 있는 금리 수준을 제시하기 어렵다. 발행 증권회사 입장에서는 기초자산의 매매를 통해 많은 이익을 올려야 추가금리도 제공하고 자체 비용을 충당하고 난 후의 순이익도 창출할 수 있다. 안정된 주식이나 주가지수로는 잦은 매매를 통해 이익을 만들어내기 어려워 취급하기 어렵다. 요즘에는 이런 상황을 탈피하기 위해 주식 두세 개를 기초자산으로 하거나, 우리나라 코스피 이외에 홍콩의 주가지수, 유럽의 주가지수 등 여러 나라 주가지수를 동시에 기초자산으로 채택하는 방식을 통해 변동성을 높이는 방식을 택하기도 한다.

우리나라 「자본시장법」과 관련 규정에서는 옵션상품의 매매와 연계하여 해당 기초자산을 매매하는 거래를 헤지 거래[2]로 분류하되 내부 통제를 철저히 하도록 하고 있다. 금감원에서도 증권회사에 대한 검사 시 이를 들여다본다고 한다. 그러나 기본적으로 이들 거래가 규정에 맞게 이루어지는지를 감시하고 감독한다는 것 자체가 매우 어렵다. 대부분 증권회사에는 파생금융팀, 금융공학팀 또는 이와 유사한 이름을 붙인 조직을 갖추고 ELS 업무를 담당하게 한다.[3] 증권회사의 이들 팀은 모든 비용과 ELS 투자자에게 돌려줄 원금＋이자를 제외한 이익금의 50~60%를 가져가는 것이 보편화되어 있어서 이들 팀은 다양한 방법으로 헤지 거래를 빙자하여 투기거래를 실행하여 되도록 많은 이익을 만들고자 한다.

2　이 헤지 거래의 가장 큰 부분은 '델타 헤지'라고 한다. 델타는 기울기를 말한다. 고등학교에서 배운 미분을 생각하면 된다. 기초자산의 가격이 1만큼 변할 때 옵션프리미엄의 가치가 얼마나 변하는지를 의미한다. 즉, 이 델타 값이 0.5라면 델타 헤지는 기초자산의 50%를 사거나 팔아 가격 변동에 따른 위험을 헤지할 수 있다. 이 매매 행위가 '델타 헤지'이다. 옵션 매입자는 통상 이 헤지 거래에서 이익이 발생한다. 풋옵션의 경우, 기초자산의 가격이 떨어지면 사고 오르면 팔아서 이익을 발생시킨다. 이런 가격의 등락이 빈번하면 할수록(즉 변동성이 커질수록) 옵션 매입자의 이익은 커진다.

3　ELS가 운용되는 방식은 이 책 63쪽의 그림 I-6 '키코 거래 흐름도'와 흐름이 거의 유사하다. 다만, 외국 금융기관에 되넘기는 거래(이를 '백투백Back to back 헤지'라고 한다)의 비중이 은행의 키코에 비해서는 낮고, 자체 트레이딩으로 헤지하는 비중이 높다고 할 수 있다.

이들 거래가 어떻게 이루어지는지 그 실상을 제대로 알고 통제하는 경영진은 그리 많지 않다. 일부 경영진은 알면서도 모르는 체 방치하기도 한다. 많이 벌어야 회사에 돌아오는 이익도 커지니까.

또한 이들은 만기일 가까이에 기초자산의 가격이 '녹 인' 가격에 근접할 경우, 헤지 거래란 미명하에 해당 기초자산을 대량으로 팔거나 사서 ELS의 녹 인 조건이 성립되게 하고, 원금＋이자가 아닌 원금의 극히 일부만 ELS 투자자에게 상환하는 결과를 만들어내기도 한다. 채무자는 최선을 다하여 채권자에게 원금과 이자를 상환하는 것이 상식이나 ELS는 일종의 주가 조작 내지는 시장 조작을 해서라도 채무자가 많은 이익을 갖고자 하는 그런 구조의 상품이다. 2011년에 발행된 것 중 개별 주식을 기초자산으로 한 ELS가 3년이 된 올해(2014년) 해당 주식의 가격 폭락으로 투자자에게 큰 손실을 입히고 있다.

마지막으로 ELS 투자자는 헤지할 수단이 마땅찮다. 투자자는 옵션 매도자인데, 통상 옵션 매도자는 헤지 거래에서는 손실이 발생한다. 이 손실 금액이 옵션 프리미엄인 추가금리보다 작으면 조금이라도 덕을 볼 수 있으나, 이미 얼마인지 모르지만 적지 않은 수수료를 지급한 일반투자자는 헤지하면 할수록 손실이 커진다. 천수답처럼 시장을 쳐다보며 무사히 조기 상환일이나 만기일이 오기만을 바랄 뿐이다.

요즘 은행의 정기예금 금리가 1%대에 들어서 있어 참 고민이다. 마냥 안전하게만 보유 자금을 운용하라고 하기도 어렵다. 그렇더라도 ELS에 대한 투자는 정말 신중해야 한다고 본다. 2014년 9월 말 현재 50조 원이 넘는 돈이 다소 높은 이자를 받으면서 안전하게 조기 상환되는 재미에 푹 빠져 있다. 상대적으로 조작이 어려운 주가지수를 기초로 한 ELS가 대부분을 차지하여 손실 가능성이 그리 크지 않다고도 한다. 그러나 6개월~3년이란 세월은 의외로 엄청 길고 무섭다. 어느 시점이 될지 모르겠으나, 계기만 주어지면 이들 ELS가 녹 인을 위해 코스피를 급락시키는 요인이 될 수도 있다. 또한 우리가 잘 모르는 외국 증시의 주가지수를 이것저것 집어넣고 있다. 기초자산 개수가 늘면 늘수록 그만큼 많은 옵션을 ELS 투자자는 증권회사에 판 게 되고 그만큼 더욱더 위험해진다.

도쿄지점이 투자한 일본 주가연계채권은 두 건 모두 만기일에 한 푼도 받지 못하고 4억 엔을 고스란히 일본 증권회사에 갖다 바쳤다. 일본 증권회사는 그 돈을 맛있게 먹었을까? 당시 일본 증권회사들은 옵션상품을 자체적으로 관리할 수 있는 능력을 갖추지 못했다고 생각한다. 외국 증권회사에 이를 되넘기고 조그만 수수료만 챙겼을 것이다. 한참 오를 대로 오른 일본 주가에 이익을 확정하고자 하는 외국 증권회사의 헤지거래 희생양으로 일본의 투자자를 내몰고, 나아가서는 외국 금융기관이 일본 주식을 대거 매도하여 주가 하락을 부채질하게 했을 수 있다.

K은행의 본점은 전혀 합당하지 않은 이유로 일본 주가연계채권에 대해 불평등한 조건이라고 판정하였다. 아마 기존의 ELS 조건을 보장하면서 코스피가 오르면 추가적인 금리를 제공하는 ELS를 만들어내면 정말 획기적인 상품이 될 것이다. 문제는 그런 ELS를 만들 증권회사가 있을까 하는 것이다. 오르면 추가적인 금리를 제공하는 옵션은 증권회사 입장

또 다른 키코, ELS

에서는 콜 옵션을 매도하는 게 되는데, 옵션 프리미엄도 안 받고 고객에게 이익을 제공하는 그런 자선사업을 증권회사가 할 수 있겠는가. 콜 옵션 매도와 풋 옵션 매입은 바로 우리 중소기업이 제로 코스트 옵션Zero Cost Option으로 알고 매입한 키코의 옵션거래 내용이다. 즉, 증권회사가 과거 우리 중소기업의 수준이 아닌 한 절대 키코와 같은 위험을 안으면서 낮은 프리미엄으로 ELS를 발행할 리는 없다!

도쿄지점에 근무하던 3년은 이런저런 사고로 정말 괴로운 시기였고, 한때는 사표를 내고 퇴직하려고도 했다. 지금 돌이켜 봐도 당시의 여러 상황에 얼굴이 화끈거린다. 이제 다 부끄러운 추억이 되었다.

마지막으로, 우리 증권회사나 은행들이 옵션이 뭔지 모르는 고객과 한 푼 두 푼 아껴 저축하여 목돈을 마련하려는 서민에게는 절대 ELS를 판매하지 않는 그런 건전한 인식과 금융 관행이 모든 임직원의 기본 상식이 되기를 바란다. 언제 그런 세상이 올는지?[4]

4　이 책 원고를 수정하던 2019년 8~11월, 독일 금리를 대상으로 한 DLF[Deritives Linked Fund] 사태가 발생하여 옵션이 무엇인지도 모르는 고객들이 큰 손실을 입었다. DLF는 ELS와 기본적으로 동일한 상품이다.

김 여사의 원 캐리 트레이드
브라질 국채 투자기

국경을 넘어 다른 나라에 투자할 때는 그 나라 돈으로 바꾸어야 하고, 이 때 직면하게 되는 것이 환율이며, 해외에 투자한 돈을 회수할 때는 환율이 변하여(우연히 같을 수도 있겠지만) 득을 볼 수도, 손해를 볼 수도 있다. 이런 사실은 너무나 기초적인 것으로서 누구나 아는 상식이다. 그리고 환율 변동에 따른 이익도 싫고 더구나 손실도 싫다고 생각하는 투자자, 즉 환리스크를 싫어하는 투자자라면 선물환, 옵션, 선물, 스와프 등 다양한 파생금융상품을 이용하여 환리스크를 헤지할 수 있다는 것도 이제는 상식이 되어 있다.

현재 전 세계에서 환 헤지가 자유롭게 이루어지면서 상당히 큰 금액도 헤지할 수 있을 만큼 유동성이 풍부한 통화는 미국 달러화, 유로화, 엔화, 파운드화 등 일부 선진국의 통화 정도이다. 이들 통화 상호 간에는 소액의 '사자Bid - 팔자Offer' 차이Spread와 브로커 수수료를 지불하면 어느 쪽 방향이든 쉽게 환 헤지를 할 수 있다. 그리고 이들 통화 간의 선물환 시세는 금리 차이를 거의 정확하게 반영한다. 즉, 이론적인 선물환율이나 현실의 선물환율 간에 그리 차이가 없고, 일시적으로 불균형이 발생하더라도 이 불균형에 따라 발생되는 이익을 추구하는 거래인 차익거래 Arbitrage Transactions[1]가 발생되어 순식간에 다시 균형 상태로 돌아간다. 이런 시장 환경이 조성되어 있는 가장 큰 이유는 이들 통화로 표시된 경상 및 자본거래가 거의 규제를 받지 않기 때문이다. 이들 자금은 매우 자유롭게 전 세계를 돌아다니고 있고, 그 규모도 상당히 크다. 따라서 양국 간 금리 차이를 목적으로 한 이들 국가 간 자본거래는 선물환거래 등 환 헤지를 수반할 경우 이자율 차이에 따른 차익을 거둘 수 없다.

예를 들어 설명하면 이렇다. 일본 엔화의 1년 금리는 0%, 미국 달러의 1년 금리는 2%, 현재 환율을 달러당 100엔이라고 가정하자. 이 경우 1년 선물환율은 금리가 높은 달러화가 엔화에 대해 할인Discount되어 달러당 98.04엔이 된다.[2] 일본 엔화 예금이 무이자여서 엔화 자금 1만 엔을 환

....

1   현물환율 달러당 100엔, 이론적인 선물환율 달러당 98엔일 경우, 실제 시장의 선물 환율이 일시적으로 99엔이 되었다고 가정하자. 이 경우 투자자들은 현물환에서 엔화를 팔고 달러를 사서 예금을 하고 그 만기일에 달러를 팔고 엔화를 사는 선물환거래가 폭주한다. 그렇게 하는 것이 그냥 엔화를 예금하는 것보다 달러당 1엔의 이득을 보기 때문이다. 이런 거래가 재정거래의 한 종류이다. 결국 시장은 이론적인 가격인 달러당 98엔으로 선물환율이 접근하게 된다.
2   선물환율을 구하는 공식은 「종말로 치닫은 키코 거래: 키코의 추억 5」의 주석에서

전하여 100달러를 갖고 2%의 달러 예금을 했다면 1년 뒤에는 102달러가 된다. 이 돈을 다시 엔화로 바꾸는 선물환 계약을 체결했다면 다시 되찾는 엔화 금액은 1만 엔(= 102달러×98.04)으로 원래 무이자 상태의 1만 엔으로 되돌아오게 된다. 즉, 고금리 통화로 환전하여 투자할 경우 환전과 동시에 선물환 계약을 체결하면 금리차익의 투자 목적은 달성할 수 없다. 현실에서는 환전 비용, 선물환 거래 비용 등으로 1만 엔이 아닌 9900엔 내외가 되어 오히려 손실을 초래하게 된다. 따라서 이자 차익의 가능성을 남겨두려면 위험을 무릅쓰고 선물환 계약, 즉 환 헤지를 하지 말아야 한다. 그래야 1년 뒤에 환율이 달러당 110엔이 되었다면 1만 1220엔을 회수하여 12.2%라는 초과 수익률을 달성할 수 있다. 물론 환율이 하락하여 90엔이 되었다면 회수한 엔화 금액은 9180엔이 되어 마이너스인 -8.2% 수익률을 시현하게 된다.

설명했는데, 다시 설명하자면 이렇다. '선물환율 = 현물환율×(1＋A국 이자율×투자 기간/360)/(1＋B국 이자율×투자 기간/360)'이다. 본문의 엔화와 달러의 경우에는 기준통화인 달러가 B국 통화, 환율 피고시통화인 엔화가 A국 통화가 된다. 이 식을 이용하여 본문의 선물환율을 구하면 '100엔/달러×(1＋0%×360/360)/(1＋2%×360/360)≒98.04엔/달러'이다. '선물환율 - 현물환율'을 선물환 마진, 스와프 마진 또는 베이시스Basis라고 한다. 상기 수치를 적용하면 마이너스로 -1.96엔/달러가 나오는데, 고금리 통화인 달러화가 현물환에 비해 그만큼 할인Discount된다고 표현한다. 기준통화를 엔화로 바꾸어 1엔당 0.01달러로 현물환율을 표시하고 선물환율을 구하고 선물환 마진을 계산하면 ＋의 금액이 나온다. 이때 저금리 통화인 엔화는 달러에 대해 할증Premium된다고 한다.

국내 금리가 낮아서 외국의 고금리 채권에 환 헤지 없이 투자하는 이런 거래를 '캐리 트레이드Carry Trade'라고 한다. 환율이나 금리가 변동되는 위험을 감수하면서 하는 거래라는 의미이다. 우리 귀에 매우 익고 유명한 것으로는 '엔 캐리 트레이드'가 있다. 바로 일본의 '와타나베 부인'이 즐겨 투자하는 방식이 바로 이 엔 캐리 트레이드이다.

와타나베 부인이 엔 캐리 트레이드를 성공시켜 원금을 까먹지 않고 외국 투자에서 나온 이자를 자녀 교육비에 보태거나 생활비에 충당하려면 어떻게 해야 할까? 위의 설명에서 알 수 있듯이 달러당 엔화 환율이 최소한 100엔 밑으로 떨어지면 안 된다. 그러려면 현재의 환율이 바닥권에 왔는지(엔화 강세가 충분히 진행이 되었는지)에 대한 판단이 무엇보다 중요해진다. 그리고 외국에 3~5년의 장기투자를 생각한다면 일본 금리(자국 금리)의 변동 가능성도 생각해야 하지만 무엇보다도 달러금리(투자대상인 외국 금리)의 변동 가능성에 대해서도 신경을 많이 써야 한다. 장기투자인 경우 외국 금리가 올라버리면 매입한 채권의 가격이 떨어지는데 중도 환매라도 하면 손실을 볼 수도 있기 때문이다. 요즘 와타나베 부인은 신이 났다. 수년 전 엔화가 초강세였던 달러당 80~90엔 시절에 투자했는데 현재 100엔이 넘어섰고 이젠 해외투자를 서서히 거두어들여 짭짤한 수익을 올린 것이다. 자녀 교육비나 생활비를 넘어서 노후자금 마련에도 상당히 큰 덕을 봤다.

몇 년 전부터 우리나라의 '김 여사'도 '와타나베 부인'의 투자 방식을 모방하여 투자를 하기 시작했다. 바로 브라질 국채 투자이다. 물론 우리의 김 여사도 혼자 했겠는가? 일본의 와타나베 부인처럼 증권회사의 권유로 투자했다. 김 여사께서 대담하게 '원 캐리 트레이드Won Carry Trade'를 표방하고 나선 투자 중에서 가장 대표적인 것이다.

브라질 국채 투자는 2011년 상반기에 시작되었다. 이런 투자에 항상 앞장을 서는 M 증권사를 필두로 하여 주요 증권사들이 앞다퉈 투자자금을 모집하였다. '월지급식 글로벌 채권(브라질 국채) 신탁'의 투자자금을 모집하면서 증권사들이 내건 캐치프레이즈는 "브라질 국채에 투자하고 월급 받으세요!"였다. 보도에 따르면 증권회사들이 유치한 브라질 국채 투자 신탁 상품은 누적 금액 기준으로 7조 수천억 원어치나 팔렸다고 한다. 현재 투자잔액은 이보다는 훨씬 적겠지만 2014년에 들어서도 1조 7000억 원어치가 팔렸다는 것을 보니 적지 않은 돈이 브라질 국채에 묶여 있다.

당시 투자의 개요는 이렇다. 브라질 헤알화의 금리(국채 10년 만기 국제 금리)는 연 12.5~13% 수준에서 등락하였다. 룰라 대통령 집권과 더불어 외국인 투자자금이 브라질로 물밀듯이 들어와 달러/헤알 환율은 2011년 중반에 1.550으로 떨어졌다. 브라질 정부에서는 외국인 투자자금의 유입을 방지하기 위해 외국인 투자자금에 대해 6%의 토빈세를 부과했다.[3] 그러나 브라질의 호황도 후임인 호세프 대통령 집권 이후 서서히

----

3 단기적이고 무분별한 투기자금의 국가 간 이동을 제한하는 수단으로 사용하는 세금을 '토빈세Tobin Tax'라고 한다. 제안자인 경제학자 제임스 토빈의 이름을 딴 명칭이다.

꺼져 갔다. 당시 우리 원화는 달러당 1100원 내외에서 등락했고 장기적으로는 1000원을 향해 갈 것으로 대다수가 전망하던 시기였다. 이런 상황에서 국내 증권사들은 저금리로 인하여 투자할 곳을 찾지 못하는 우리의 김 여사에게 비과세 특혜가 있어서 브라질 국채에 1억 원을 투자하면 월 70만 원 내외의 이자(연간 8~9%)를 월급처럼 받을 수 있다고 하였다. 투자 기간 3년 반, 연 12~13%의 이자를 받을 경우, 토빈세로 연간 1.8% 정도 공제하고, 증권회사 보수 등으로 2~3%를 떼고 난 후 당시 1헤알당 700원 수준의 환율을 감안하여 계산하면 대충 월 70만 원이 나온다.

　3년이 지난 2014년 현재와 당시를 비교해 보자. 달러／원 환율은 3년 전과 비슷한 1090원 수준이다. 반면에 헤알화는, 2011년 중반 정점을 찍은 후 달러 대비 약세를 지속하여 2014년에는 달러당 2.6헤알 내외를 기록하고 있다. 결과적으로 헤알당 원화 환율은 700원에서 420원으로 떨어졌다. 이에 따라 매달 받는 월급도 70만 원에서 40만 원으로 줄어들었다. 더 큰 문제는 신탁의 만기가 속속 돌아오고 있다는 것이다. 브라질 국채를 매각하고 원화로 환전하여 브라질 국채 신탁에 가입한 김 여사님께 원금을 돌려드려야 하는데 현재 환율을 감안하면 40% 정도의 원금 손실이 발생하였다. 1억 원을 투자하여 3년 반~4년 동안 월 50~60만 원의 월급을 받았으니, 이 돈을 감안하더라도 김 여사는 약 1500만 원의 손실이 불가피하다.

　우리나라 원화가 특정 외국 통화에 비해 그 가치가 가장 높은 시기에 있느냐 아니냐를 판단하는 것은 정말 어렵다. 그걸 쉽고 정확하게 판단할 수 있다면 돈 버는 건 일도 아닐 텐데 말이다. 그렇다 하더라도 당시 원화의 추가 강세가 예측되고, 브라질에서는 룰라 대통령이 물러난 후 조금씩 불안감이 늘어가고 있어서 헤알화의 강세가 주춤하는 분위기를 감안하면, 그렇게 안정적인 투자처를 찾았다는 듯이 대대적인 선전을 하면서 상품을 판매하지는 말았어야 했다. 결과적으로 동남아 채권 투자, 키코 거래, ELS 등이 과거 여러 차례 그랬듯이 상투를 잡는 꼴이 되었다. 그런데 2014년에 들어와서도 1조 7000억 원어치의 브라질 국채가 판매된 것을 보면, '지금이 바로 브라질 국채 투자의 적기'라고 증권회사들은 우리의 김 여사에게 속삭이는 모양이다. 세계 주요국의 경기침체로 유가나 국제원자재 가격의 회복이 당분간 쉽지 않은 점을 볼 때 브라질 경제의 회복과 헤알화 강세가 그리 쉽게 올 것 같지 않은데, 또 다른 김 여사의 브라질 국채 투자가 성공할지 의문이다.

엔화나 달러화와 달리, 우리 원화와 브라질 헤알화 사이의 선물환거래는 절차도 복잡할 뿐 아니라 유동성도 별로 없어 적절한 시기에 선물환거래를 통한 환 헤지를 하고자 해도 쉽지 않고, 일부 가능하다 하더라도 그 비용이 만만치 않다. 결국 한번 투자를 하고 나면 만기 때까지 빠져나오기 쉽지 않다.

혜안이 있는 시장분석을 통해, 투기를 하더라도 제대로 된 투기를 하여, 우리의 김 여사에게 이익을 돌려주는 그런 증권회사들이 나오길 기대해 본다. 바가지에 가까운 수수료를 떼 가는 것에만 신경 쓰지 말고 말이다.

저금리에 혹한 엔화 대출

2008년 금융위기 시절에 우리나라 중소기업, 자영업자(병원, 한의원 등 포함), 일반 서민 등을 괴롭힌 금융상품 삼총사가 있었다. 키코KIKO 통화옵션, ELSEquity Linked Securities[즉 주가연계증권(주가연계예금 포함)], 엔화 대출이 바로 그것이다. 키코와 ELS에 대해서는 이미 얘기했으니 오늘은 엔화 대출에 대해 얘기하고자 한다.

엔화 대출은 2002년부터 크게 증가하기 시작하였다. 그 계기는 2001년 10월의 '외화 대출의 용도 제한 폐지'였다. 과거 해외직접투자자금, 외화결제자금, 외채상환, 국산기계자금 구입 등으로 한정했던 외화 대출용도를 운전자금 등 원화자금이 필요한 경우에도 외화자금을 차입할 수 있도록 규제를 철폐한 것이다. 중소기업과 외국인투자기업이 자금조달수단을 자유롭게 선택하도록 하여 대기업에 비해 상대적으로 불리했던 외화 차입 환경을 개선시킬 수 있다고 정부는 판단하였다. 특히 정부가 환율을 통제하여 환리스크는 크지 않았던 반면에 내외금리차는 컸었던 과거(IMF 외환위기 이전)에 비해, 자유변동환율제도하에 내외금리차가 크지 않아 외화 차입 수요가 급증하지 않을 것으로 판단하였다.

이러한 조치는 기업의 자율적 판단을 존중한다는 점에서 합당한 조치였다. 다만, 은행의 외화 대출이 달러에 한정되어 있지 않다는 점을 간과했다. 미 달러화와 우리 원화의 금리 차이는 1% 조금 넘어 작았지만 엔화 같은 저금리 통화와 비교할 때 그 금리차는 무시할 만한 정도를 넘었다. 또 하나, 은행들이 환리스크에 대한 인식이 부족하고 굳이 외화 대출이 필요 없는 중소기업이나 자영업자까지 실적 증대를 위해 마구잡이로 외화 대출, 특히 엔화 대출을 권유할 수 있다는 점을 간과하였다. 건전한 상식을 기초로 한 영업활동을 하리라고 너무 과신했다.

2001년 12월 말 국내 은행의 외화 대출 잔액은 73억 달러, 그중 엔화 대출은 5.7억 달러(엔화 금액으로는 740억 엔 정도)였는데 2002년 11월 말에는 외화 대출 잔액이 141억 달러, 그중 엔화 대출 잔액은 77억 달러(9400억 엔 정도)로 늘었다. 11개월 동안 늘어난 외화 대출은 대부분 엔화 대출이었던 셈이다. 엔/원 환율이 1000원 내외에서 안정되었고, 엔화 차입이 원화 차입보다 3~4% 정도 금리가 낮다는 점을 들어 은행들은 중소기업과 자영업자를 대상으로 한 엔화 대출을 적극 추진한 결과였다. 이후 엔화 대출은 세계적인 금융위기가 발생한 2008년까지 계속 늘어났다. 2008년 말 국내 은행의 외화 대출 잔액은 431억 달러, 그중 엔화 대출은

165억 달러(엔화로는 1조 5000억 엔 정도)였다.[1]

IMF 외환위기 이후 은행들은 대부분 상당히 오랫동안 '주주가치 극대화' 등을 주요 경영목표로 삼고 전 영업점에 수익성 증대를 독려하였다. 이런 상황에서 엔화 대출은 은행 영업점의 입장에서는 정말 수지맞는 장사였다. 원화 대출 시장은 은행 간 경쟁이 치열하여 차주가 좀 우량하거나 담보가 확실한 경우 많아야 1~1.5% 정도의 마진을 확보하였던 반면에, 엔화 대출은 쉽게 2% 이상의 금리 마진을 남길 수 있었다. 엔화 대출 금리는 우량 차주(의사, 한의사 등)나 담보가 있으면 3% 정도였다. 반면 은행의 엔화 조달금리는 제로금리 수준이었던 엔화 시장금리에 한국계 은행의 차입 가산금리를 더하더라도 1%를 넘지 않았다.

은행 영업점이 엔화 대출을 하면 금리 마진 못잖게 짭짤한 이익이 발생하는 것이 있었다. 바로 환전수수료이다. 엔화 대출을 받은 중소기업이나 자영업자는 대부분 엔화를 그대로 쓸 일이 없었다. 원화로 환전해서 사용해야 했다. 은행이 고객에게 적용하는 환율은 크게 두 가지로서, 외화 현찰을 사고팔 때 적용하는 환율(현찰매매율)과, 외화 송금을 보내거나 받을 때 적용하는 환율(전신환매매율)이다. 통상 선진국 통화에 대한

---

1 2007년 8월 10일자로 한국은행은 외화 대출의 용도 제한을 부활하였다. 2001년 10월 이전으로 다시 돌아가 외화 대출을 해외투자 또는 국내 설비자금 용도로 제한하였다. 2007년 6월 말 현재 국내 외화 대출 잔액은 441억 달러, 그중 엔화 대출 잔액은 141억 달러였다. 즉, 한국은행의 규제로 외화 대출 전체 잔액은 소폭 감소했으나 엔화 대출 잔액은 오히려 증가하였다.

현찰매매율은 매매기준율에서 ±1.75%, 전신환매매율은 매매기준율에서 ±0.98%로 하여 고시하고 있다. 물론 은행이 외화를 팔 때는 비싸게 팔고, 살 때는 싸게 산다. 아시다시피 은행에서 환전을 할 때 위에서 말한 매매율을 그대로 적용하진 않는다. 고객에 따라 깎아준다. 은행 간 경쟁이 치열하여 아주 우량 고객인 경우에는 90% 이상, 보통의 고객에 대해서도 50~60%는 쉽게 깎아준다. 특히 전신환매매율은 기업의 수출입이나 각종 송금, 외화예금 및 대출과 연관되어 있어서 더욱 경쟁이 치열하다. 1달러에 기준환율이 1100원이라면 전신환매입율(매도율)은 10.8원 정도 싼(비싼) 1089.2원(1110.8원)에 고시하지만, 은행에 완전히 잡혀 있는 기업이 아니고서는 이런 환율로 거래하는 기업은 하나도 없다. 환전 금액이 크고 거래가 빈번한 기업의 경우는 10전 남기기도 쉽지 않다. 그런데 엔화 대출 시에는 이런 에누리가 일절 없었다. 1% 가까운 환전수수료를 그대로 적용한 것이다.

시장환율이 100엔당 1000원일 때 어느 의사가 개업자금으로 3억 엔을 대출받는다고 가정하자. 그 의사는 이 엔화 자금을 은행에 팔아야 한다. 이때 은행은 전신환매입율을 적용하여 약 3000만 원을 환전수수료로 받고 29억 7000만 원 정도를 지급한다. 은행의 지점장 입장에서 이런 환전수수료 수입은 매우 짭짤한 것이다. 대출 마진은 세월이 흘러 부실이 없어야 지점 이익으로 올라가지만, 환전수수료는 바로 그 시점에서 지점의 이익으로 잡힌다. 실적이 저조하여 인사나 성과급에서 불이익을 당할 처지에 있는 지점장들에게 이런 엔화 대출은 좋은 탈출구가 되었다.

그리고 은행이 엔화 대출을 상환받을 때는 차주에게 엔화를 팔면서 1% 가까운 환전수수료를 다시 챙긴다.

엔화 거래가 없는 기업이나 개인사업자들은 엔화 대출을 받는 순간 엄청난 환투기를 실행한 꼴이 된다. 금융감독원은 2002년 12월에 이런 환투기의 위험성에 대해 경고하고 은행들의 무분별한 엔화 대출을 억제하고자 하였다. 이를 위해 환리스크 관리대상 기업 확대, 외환건전성 지도기준 강화, 대손충당금 적립비율 상향 조정, 환리스크 홍보 및 교육 강화 등의 조치를 취했으나, 엔화 대출을 실질적으로 억제할 수 있는 조치는 별로 없었다. 그리고 2002년 초에서 2007년 중반까지 4년 반 동안 엔/원 환율은 일시적인 시기를 제외하고는 줄곧 떨어져 100엔당 750원대까지 하락하였다. 원화보다 3%포인트 이상 싼 금리에다가 환차익까지 발생하는 엔화 대출에 대해 환리스크를 주의하라는 금융감독원의 말발이 먹혀들 리 없었다.

결국 엔화 대출은 2008년 국제금융위기 발생과 더불어 파국을 맞았다. 한국은행이 2007년 8월에서야 외화 대출 용도를 해외사용 실수요 목적과 제조업체의 국내시설자금으로 제한했으나 이미 늦었다. 이 뒤의 경과는 키코와 유사한 것이었다. 100엔당 1500원을 넘어선 환율 폭등으로 수많은 의사, 한의사들이 대출금을 상환하지 못해 부도를 냈다. 그리고 엔화 대출을 받은 많은 중소기업들도 부실화되어 문을 닫았다. K은행의 경우, 엔화 대출이 특히 많았던 지역을 담당했던 본부장은 이들 대출금의 부실이 매우 크다고 해서 부임한 지 1년 만에 해임되기도 하였다.

엔/원 환율은 2012년 5월 100엔당 1490원선에서 2015년 5월의 890원이 깨지기까지 3년 동안 지속적으로 하락(원화 강세, 엔화 약세)하였다. 2007년 8월 이후 자영업자들이 신규로 엔화 대출을 받을 수 없기에 과거와 같은 문제가 되풀이되지는 않았다. 요즘 우리 기업들도 과거의 경험을 바탕으로 이제는 이런 기회를 적절히 활용하는 것 같다. 2012년 말 131억 달러(1조 1200억 엔)에 달하던 국내 은행의 엔화 대출금이 2015년 6월 말에는 38억 달러(4800억 엔)로 줄어들었다. 달러화 대출은 오히려 늘어났음에도 말이다.[2]

2015년 3월 이후 달러/엔 환율은 120엔대에 머물러 있다. 누구도 환율이나 주가에 대해 장담을 할 수는 없지만, 일본에서 살아본 경험이 있는 사람이라면 누구나 이런 수준의 환율은 좀 비정상이라는 생각이 들 것이다. 즉, 관료나 학자들이 즐겨 사용하는 '펀드멘털'을 제대로 반영한 것이 아니라고 본다. 일본 경제가 소위 말하는 '잃어버린 20년' 동안 약화되긴 했으나, 그렇게 만만하게 볼 상대는 절대 아니다. 요즘 엔/원 환율은 100엔당 970~1000원으로 몇 달 전에 비해 엔화가 많이 강세가 되었다고 하여 엔화 대출을 받겠다고 섣불리 나설 단계는 아닌 것이다.

엔화 대출이 투기적이라고 하여 무조건 배척할 것은 아니다. 국제화된 세상에서 기업들이 적절하게 차입 통화를 선택하는 것은 훌륭한 재무

----

2 우리나라 수출입 거래는 대부분 달러화 표시로 이루어진다. 이에 따라 교역 규모가 증대되면 될수록 관련 수출입 금융의 증가로 달러 표시 외화 대출도 늘어난다고 할 수 있다.

전략이 될 수 있다. 다만, 그 시기의 선택은 무엇보다 중요하다. 어느 누구가 지금이 최선인지 아닌지를 자신 있게 판단할 수 있겠는가. 긴 시간의 관점에서 바라보고 판단해야 곤혹스러운 사태에 직면하는 확률이 조금이라도 줄어들 것이다.

너무 똑똑했던 엔화 스와프 예금

엔화 스와프 예금은 2002년 하반기부터 2005년 초까지 3년 정도 크게 유행한 금융상품이었다. 한때 은행권 전체 예금 잔고가 원화로 환산하여 20조 원을 넘어섰다. 지금이야 미국 달러화, 유로화, 엔화 등 주요국 통화들의 단기금리가 거의 제로 수준에 머물러 있고, 우리 원화 금리도 1% 조금 넘는 수준이어서 주요 외국 통화의 금리에 비해 크게 높지 않다. 그러나 10여 년 전만 해도 우리 원화와 외화 간 금리 차이가 꽤 났고, 이를 활용한 금융거래가 많았다. 그중 하나가 바로 엔화 스와프 예금이었다. 그리고 이 예금은 금융자산이 많은 사람들에게는 상당히 인기가 높았다.

금리 차이에 따른 이익을 얻기 위해 외화 자산에 투자하는 경우, 저금리 통화를 매각하여 고금리 통화로 운용하는 경우가 통상적이다. 일본 '와타나베 부인'의 엔 캐리 트레이드나 우리 '김 여사'의 브라질 국채 투자처럼 말이다. 그런데 이 엔화 스와프 예금은 거꾸로이다. 바로 저금리 통화인 엔화로 자산을 운용한 것이다.

엔화 스와프 예금의 구조는 그림 II-1처럼 아주 단순하다. 고객이 은행으로부터 ① 원화를 대가로 엔화를 매입하여 ② 예금에 가입하고, ③ 엔/원 환율 변화에 대비하여 엔화 예금 만기일에 그 원리금을 은행에 팔고 원화를 받는 선물환 계약을 체결하는 것이다. 그렇게 함으로써 고객은 ④ 어떠한 환리스크도 부담하지 않으면서 만기일에 연 4%가 넘는 이자 수익을 확실히 챙길 수 있었다.

외화로 투자를 하거나 예금을 함과 동시에 선물환거래를 하게 되면 양국 통화의 금리차에 따른 수익은 발생하지 않고 오히려 거래비용만 들 뿐이라는 얘기를 몇 번 한 적이 있다. 즉, 양국 통화 간의 금리 차이가 바로 선물환 마진(또는 스와프 마진)으로 표시되기 때문에 금리 차이에 따른 이익은 사라지고 거래비용만 부담하게 되는 것이다. 다만, 외환거래나 금리 등에 대한 규제, 일시적인 시장불균형 등으로 인하여 시장이 왜곡되어 있는 경우에는 이익이 발생하기도 한다. 이때 발생하는 이익을 얻기 위해 실행하는 거래를 차익(재정)거래Arbitrage Transaction라 하는데, 왜곡 요인이 사라지면 이들 차익거래도 없어지게 된다. 10여 년 전 엔화 스와프 예금이 성행했던 것도 결국 어떤 규제나 시장불균형 요소가 있었기 때문에 가능했다는 점을 충분히 짐작할 수 있다.

그것은 바로 세금 문제였다. 예금 이자에 대해서는 세금(소득세+주민세)을 내야 하는 반면에 외환 매매나 선물환과 같은 파생금융상품 매매

그림 II-1_ 엔화 스와프 예금 거래 예시

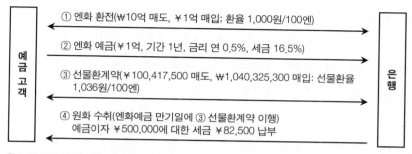

① 엔화 환전(₩10억 매도, ¥1억 매입; 환율 1,000원/100엔)

② 엔화 예금(¥1억, 기간 1년, 금리 연 0.5%, 세금 16.5%)

③ 선물환계약(¥100,417,500 매도, ₩1,040,325,300 매입: 선물환율 1,036원/100엔)

④ 원화 수취(엔화예금 만기일에 ③ 선물환계약 이행)
   예금이자 ¥500,000에 대한 세금 ¥82,500 납부

예금고객 / 은행

주1: 위 그림 중 ( ) 안은 엔화 스와프 예금이 성행하였던 2002~2004년 환율 수준이 100엔당 1000원, 원화예금 금리 4.5%, 엔화 예금 금리 0.5% 내외였고, 예금 이자에 대한 세금이 16.5%(소득세 15%, 주민세 1.5%)였던 점을 감안한 엔화 스와프 예금 거래를 예시한 것이다.

주2: 선물환 매도 ¥100,417,500은 원금 1억 엔에 1년 이자 50만 엔에서 세금 16.5%를 제한 41만 7500엔을 더한 금액이며, 예금주는 원금 1억 엔에 대해 선물환율과 현물환율의 차이(선물환 마진) 36원/100엔에 따른 환차익 3600만 원을 얻을 수 있다.

주3: 위 ①, ②, ③ 거래는 대부분 동시에 이루어진다.

로 올린 수익에 대해서는 세금이 부과되지 않았기 때문에 시장의 불균형을 불러왔다.

당시 국내 은행들은 수억 원의 거액 예금에 대해서는 연 4.5% 수준의 이자를 쳐주었다. 이 예금이자에 대해서는 16.5%의 세금을 내야 하기 때문에 세후 이자율은 3.75%를 조금 넘는다. 은행들은 거액 예금주들에게 이 세후 이자율을 4% 이상으로 올려주겠다고 하였다. 그 방법이 바로 위의 그림에서 예를 든 엔화 스와프 예금이었다. 거액 예금주 입장에서는 마다할 이유가 없었다. 10억 원 상당의 엔화 스와프 예금을 했다면 1년 후에 예금이자 50만 엔에 대한 세금 8만 2500엔을 제하고 총 4032만 원의 수익이 발생하는 데 반해, 연 4.5%짜리 원화 정기예금에 가입하면 세금 743만 원을 제하고 3757만 원의 이자 수익이 발생한다. 즉, 예금주는 약 275만 원 정도 더 많은 이자를 받는다.

예금주에게는 또 다른 커다란 이익이 있었다. 원화예금을 했다면 예금 이자가 4000만 원을 초과하여 금융소득 종합과세 대상이 되었을 것이다. 그런데 엔화예금을 했기 때문에 이자는 500만 원 정도에 지나지 않아 종합과세 신고를 하지 않아도 되었다. 큰 부자들에게는 여기에서 절세하는 부분이 더욱 컸다.

국세청 입장에서는 환장할 노릇이었다. 금융소득 종합과세에 따른 세수는 접어두고라도 세금이 743만 원은 들어와야 하는데 달랑 8만 2500엔, 그것도 선물환율이 아닌 세금 징수 시점인 예금 만기일의 현물환율을 적용하기 때문에 현물환율 수준에 따라 82만 5000원보다 적어질 수도 있는 액수가 들어왔다. 10억 원당 연간 660만 원 내외의 세금이 적게 들어온 것이다. 이렇게 줄어든 세금의 규모가 누적해서 약 800억 원에 이르렀다고 한다.

위의 계산에서 눈여겨볼 게 하나 더 있다. 국세청으로 들어가는 세금은 660만 원 줄어들었는데 10억 예금주는 세후 수익이 겨우 275만 원만 늘어났을 뿐이다. 차액 385만 원이 어디론가 사라진 것이다. 그림 II-1에서 선물환율을 1036원/100엔으로 하였다. 정상적인 외환시장에서의 선물환 마진은 양국 통화의 금리 차이를 반영한다고 했는데, 원화금리 4.5%와 엔화금리 0.5%의 차이를 반영하면 실제 선물환율은 1040원/100엔 정도가 되어야 한다. 예금주에게 적용한 선물환율과 정상적인 시장에서의 선물환율 차이인 4원을 1억 엔에 대해 적용하면 400만 원(= 4원×1억 엔/100엔)으로 사라진 차액 385만 원과 비슷한 금액이 된다.

10여 년이 더 지난 과거의 일이어서 당시 외환시장에서 원화와 엔화 간 선물환 마진이 양국 통화 간 금리 차이를 반영하여 정상적으로 형성되었는지 여부는 확인하지 못하였다. 만일 정상적으로 형성되었다면 예금주에게 불리하게 적용된 4원은 국내 은행들이 챙겼다고 할 수 있다. 그러나 달러/원 선물환율의 경우에도 볼 수 있듯이, 각종 외환거래 규제 등으로 인하여 선물환율이 왜곡되어 양국 금리차가 다 반영되지 못했을 수도 있다. 국내 은행들이 다 챙기지는 못했겠지만, 상당 부분은 국내 은행들의 엔화 차입 비용 절감이나 외환매매익 증대에 기여했을 것으로 생각된다.

엔화 스와프 예금은 2005년 4월 국세청이 외화예금과 결합한 선물환 거래에 따른 환차익을 실질적으로는 이자라고 판단하여 16.5%의 세금을 징구하기로 하여 종말을 고하였다. 또한, 만기가 지난 엔화 스와프 예금 관련 환차익에 대해서도 소급하여 세금을 납부하라고 예금주들에게 통보하였다. 예금주들은 마른 하늘에 날벼락을 맞았다. 실제 이익을 본 것은 10억 원당 연간 275만 원에 지나지 않는데 그 두 배가 넘는 594만 원(= 환차익 3600만 원×16.5%)을 세금으로 내라고 했으니 말이다. 은행에

항의가 빗발쳤다.

그 뒤의 경과를 요약하면, 예금이자에 대한 세금의 원천징수 의무가 있는 은행들은 예금주들의 세금을 대납했으며, 이들을 대리하여 국세청을 상대로 소송을 걸었고, 2011년 5월 대법원이 환차익에 대해 세금을 낼 필요가 없다고 판정함에 따라 종결되었다. 그리고 국세청은 「소득세법」 개정을 추진하여 2012년 1월부터 엔화 스와프 예금처럼 파생상품(「자본시장법」에서 정한 파생상품)이 결합된 경우 이들 거래로부터 얻는 이익도 이자소득에 포함하여(「소득세법」 16조 1항) 소득세를 납부하도록 명확하게 하였다.

조세법률주의의 정신에 따라 엄격하게 이루어진 대법원의 판결에 대해 법을 전공하지 않은 비전문가가 뭐라 할 자격은 없지만, 금융업무와 파생상품을 오랫동안 다루었던 입장에서 봤을 때 국세청의 주장은 상당히 합당했다. 선물환 마진은 금리의 또 다른 표현 방식일 뿐이기 때문이다. 「소득세법」에서도 '채권이나 증권의 환매조건부 매매차익'을 이자소득이라고 규정했고 '이와 유사한 소득으로서 금전의 사용에 따른 대가로서의 성격이 있는 것', 즉 대출이나 예금처럼 자금을 사용하고 그에 대한 대가(이자나 매매 차익)를 지급하는 것에 대해서는 소득세를 납부하도록 하였다. 세법에 '외환'의 매매차익이라고 외환거래를 명시해 놓지 않았지만, 이와 유사한 상품의 유통에 대비했다고 볼 수 있다. 판사들이 선물환 마진이 이자의 다른 표현이라는 것을 몰라서 은행에 유리한 판결을 내리지는 않았을 것이다. 많은 사람들이 연루되어 있다 보니 더 엄격하게 해석했을 것으로 생각한다.

대법원이 예금주들의 손을 들어주었기에 망정이지 국세청의 손을 들어주었으면 은행들은 어쩔 뻔했을까? 예금주들이 은행이 대납한 세금을 순순히 내놓았을까? 결국 은행은 강제징수 절차에 들어갔거나, 예금주들을 상대로 또 다른 소송을 제기했을 것이다. 이 과정에서 은행의 신뢰는 또 한 번 망가졌을 것이다. 이는 세법이 좀 어수룩하다고 해서 좋게 말하면 절세, 나쁘게 보면 탈세가 되는 상품을 개발하고 이를 PB^{Private} ^{Banking}의 대표 상품으로 포장하여 판매하는 이런 영업 방식에 경종을 울린 좋은 사례였다.

환율을 포함하여 각종 금융상품의 가격 변동 위험을 줄이거나 없애는 행위인 헤지는 마냥 좋은 것이라는 인식이 있다. 그러나 엔화 스와프 예금과 같은 헤지 상품은 절세 요인을 제외하면 결코 성립될 수 없는 상품이다. 과거 외국계 은행들은 비단 세금과 관련된 헤지 상품뿐만 아니라 「외국환관리법」 등 법규를 교묘히 빠져나가는 상품을 만들어 막대한 수익을 올렸고, 국내 은행들은 이런 것을 '신종 금융 상품'이라는 이름으로 모방하기도 하였다. 이제 이런 상품에도 국내 은행들은 현혹되지 않았으면 좋겠다.

참고로, 2012년부터 세법이 개정되어 엔화 스와프 예금 같은 상품의 이자나 매매차익에 대해 소득세를 내게 했다고 해서 문제가 다 해결된 것은 아니다. 우리 원화 금리가 외국통화의 금리보다 아주 높은 상황이 다시 오면, 소득세를 줄이고자 하는 시도는 다시 나타날 것이다. 절세(?)

할 수 있는 방법은 얼마든지 있다. 환전과 예금은 A은행에서 하고 선물
환거래는 B은행에서 하는 방법, 예금은행과는 상관없이 증권회사나 선
물회사를 통해 선물시장Futures Market에서 통화선물Currency Futures을 활
용하는 방법 등 다양하다. 이를 막기 위해서는 개별 파생상품의 매매 차
익에 대한 소득세나 거래 건별 거래세를 징수하면 해결되겠으나, 그럴
경우 파생상품시장 자체를 위축시키거나 소멸시킬 수도 있어 함부로 시
행할 수도 없다. 우리나라는 2014년 12월 파생상품에 대한 양도소득세
를 최고 20%를 징구할 수 있도록 법이 마련되어 있고 이를 2016년부터
적용하도록 되어 있다. 부작용 없이 파생상품에 대한 세제가 제대로 정
착될지 의문이다.[1]

---

1   각종 선물 옵션 시장에 대한 부정적인 영향을 우려한 금융회사와 외국인의 반발로
     양도소득세율 20%를 적용하지 못하고 탄력세율 5%를 적용하였다. 이러한 탄력세
     율은 2018년부터 10%로 상향 조정되었다.

해운업과 외환 딜링,
어느 것이 더 투기적일까?

투기를 생각할 때 가장 먼저 떠오른 단어는 도박일 것이다. 이에 못지않게, 일반인들에게 투기적인 사업으로 인식되는 것으로는 외환 딜링, 즉 환투기가 있지 않을까 한다. 환투기의 대가로 알려진 조지 소로스가 1992년에 영국 파운드화를 공격하여 한 달 만에 10억 달러를 벌었다는 전설적인 기사나, '0.1초의 승부사'가 어쩌고저쩌고하는 기사를 자주 접할 수 있어서 외환 딜링이 대단히 투기적인 사업이라고 알려져 있다. 카지노에서 패를 나눠주고 고객의 도박 상대가 되는 사람을 딜러라고 하듯이 외환 트레이딩을 하는 은행원을 외환 딜러라고 하여 역시 투기적인 사업을 한다는 인식을 심어주는 데 일조를 한 듯하다. 한때 여성들이 선망하는 결혼 상대자의 직업을 묻는 설문에서 은행원은 10위 밖에 있었지만 외환 딜러는 3위 안에 들 정도로 인기도 끌었다.

2016년 9월 한 달은 경주 지역의 지진도 있었지만 한진해운 문제로 세상이 매우 시끄러웠다. 한진해운의 법정관리행은 경주 지진과는 달리 갈수록 여진이 더 커져 갔다. 초기의 규모 6.0 지진이 규모 7.0의 강진으로 변했고, 앞으로 사태 진전에 따라서는 규모 9.0의 강진으로 악화되어 우리나라 해운산업을 완전히 붕괴시킬 수도 있을 것 같았다.

해운산업에 대해 별다른 지식이 없는 사람으로서 한진해운의 법정관리행이 불가피한 것이었는지, 아니면 해운업에 대해 잘 알지도 못하는 금융위원회 등 정부와 금융기관이 대책을 잘못 세워 일어난 사태였는지에 대해 말하고자 함은 아니다. 글 제목에서 시사하듯이 해운업의 투기성이 어느 정도인지에 대해 얘기해 보고자 한다.

2007~2009년 나는 우리나라 해운회사들이 많이 모여 있는 소공동에서 지점장을 한 적 있다. 이 기간은 세계적인 금융위기로 대부분의 산업이 몸살을 앓던 시기였고, 해상화물운송 관련 해운업도 예외 없이 급격한 부침을 보였다. 그리고 많은 해운회사들이 2009년 이후 장기간에 걸친 업황 부진, 선박금융 상환 부담, 얽히고설킨 용대선傭貸船 관계 등으로 위기를 극복하지 못하고 사라졌다.

당시 상황을 가장 단순하면서도 극적으로 보여주는 것이 발틱건화물운임지수BDI: Baltic Dry Index이다. 해상화물운송 선박은 컨테이너, 원유, LNG, 석유화학원료 등 특수물질, 건화물(습하지 않고, 포장하지 않은 각종 광물 및 농산물 등을 말함) 등 운반하는 화물의 종류에 따라 구분된다. BDI는 바로 포장하지 않은 광석, 석탄, 시멘트, 곡물 등 건화물을 운반하는 선박(이를 '벌크선Bulk Carrier'이라고 한다)의 1일 운임을 지수화한 것으로 런던에 소재하는 발틱해운거래소The Baltic Exchange가 매일 발표한다.

BDI는 2006년 1월 2000선에서 급등하기 시작하여 2007년 10월에는 1만 1000을 기록하였다. 이후 BDI는 급락하여 2008년 12월에는 600대까지 하락하였다. BDI는 2016년 2월에 290을 기록한 이후 지속 상승하여 한진해운 사태로 900대에 진입했고, 9월 현재 1000 돌파를 앞두고 있다. 최근 10 수년 동안의 BDI 변동 차트를 보노라면 눈앞이 어질어질하다.

BDI가 1만일 때 1일 용선료가 20만 달러였다면 1000으로 떨어졌을 때 1일 용선료는 그 10분의 1인 2만 달러인 것은 아니다. BDI는 케이프사이즈Capesize(8만 톤급 이상 대형), 파나맥스Panamax(6~8만 톤급 중형), 슈퍼맥스Supermax(4~6만 톤급 소형), 핸디사이즈Handysize(2.5~3만 톤급 소형) 등 선박의 크기에 따라 다양한 가격지수를 종합하여 산출한 것이기 때문이다. 2만 달러가 아니라 1만 달러 이하로도 떨어질 수 있다.

2008년 3월 BDI가 1만을 넘을 때 케이프사이즈로 1일 18만 달러로 3년간 용선한 후, 4월 BDI 1만 1500일 때 1일 20만 달러로 잔여 기간 다시 대선했다면, 가볍게 2100만 달러(= 2만 달러×2년 11개월)를 벌 수 있었다. 이런 대박의 기회를 노리고 해운회사들 사이에서는 선박금융을 활용한 선박 구입 또는 신조선을 발주하여 용선하는 붐이 일었고, 용대선을 통한 머니 게임Money Game이 한창이었다. 특히, 용대선을 통한 머니 게임은 선박 한 척을 두고 여러 해운회사가 얽혀 있었다. 과거 어음에 배서한 여러 회사 중 한 회사가 부도를 내면 연쇄적으로 다른 어음 배서 회사도 부도에 직면하는 것과 같이, 한 해운회사가 어려워지면 용대선 사슬을 통해 다른 해운회사도 어려워졌다.

2009년 이후 해운업은 어려움의 연속이었다. 드디어 2016년 2월에 BDI가 290까지 떨어졌다. 2008년 4월 하루 20만 달러였던 케이프사이즈 벌크선 용선료가 2016년 2월에는 3000달러 이하로 떨어졌을 것이다.

어떤 사업이든 투기적인 요소가 없는 사업은 없다. 해운업은 관련 사업 대부분을 지수Index화했고, 이들 지수를 외환거래와 유사하게 거래소 또는 장외에서 쉽게 거래하고 있다. 거래 상품 종류도 현물뿐 아니라 선도Forward거래, 선물거래, 옵션 등 다양하다. 이들 상품을 활용한 투기거래도 매우 활발하다. 해운업 지수의 변동은 환율 변동을 훨씬 능가한다. 이뿐만이 아니다. 한진해운이나 현대상선의 예에서 보듯이 기존에 체결한 용선료도 회사가 어려워지면 깎자고 한다. 상황이 더 어려운 회사는 용선료를 지급하지 못하여 항구에서 선박이 가압류되는 사례도 많다.

그럼 외환 딜링은 어떨까? 외환 딜링은 분명히 투기성을 갖고 있다. 다만, 오랜 세월 동안 그 위험성을 통제하고 관리하는 방안을 끊임없이 고민하고 제도화해 왔다. 그 결과 외환 딜링은 이제 일상의 오퍼레이션 수준으로까지 도달했다. 영업점의 모든 외환거래 상황을 실시간으로 파악할 수 있는 시스템을 갖췄고, 엄격한 내부 규정에 따라 은행 전체적으로나 딜러 개인이 부담할 수 있는 최대한의 환리스크를 통제하고 있다. 즉, 투기성을 제한하고 통제하고 관리하는 것이다. 이러다 보니 외환 딜러라고 해서 특수한 기질과 능력을 갖고 있는 사람이 아니라 일반 직원과 크게 다를 바 없는 사람이다. 일정의 교육을 거치면 누구나 외환 딜링 업무를 수행할 수 있다.

한진해운의 법정관리행 이후, 3면이 바다로 둘러싸여 있고 무역을 통해 먹고살아야 하는 우리나라에서는 해운업이 국가 안보와도 직결되는 중요한 산업이라는 점을 모든 언론과 전문가들이 일본, 독일, 네덜란드의 사례를 들어 강조하고 있다. 그렇다면 한 가지 의문이 든다. 이렇게 중요한 산업이라면 그 오랜 세월 동안 왜 리스크 관리시스템을 제대로 갖춰 놓지 않았느냐 하는 것이다. 갖춰 놓았는데도 이런 사태가 일어난 것인가?

인터넷 검색을 해보니 우리나라 해운업 구조조정은 여러 번 있었다. 1980년대 초 제2차 오일쇼크 이후, IMF 외환위기 이후, 그리고 이번에 맞는 구조조정 등이다.

해운업은 1~2년의 호황기에 벌어서 5~6년을 먹고산다고도 한다. 이번 해운업의 불황이 시작되기 전인 2003~2008년의 5년 동안은 유례없는 해운업의 장기 호황기였다. 이런 호황기에 불황기에 대비한 리스크 관리 체제를 갖추고 있었다면 지금과 같은 어려운 국면에 처해 있지는 않았을 텐데.

우리나라 해운업이 다른 나라에 비해 유독 더 어려움을 겪는 이유가 뭔지 알고 싶어서 이런저런 자료를 찾아보았다. 2008년의 금융위기 이후 세계적인 물동량 급감은 어느 나라 해운회사든 같이 겪는 것이어서 이유가 되지는 않을 것 같고, 다음의 두 가지 이유가 두드러져 보였다.

첫째, 우리나라 해운회사들은 2003년 이후 5년간의 초호황기에 벌어들인 막대한 돈을 선대 확장의 기회로 생각하여, 선가나 용선료가 비싼 시기에 선박 확보에 재투자한 것이다. 둘째, 국내 금융회사들이 고금리 시기에 무분별하게 선박금융을 제공했다.

당시 나는 은행 지점장으로 있으면서 바로 1년 뒤의 해운업 침체를 예상하지 못하고 선박금융 수 건을 취급한 경험이 있기 때문에 위의 두 번째 요인에 대해 변명하기는 어려운 것 같다. 영업 실적에 매몰되어 한 건의 선박금융이라도 더 취급할 수 없는지 거래업체뿐 아니라 신규 거래 해운회사를 찾아다녔다. 다만 아쉬운 건 요즘 문제가 되고 있는 대형 해운회사들마저도 위의 첫 번째 이유, 즉 선대 확장을 위해 막대한 자금을 투입했다는 점이다. 투기성이 매우 강한 해운업을 수십 년간 운영해 온 경험이 있음에도 리스크 관리는 제대로 이루어지지 않았다.

모든 회사가 다 그런 건 아니었다, 지금도 잘나가고 있고 당시도 튼튼했던 일부 해운회사는 그렇게 선박금융 한 건 하자고 보챘지만 선가가 이례적으로 너무 높은 수준이라며 거절하였다.

한진해운의 법정관리와 이에 따른 물류대란을 보고, 우리나라 해운업에 대해 다시 돌아보게 되었다. 해운회사, 조선회사, 금융회사, 엄청난 물동량을 보유하고 있는 자동차, 철강, 전자, 화학 등의 화주 회사가 서로 협력하여 해운과 조선의 강국으로 다시 태어날 수 있기를 기도한다. 각자의 코가 석 자인 상황에서, 그리고 WTO 체제하에서 이런 협조체제가 쉽게 이루어질지는 모르겠다. 모든 것에 앞서서 각 해운회사들이 스스로 리스크 관리 체제를 되돌아보고 정비했으면 한다. 해운업은 어느 산업 분야보다 앞서 있어서 각종 운임료 관련 지수가 정비되어 있고, 거래 방식도 선진화되어 있다. 리스크 관리를 하자고 하면 그리 어렵지 않을 것이다.

2억 달러 악성 후순위채권 발행
헤지는 어디로?

대구지점장으로 근무하던 2005년 6월 30일 오후 5시경이었다. 은행장의 특별담화가 곧 있을 것이라는 행내 방송이 나왔다. 은행장이 갑자기 특별 담화를 발표한다기에 무슨 큰일이라도 생겼나 싶어 방송에 귀를 기울였다.

은행장의 방송 내용은 전혀 예상 밖으로, 2000년 6월 30일에 발행한 후순위채권 2억 달러의 조기 상환에 관한 것이었다. 그 담화를 요약하자면 이렇다.

오늘 우리 은행은 은행의 수익성에 엄청난 악영향을 미쳐왔던 후순위채권 2억 달러를 조기 상환하게 되었다. 이 채권은 표면금리가 연 13.75%나 되어 외화자금 운영상 엄청난 역마진을 발생시키는 주요인이었다. 이를 상환함

그림 II-2_ 미국 재무부 채권(5년물) 금리와 LIBOR(3개월물) 추이(1999~2008년)

| | 미국 재무부 채권(5년물) 금리 | | EURO-LIBOR(3개월물) |

자료: 한국은행 경제통계시스템.

으로써 앞으로는 외화자산과 부채를 건전하게 운용할 수 있게 되었다. 그리
고 이런 악성 부채는 다시는 일으켜서는 안 될 것이다.

2005년 6월의 LIBORLondon Interbank Offered Rate는 3.5% 수준이었다. 이
당시 은행의 달러자금 조달금리는, 기간에 따라 차이가 나지만 2~3년
이상의 장기자금이라 하더라도 LIBOR+1.5%를 넘지 않았으니 연 5%
이하였다. 그날 조기 상환한 후순위채권금리 연 13.75%는 통상적인 조
달금리에 비해 9%포인트 정도 비싼 것이었다. 금액으로 환산하면 연간
1800만 달러(=2억 달러×9%) 이상을 더 지급한 셈이다. 은행장이 특별담

화를 통해 엉터리 같은 경영을 한 우리에게 훈계할 만했다. 2003년 8월 외국계 사모펀드에 은행이 매각된 이후 부임한 외국인 은행장 입장에서 보면 더더욱 한심하게 보였을 것이다.

2억 달러 후순위채권은 그 5년 전인 2000년 6월 본점 외화자금 조달 부서(이하 '외자부')의 차장으로 있을 때 발행되었다. 은행장의 특별담화를 들으니 5년 전의 채권 발행 당시 일들이 새삼 떠올랐다.

밀레니엄 첫 해인 2000년이 밝았다. 2000년을 1900년으로 인식한다는 소위 '밀레니엄 버그' 문제로 한바탕 소동이 일어났으나, 이를 슬기롭게 잘 해결했다. IMF 외환위기도 어느 정도 수습되어 사회 전 부문이 조금씩 회생하기 시작했다. 그러나 은행들은 여전히 BIS Bank for International Settlement(국제결제은행)가 요구하는 적정 자본금 수준을 유지하는 일이 쉽지 않은 일이었다. 이를 위해 은행들은 가능한 모든 수단을 동원하여 BIS 자기자본비율을 높이기 위해 노력하고 있었다.

돈 냄새를 맡는 데는 IB Investment Bank들이 천부적인 재능을 갖고 있다. 2000년 초부터 CSFB Credit Suisse First Boston, JP모건, 도이치은행 Deutschebank, 골드만삭스 Goldmansachs 등 세계적 IB들이 수시로 외자부를 찾아와 '상위 후순위채권 Upper Tier 2 Note'을 발행하지 않겠냐며 자기들이 가장 최상의 조건으로 해줄 수 있으니 맡겨달라고 요청하였다. 그들은 우리나라 은행들이 어떤 상황에 처해 있는지 정확하게 알고 있었다. 어떤 면에서는 우리보다 우리를 더 잘 알고 있었다.

BIS 자기자본비율을 가장 단순하게 표현하면 '(기본자본 Tier 1 Capital +

보완자본Tier 2 Capital − 공제항목)/위험가중자산'의 산식이 된다. 이 산식에서 기본자본은 '납입자본금＋자본잉여금＋이익잉여금'이다. 기본자본은 증자를 한다든지 이익을 많이 내서 내부 유보를 늘려야만 늘어난다. IMF 외환위기로 모든 부문의 부실이 늘어나 은행 경영이 어려웠던 시기였기에 증자나 이익 증대 모두 쉽지 않았다. 그래서 의존할 수밖에 없는 것이 보완자본의 확대였다. 보완자본은 다시 상위 보완자본Upper Tier 2 Capital과 하위 보완자본Lower Tier 2 Capital으로 나뉜다. 상위 보완자본은 재평가적립금, 매도가능증권 평가익, 영구 후순위채권 등 몇 가지가 있는데 상위 후순위채권도 그중 하나다. 상위 후순위채권으로 인정을 받으려면, 발행조건이 최저만기 10년 이상(단 발행은행, 즉 채무자가 5년 후 조기 상환하는 콜 옵션은 허용)이어야 하고, 발행은행의 BIS 자기자본비율이 8% 미달 시에는 채권 이자 지급을 연기할 수 있어야 하며, 발행은행이 부실금융기관으로 지정되면 동 채권을 주식으로 전환하거나 원리금 지급을 연기할 수 있어야 한다. 하위 보완자본은 만기 5년 이상 후순위채권이 대표적인 것이다. 보완자본은 무한정 늘릴 수 있는 것이 아니다. 2000년 당시 상위 보완자본은 기본자본의 100% 이내, 하위 보완자본은 기본자본의 50% 이내로 제한되어 있었다.

은행들은 BIS 자기자본비율을 8% 이상 유지해야 한다. 그러나 최소한 10% 이상이 되어야 좀 걱정이 덜하다. 만일의 사태에 대비한다면 12% 정도는 되어야 안정적이라고 할 수 있다. 요즘 우리나라 은행들의 BIS 자기자본비율은 14%를 넘는다. 워낙 수익성이 좋고 부실도 적어서 기본

자본이 매우 충실하다. 오히려 너무 높은 수준을 유지하고 있어서 자산을 효율적으로 운용하지 못하는 것 아니냐는 비판도 받는다. 그러나 2000년 당시에는 기본자본이 워낙 취약하다 보니 보완자본을 늘리는 것도 만만치 않았다.

은행에서는 기획부가 은행 전체의 위험가중자산이 얼마나 되는지 계산하고, 적정 자기자본을 유지하기 위해 은행의 자산을 증대해도 되는지 아니면 감축해야 하는지, 증자나 후순위채권을 발행하여 기본자본이나 보완자본을 확충할 것인지 등 은행 경영에서 가장 중요한 업무를 담당하고 있었다. 외자부는 외화채권 형식의 후순위채권 발행에 관한 최고 경영진이나 이사회의 결정을 기획부가 받아주면 이를 실행에 옮기는 부서였다. 국내 은행들의 상황을 감안하면 후순위채권을 발행해야 할 시점인 건 분명한 것 같아 기획부에 알아보곤 했으나 명확한 답을 받진 못했다. 당시로선 후순위채권 발행이 워낙 민감한 사항이어서 기획부에서도 이사회의 최종 결정 전까진 함부로 얘기할 수도 없었을 것이다.

그러는 사이, 한빛은행(현재 우리은행)이 2000년 2월에 대규모 후순위채권을 국제시장에서 발행하였다. 발행 금액은 상위 후순위채권 5억 5000만 달러, 하위 후순위채권 3억 달러, 합계 8억 5000만 달러였다. 당시로서는 발행 금액도 엄청난 규모였고, 채권에 대한 신용등급도 투자부적격(BB+ 이하)의 후순위채권 발행이어서 국제금융시장에서 많은 화제를 불러 모았다. 그러다 보니 채권의 금리도 '악!' 소리가 날 정도로 높았다. 만기 10년에 5년 후 조기 상환 권한(콜 옵션)이 부여된 상위 후순위채권은 표면금리가 11.72%나 되었다. 만기 5년의 하위 후순위채권의 표면 금리는 10.8%였다. 당시 미국 5년 만기 재무부채권 수익률Treasury Note Yield(이하에서는 'T'로 표시)이 6.6% 수준이었으니 가산금리로 표시하면 상위 후순위채권이 T+510bp basis point(0.01%를 1bp라고 함), 하위 후순위채권이 T+420bp 정도였다.

조흥은행(현재 신한은행으로 합병)도 3월에 상·하위 후순위채권을 각각 2억 달러씩 합계 4억 달러의 후순위채권을 발행하였다. 상위 및 하위 후순위채권의 표면금리는 각각 11.88%와 11.5%였다. 미국 5년 만기 재무부 채권금리가 2000년 3월에는 6.5% 수준이었으니 가산금리로 표시하면 상위 후순위채권이 T+540bp, 하위 후순위채권이 T+500bp 내외였다.

조흥은행의 후순위채권 발행이 마무리되어 갈 즈음 현대그룹에서 문제가 발생하였다. 소위 '왕자의 난'이 일어난 것이다. 그리하여 2000년 3월 말에는 정몽구 회장의 현대차그룹이 현대그룹에서 계열을 분리하는 것으로 결정되었다. 현대그룹 내의 자중지란은 현대차를 비롯한 현대계열사의 신용등급 강등으로 이어졌다. 재벌기업에 후한 등급을 부여했던 국내신용평가사들도 현대차의 신용등급을 A-에서 BBB+로 강등하였다. IMF 이전인 1997년에는 최상등급인 AAA를 받았던 걸 감안하면 엄청난 신용등급 하락이었다. 특히 A등급 그룹에서 B등급 그룹으로 현대차의 신용등급 변경은 질적인 면에서 큰 차이가 있었다. 그로 인해 현대그룹의 유동성 위기가 표면화되기 시작했고, 현대그룹의 주거래은행이었던 K은행은 그 충격을 그대로 받게 되었다.

3월 말 가결산 결과, 은행의 BIS 자기자본비율에 비상등이 켜졌다. 그대로 가다간 6월 말 상반기 결산에서 자기자본비율이 8% 이하로 떨어질 가능성이 매우 높아졌다. 기획부에서 상위 후순위채권 2억 달러를 발행해 달라는 요청이 들어왔다. 채권 발행대금을 6월 말 이전에 수령해야 하니 남은 시간은 2개월 반이었다. 요즘은 어떤지 모르겠으나, 당시 국제채권을 발행하기 위해서는 아무리 단기간이어도 2개월은 필요했다. 서둘러야 했다. 가장 시급한 일은 이 일을 맡아 성공적으로 마무리 지어 줄 주간사, 즉 IB의 선정이었다.

IB 선정은 시급하긴 하나 그렇게 어려운 일은 아니었다. 연초부터 IB들이 상위 후순위채권을 발행해 주겠다고 들락거렸으니 이들과 채권발행에 대한 구체적인 조건을 협상해서 가장 유리하다고 판단되는 IB를 선정하면 될 일이었다. 우리를 찾아왔던 대부분의 IB들은 예나 지금이나 세계 최상급이니 어느 IB를 선정하더라도 대세에 별 지장은 없었기 때문이다. 다만, 한 가지 욕심을 부려봤다. 그것은 상위 후순위채권 발행을 반드시 성사시켜야 한다는 생각에 인수Underwriting 방식으로 해줄 IB를 찾아보자는 욕심이었다.

채권 발행 시, 주간사는 최선을 다해 시장에서 판매해 보겠다는 방식(베스트 에포트Best Effort)이나 인수Underwriting 방식 중 하나를 택해 의뢰인과 계약을 체결한다. 베스트 에포트 방식은 말 그대로 최선을 다한 결과, 시장의 반응이 좋으면 목표금액보다 채권 발행이 초과되거나 발행금리가 예상보다 낮은 수준에서 채권이 발행되고, 시장 반응이 좋지 않으면 그 반대의 결과를 얻게 된다. 반면에 인수 방식은 채권의 발행금액, 발행 금리 등 최초 약정한 조건을 주간사가 책임을 지고 처리하는 조건이다. 이 경우 시장 반응이 좋으면 주간사는 채권을 더 높은 가격에 판매하여 추가적인 이익을 얻게 되고, 시장 반응이 좋지 않으면 판매하고 남은 채권을 주간사가 떠안아야 한다.

앞에서도 언급했듯이 2000년 4~5월에는 현대그룹 사태로 K은행에 대한 시장의 인식이 그렇게 호의적이지 않은 상황이었고, 더군다나 일반 후순위채권도 아닌 상위 후순위채권 발행이어서 인수 방식으로 하겠다는 IB가 나오기 어려웠다. 어쨌거나 나는 여러 IB를 접촉하면서 인수 방식으로 할 수 있는지 말을 던져보았다. CSFB가 인수 방식으로 채권을 발행해 주겠다고 했다. 나는 반신반의하면서 "그럼 정식 제안서Proposal Letter를 가져오라!"라고 했다. CSFB는 한 1주일 뒤 정식 제안서를 가져왔다. 그런데 아무리 눈을 씻고 들여다봐도 제안서에 인수를 하겠다는 확실한 문구는 없었다. 이는 구두로 한 약속을 대충 얼버무리는 제안서로서, 결국엔 베스트 에포트 방식과 다름이 없었다. "믿을 게 따로 있지, 내가 IB 영업맨을 믿다니!" 어느 회사나 영업을 담당하는 직원들은 판매 제품을 좀 과장하는 건 일상적으로 있는 일이다. 국제적으로 이름 난 IB들도 더하면 더했지 덜하지 않다. 어쨌거나 곧 5월로 접어들게 되어 더는 새로운 IB들을 만나 협상한다는 건 시간상 어려워졌다. CSFB에게 채권 발행에 관한 위임장Mandate Letter('기채의뢰서'라고도 함)을 주었다.

5월 중순경부터 채권 발행을 본격 추진하였다. 당시 시장상황상 채권 발행이 순조롭게 진행되진 않을 것이라는 예상은 했으나, 역시 쉽지 않았다. 현대그룹의 유동성 위기가 더욱 악화되었다. 5월 30일 현대그룹은 구조조정, 자산 매각 그리고 정주영 회장과 정몽구, 정몽헌 3부자의 퇴진 및 전문경영인 체제 도입 등 위기 수습책을 내놓았다. IMF 사태에서 학습했듯이 국제자본시장에서 IB들은 냉혈한 내지는 흡혈귀와 같다. 위임장을 받기 전에는 우리를 위해 모든 걸 다 해줄 것처럼 굴던 사람들이 위임장을 받고 난 뒤에는 완전히 달라졌다. 국제신용평가기관의 신용등급을 받자고 해 무디스Moody's와 피치Fitch 두 회사로부터 등급을 받았다. 비용도 비용이지만, 상위 후순위채권이라서 별도의 신용등급을 받을 필요가 있는지도 의문이 가고, 등급 자체도 좋게 나올 것 같지 않아 의미도 없을 것 같았다. 그러나 약자의 처지가 된 우리로선 끌려갈 수밖에 없었다. 무디스 신용등급도 투기등급 중 최상인 Ba1(S&P의 BB+에 해당)도 아닌 Ba3(S&P의 BB-에 해당)를 받았다.

　IB는 상대의 약점을 발견하면 더욱 그 본성을 드러낸다. 채권의 발행금리를 결정해야 하는 프라이싱Pricing 날이 다가왔다. 국제채권 발행의 프라이싱은 통상적으로 발행일 1주일 전(D-7일)쯤 이루어진다. 주간사 IB는 그 이전에 자신의 네트워크를 통해 대체적으로 어느 수준의 발행금리면 얼마를 투자하겠다는 의사를 밝힌 투자단을 모집해 둔다. 이런 일정을 감안하여 D-10일 전쯤 상무님을 포함한 대표단이 뉴욕으로 갔다. 그런데 D-7일이 되어도 이런저런 이유로 최종 프라이싱이 이루어지지 않았다. 가장 큰 이유는 주간사 IB가 현대그룹의 유동성 위기 등으로 투자가Investor 모집이 잘 안 된다며 발행금리 상향 조정을 요구한 것이다. 특히, 2월과 3월에 T+500~550bp로 발행된 한빛은행과 조흥은행의 상위 후순위채권 유통수익률이 T+710bp 내외를 기록하고 있었으니 주간사의 말이 영 틀린 것은 아니었다. 그러나 문제는 한빛은행과 조흥은행의 상위 후순위채권 수익률에서 추가적인 가산금리를 요구해 왔다는 것이었다. T+485bp에 발행해 줄 수 있다는 애초의 큰소리는 이미 사라졌다. IB의 본성이 제대로 위력을 발휘한 것이다.

결국 우리는 시한에 쫓기고 시장 상황에 압박당해 T+755bp, 즉 표면금리 13.75%를 수락하게 되었다. 한빛은행과 조흥은행의 상위 후순위채권 유통수익률보다 40bp 정도 높은 발행금리였다. 마감 시한인 6월 30일을 사흘 앞둔 27일(뉴욕 시간)에서야 발행계약이 마무리되었다. 국제시장에서 한국을 대표하는 은행이라는 자부심에 큰 손상을 입은 날이었다. 아래는 국제적으로 유명한 IFRInt'l Financial Review의 2000년 7월 8일자 동채권 발행 기사이다. 이 기사가 채권 발행까지의 험난했던 과정을 어느정도 함축적으로 표현하고 있다.

KEB는 지난주에 만기 10년, 5년 내 조기 상환 금지 조건의 2억 달러 상위 후순위채권을 미국 재무부 채권 유통수익률에 755bp를 가산한 수준에서 발행하였다. 13.75%의 표면금리가 투자가들에게 주어졌다. 2000년 4월에는 485bp를 가산하도록 채권 발행이 위임되었다Korea Exchange Bank(KEB) finally priced its US$200M 10-year non-call five-year Upper tier 2 subordinated bond issue last week at 755 bp over five-year US Treasuries. A coupon of 13.75%

enticed investors in for a deal originally mandated to at 485 bp over in April 2000.

상위 후순위채권을 발행하는 작업을 본격 시작한 4월 말부터 내게는 또 다른 고민이 있었다. 그것은 고금리의 외화자금을 어디에 운용해야 역마진을 최소화할 수 있을지였다. 5년 만기 미국 재무부채권T-Note 금리나 한빛과 조흥은행 채권의 수익률 동향을 봤을 때 13% 내외의 고정금리를 5년 동안 지급해야 한다는 것은 이미 각오하고 있었다. 이 정도 금리를 지급하면 5~6%포인트의 역마진이 발생한다. 거의 정점에 온 것 같은 미국 달러 금리가 하락하게 되면 역마진 폭은 더욱 확대될 것이다.

채권발행팀뿐 아니라 외화채권투자팀, 파생금융상품팀 직원들 모두 이 문제에 관심을 갖고 있었고, 어떻게 하는 것이 좋은지 이런저런 자리에서 수시로 각자의 생각을 얘기했다. 결론은 자연스럽게 모아졌다.

그 첫 번째는 '고리의 고정금리 부채는 그에 버금가는 채권으로 헤지하자! 그리고 차선으로는 고정금리를 변동금리와 교환하는 금리스와프 거래를 하자!'였다.

첫 번째 방법에 가장 접근한 채권은 바로 한빛은행과 조흥은행이 몇 개월 전에 발행한 상위 후순위채권이었다. 우리가 발행할 채권금액 2억 달러 전액을 이들 채권에 투자하는 건 모양상 좋지 않으니 한빛은행과 조흥은행 채권을 각각 5000만 달러씩 매입하고, 금리스와프는 1억 달러를 체결하는 게 좋겠다고 생각하였다.

의견은 모아졌으나, '고양이 목에 방울을 누가 달 것인가?'라는 문제에 다시 맞닥뜨리게 되었다. 외환위기 이후 여신정책이 강화된 데다가 자기자본이 부족해 고금리 후순위채권을 발행해야 하는 마당에, 자기자본을 잡아먹는 외화채권 투자와 금리스와프 거래를 한두 푼도 아닌 각각 1억 달러씩 하겠다고 하면 누가 좋아하겠는가. 여신심사부 등 관련 부서를 설득하는 일 자체가 거의 불가능하다고 생각했다. 어쨌거나 5월 말경 L 부장님께 말씀드렸다. L 부장님은 어떤 일이 있을 때 직관적으로 판단하고 실행력도 대단하신 분이었다. 말씀을 드린 지 며칠 만에 L 부장님이 '방울'을 달고 오셨다. "모든 걸 다 해결됐으니 바로 추진해!"라면서.

6월 중순부터 한빛은행과 조흥은행의 상위 후순위채권 매입에 들어갔고, D-5일경 각각 5000만 달러어치의 채권 매입을 완료하였다. 이들 채권 매입은 또 다른 부수적인 효과가 있었다. 이들 채권의 수익률이 계속 오르고 있었는데 우리가 이를 매입해 감에 따라 수익률 상승이 좀 진정된 것이다. 이는 바로 K은행의 채권 발행금리 상승을 억제하는 것으로 연결되었다. 이들 은행이나 K은행이나 다 같은 한국의 은행이고 신용등급에 별 차이도 없었기 때문이다. 평균 채권 수익률은 13.3% 내외였다. 1억 달러의 역마진은 0.5%포인트 이내로 막아냈다.

다음으로, 우리 채권의 발행금리가 확정된 다음 날 바로 1억 달러의 금리스와프 거래 계약을 체결하였다. 우리의 수취금리는 13.75%, 스와프 거래 상대방에게 지급하는 금리는 LIBOR+4~5% 정도였던 것으로 기억한다. 당시 외화 대출 금리가 LIBOR+3~3.5%였으니 역마진은 2%

포인트를 넘지 않은 수준이었다.

우리의 헤지 전략은 예상대로 적중되었다. 우선 금리 추이를 보면, 그해 11월부터 금리는 본격적으로 하락하기 시작하였다. 2000년 6월 6.8% 수준이었던 LIBOR는 2001년 6월 3.8%, 2001년 12월 1.9%, 2003년 6월 1.1% 수준으로 하락하였다. 그 뒤 2004년 8월까지 2%를 넘지 않다가 9월부터 소폭 오르기 시작하여 조기 상환한 2005년 6월에 3.5%까지 올랐다. 5년 만기 미국 재무부채권 수익률도 2000년 6월 6.2% 수준에서 2003년 5월 2.2% 수준까지 하락하였다. 또한 우리나라의 신용등급이 급속도로 좋아졌다. 상위 후순위채권 발행 이후 5년 동안 우리나라 국가신용등급 변동 추이를 보면, S&P가 BBB에서 2001년 11월 BBB+로, 2002년 7월에 A-로, 무디스Moody's가 Baa2에서 2002년 3월에 A3로, 피치Fitch가 2002년 6월에 BBB+에서 A로 각각 신용등급을 올렸다.

이처럼 금리 자체의 하락과 국가신용등급의 상승에 따른 가산금리 하락은 국내 은행들이 발행한 각종 후순위채권의 가격 급등을 불러왔다. 2001년 11월 S&P의 신용등급 상향 조정 이후만 보더라도 한빛은행과 조흥은행의 상위 후순위채권 수익률은 T+450bp 수준이라는 기사들이 나왔다. 우리가 매입한 것이 T+710bp였으니 가산금리 자체에서 2.6%포인트가 낮아졌고, 실물금리도 2%포인트 이상 낮아졌다. 이들 채권의 잔여 만기를 3년 4개월이라 보면, 1억 달러인 한빛은행과 조흥은행의 상위 후순위채권 평가익은 대충 계산해도 1500만 달러는 넘었다.

금리스와프 거래의 평가익은 어떨까? 당시 실행한 금리스와프 거래의 평가익을 계산해 볼 수는 있다. 가장 쉬운 방법은 2001년 11월의 달러 3개월물 LIBOR와 스와프할 고정금리가 얼마인지 확인하면 된다. 또 다른 방법은 2001년 11월 시점의 선물시장Futures Market의 달러금리선물 가격을 찾아 달러 3M LIBOR에 대응한 5년 만기 고정금리를 산출하면 된다. 현 시점에서 이들 방법 모두 너무 번거롭다. 앞의 금리 추이 그림(그림 II-2)에서 보듯이 LIBOR가 미국 재무부채권의 금리보다 더욱 급격하게 하락한 사실을 감안하면 채권의 평가익 1500만 달러를 훨씬 능가했을 것이다.

2001년 12월 이후 금리는 더욱 하락했고, 국가신용등급은 추가로 상향 조정되었다. 우리가 실행한 헤지로 인한 이익 규모는 더욱 늘어났을 것이다. 전체 5년의 기간을 두고 헤지를 실행하지 않았을 때와 했을 때 은행의 상위 후순위채권의 총비용을 추정해 보았다. 실행하지 않았을 때는 1억 3750만 달러(= 2억 달러×13,75%×5년)의 채권 이자를 지급해야 한다. 헤지를 실행했을 때는 5년간의 헤지 손익을 계산해 보면 된다. 5년간 헤지 거래로 적어도 5000만 달러 이상의 이익을 봤다고 생각한다. 이를 감안하면, 우리가 발행한 상위 후순위채권의 금리는 8.75%[= (1억 3750만 - 5000만)/(2억×5년)]를 넘지 않는다.

2005년 6월 말 외국인 은행장은 왜 그렇게 행내 방송을 통해 13.75%의 악성 부채를 조기 상환했다며 방송했을까? 애초 발행 때부터 5년 후 조기 상환할 수 있는 권리(콜 옵션)가 붙어 있어 2005년 6월 말이 사실상의 만기일이니 다른 부채들과 마찬가지로 자연스럽게 상환하면 될 텐데,

그리고 헤지를 감안하면 상위 후순위채권치고는 그렇게 나무랄 정도로 높은 금리도 아닌데 말이다.

2002년 1월 말, 지점장으로 승진하면서 나는 외자부를 떠났다. 매입한 채권과 금리스와프 거래의 평가익이 급증하자 채권을 매각하고 금리스와프도 반대 매매하자는 압박이 계속 들어왔다. 그렇게 하여 평가익을 실현익으로 챙기자는 것이다. 부실자산에 대한 대손충당금과 대출금 등 자산 증가로 은행의 BIS 자기자본비율이 넉넉하지 않았기 때문이었다. 기획부에서는 조금이라도 비율 개선에 도움이 된다면 무슨 일이든 하자는 분위기였다. 고금리의 상위 후순위채권에 대한 금리리스크를 헤지하고자 투자한 채권과 스와프 거래에서 수천만 달러의 평가익이 발생하자 기획부에서는 당연히 눈독을 들였다.

내가 있는 동안에는 채권의 매각이나 스와프 거래 반대 매매는 말도 꺼내지 못하게 했다. 내가 지점으로 간 뒤 외자부에서는 채권을 팔고 스와프 거래도 반대거래를 실시하여 이익을 챙겼다는 얘기를 들었다. 2003년 8월 은행이 매각된 이후에 온 외국인 은행장에게 이런 헤지 거래가 있었으니 그렇게 매도할 정도의 악성부채는 아니라는 말을 누가 했겠는가. 2005년 6월 30일 외국인 은행장의 방송은 평생 잊히지 않는다.

사족 같은 이야기 하나를 덧붙여 본다. 상위 후순위채권 발행 대금으로 다른 은행의 상위 후순위채권을 매입하는 것은 당시 자기자본비율 계산 방식이 BIS의 '바젤 I' 체제였기에 가능했다. '바젤 I'에서는 금융기관이 보유하고 있는 자산에 대해 차주에 따라 0%, 10%, 20%, 50%, 100%

중 하나의 위험가중치를 적용하여 자기자본비율을 계산했다. 다른 은행이 발행한 상위 후순위채권은 100%의 위험가중치를 적용하도록 되어 있었다. 따라서 한빛은행과 조흥은행이 발행한 상위 후순위채권 1억 달러 매입에는 매입 금액의 8%인 800만 달러의 자기자본이 필요하게 된다. 자기자본 확충을 위해 우리가 발행한 상위 후순위채권 2억 달러 중 800만 달러는 채권 매입에 사용되고 나머지 1억 9200만 달러는 원래 발행 목적의 자기자본으로 활용 가능했다. 2006년 이후의 '바젤 II'와 2013년 이후의 '바젤 III' 체제에서는 이들 자산을 단순하게 위험가중치로만 계산하지 않는다. 신용리스크, 시장리스크 등 각종 리스크에 대한 측정, 감독 당국의 점검 절차 강화, 자기자본 관련 공시제도 도입, 보통주 자본 비율, 손실대응 또는 경기대응 완충자본 등 다양한 형태의 자기자본비율 규제를 도입하였다. 그래서 이제는 다른 금융기관의 후순위채권 매입은 아예 생각을 할 수도 없다. 필요로 하는 자본금 규모가 8%가 아니라 훨씬 높아졌고, 감독기관의 규제도 강화되었기 때문이다. 상위 후순위채권의 금리 리스크를 타행의 상위 후순위채권 매입으로 헤지한다는 건 정말 호랑이 담배 먹던 시절의 얘기가 되었다.

중소기업의 환리스크 관리는
어떻게 해야 하나?

K은행 퇴직 후 나는 중소기업 세 군데에서 감사 또는 CFO^{Chief Financial} Officer로 일했다. 첫 번째 회사는 LCD의 백라이트^{Back Light}를 생산하는 회사(이하 'A사')였고, 두 번째 회사는 선박 부품을 생산하는 회사(이하 'B사')였으며, 세 번째 회사는 자동차 엔진 부품을 생산하는 회사(이하 'C사')였다. 이들 세 회사는 환리스크에 대처하는 방식이 다 달랐다.

A사는 환리스크를 헤지한다는 명분으로 키코 거래를 했다. 수출 규모에 비해 과다한 키코를 거래하여 실질적으로는 환투기를 한 결과가 되었고, 2008년 이후 달러/원 환율 급등으로 거액의 손실을 기록하여 법정관리에 들어갔다. 이 회사에 대해서는 1부 「키코의 추억」에서 얘기했으니 여기에서는 생략한다.

B사는 선물환거래로 환리스크를 관리했는데, 특이한 점은 달러 매출

액의 일부를 기계적으로 헤지하고 있었다는 것이다. 원재료인 철강이나 철강 관련 부품 등은 국내에서 원화로 매입하고, 이를 가공한 제품은 조선회사에 달러로 판매하니 환리스크가 발생하였다. 환리스크를 관리하고자 B사는 매월 기계적으로 일정 금액의 달러를 1년 만기 선물환으로 매도하였다.

C사는 제품의 대부분을 국내 자동차회사와 장기공급계약을 체결했는데, 매출은 원화로 발생했으며 부품 구입은 80%는 국내에서 원화로 지급했고 나머지 20%는 일본에서 수입하여 엔화로 지급했다. 이 회사의 일본 수입 부품 비중은 과거에는 50%에 가까워 엔/원의 환율 변동에 회사의 수익성이 크게 좌우되었다. 엔/원 환율이 100엔당 1500원을 넘었을 때는 회사 경영이 매우 어려움을 겪기도 했다. 그럼에도 이 회사는 선물환거래 등을 활용한 환리스크 관리를 일체 하지 않았다.

기업이 직면하는 환리스크는 크게 거래환리스크, 영업환리스크와 환산환리스크라는 세 가지 범주로 나눠 설명하곤 한다. 은행원들을 상대로 하는 외환시장과 환리스크 관리 기법에 대한 강의나 기업의 임직원을 상대로 한 비슷한 주제의 세미나 등에서도 환리스크의 개념을 잡아주기 위해 환리스크의 종류를 세 가지 형태로 나누어 설명한다.

거래환리스크는 개별 거래로 인해 발생하는 환리스크를 말한다. 오늘 100만 달러를 수출하고 그 대금을 3개월 뒤에 받는다고 할 때 오늘 환율과 3개월 후의 환율 차이에 따라 원화 금액이 달라질 수 있다. 이처럼 개별 거래 건의 회계상 매출(또는 매입)로 처리되는 시점과 대금 수취(또는 지급)하는 시점의 환율 차이로 발생하는 손실(외환차손)이나 이익(외환차익)을 거래환리스크라고 한다. 환리스크 관리는 각 개별 건에 대해 선물환거래 등의 적절한 수단을 이용하여 처리하면 된다.

영업환리스크는 개별 거래 건을 넘어 환율의 변화가 기업의 경영 전반, 즉 제품의 제조원가나 판매가격, 신규사업 계획 수립과 추진, 장기 수출입계약 체결과 이행 등 기업의 영업활동과 경영에 직접적으로 영향을 주는 환리스크를 말한다. 즉, 1달러당 1100원, 100엔당 1000원의 환율을 전제로 사업계획을 짜거나 5년간 특정 제품을 공급하기로 계약을 체결했는데 중간에 환율이 상승하거나 하락할 경우 발생한다. 1997년의 IMF 외환위기나 2008년의 금융위기처럼 어느 한 방향으로 환율이 급변동하면서 장기화될 경우에 가장 피해가 두드러지게 나타나며, 1~2년에 걸쳐 20~30%의 환율변동이 한 방향으로 지속될 경우에도 나타나는 것이 바로 영업환리스크이다. 영업환리스크는 회계장부상에 환차손이나 환차익의 형태로만 나타나지 않는다. 영업의 근간인 매출액의 증감이나 매출원가의 가장 큰 부분을 차지하는 원재료 구입 금액의 증감으로 나타난다.

환산환리스크는 기업이 보유한 외화표시 자산이나 부채를 자국통화로 환산할 때 발생하는 위험을 말한다. 기업이 해외 현지 법인을 설립하고 운영할 때 필요로 하는 자본금이나 대여금은 단기간 내에 회수할 수 있는 자금이 아니다. 이들 자금은 회수되거나 손실 처리되지 않는 한 장부상에 남아 있어 회계년도 말이나 필요한 경우에 자국통화로 환산하여 평가해야 한다. 이때 관련 평가손익이 발생한다. 이에 따른 위험을 환산환리스크라고 한다. 회계장부상으로는 외화환산손실이나 외화환산이익으로 나타난다.

그럼 실제 중소기업들이 위와 같은 환리스크를 적절한 수단을 동원하여 환리스크를 관리할 수 있을까? 환리스크 종류에 대한 구분은 학술적으로 의미가 있는 것은 아니다. 단지 환리스크를 어떻게 관리해야 하는지, 관리는 할 수 있는 것인지 등을 좀 더 쉽게 이해시키기 위한 구분에 지나지 않는다. 거래환리스크만 해도 그렇다. 설명은 간단하나, 실제 중소기업이 거래환리스크를 일일이 관리하기란 쉽지 않다. 매일 수출 또는 수입이 조금씩 발생하거나, 수출과 수입의 결제통화가 서로 다르거나, 그 외에도 여러 가지 관리가 어려운 상황을 생각해 볼 수 있다. 업체에 따라서는 거래환리스크와 영업환리스크 자체의 구분이 모호할 수도 있다. 더군다나 영업환리스크의 영역에 들어가면 중소기업이 이를 관리할 수단조차 마땅치 않다. B사와 C사의 사례를 살펴보면 중소기업의 환리스크 관리가 현실에서는 얼마나 어려운지 조금은 이해할 수 있을 것으로 생각한다.

B사는 세 가지 환리스크 중 표면적으로는 거래환리스크 관리에 집중한 것처럼 보인다. 이 회사의 환리스크 관리를 이해하기 위해 이 회사의 거래 상황을 좀 더 살펴보자.

선박은 대부분 주문자 생산 방식을 택한다. 대형 선박의 경우, 제조 기간은 2~3년이고 금액도 최소한 1억 달러를 넘는다. 선박에는 다양한 용도의 크레인이 설치된다. 벌크선에는 화물이나 곡물을 싣고 내리기 위한 데크크레인Deck Crane이 2~4기가, 유조선이나 화학물 운반선에는 호스 핸들링 크레인Hose Handling Crane이 1~2기가 장착된다. 또 모든 선박에는 선원들의 생활에 필요한 음식물이나 물품, 선박의 유지와 보수를 위한 부품을 선적하기 위한 용도의 크레인Provision Crane, Engine Room Crane, 비상시 구명선을 바다에 내려주는 용도의 크레인 등이 기본적으로 설치된다. 거대한 해양플랜트에도 기당 1000만 달러 내외의 거대한 크레인Offshore Crane이 5~6기 장착된다. 이들 크레인을 제조하는 데는 크기에 따라 6개월~1년 정도 걸린다. 선박 자체가 주문자생산이다 보니 선박에 부착되는 크레인도 조선사의 주문에 따라 생산된다.

조선사는 선박을 완공하기 1년 6개월~2년 전에 부착할 크레인을 발주한다. 수주를 받은 제조사는 1년~1년 반 뒤에 크레인을 납품한다.

B사의 1년 매출은 1100억 원 내외, 수주 잔고도 1100억 원 내외였다. 이 회사 매출의 70~80%는 미 달러 표시로 이루어졌고, 조선사와 납품계약을 체결하고 이행보증서를 제출하면 선수금으로 계약 금액의 30%를 받았다. 선수금 30%는 조선사가 선박수주 후 이행보증서를 선주에게 제출하여 30%의 선수금을 받는 것과 같다.

B사는 환리스크 관리를 위해 월 100만 달러씩, 주로 월말에 1년 만기의 선물환 매도로 대처하였다. 그리하여 달러 선물환 매도 잔액은 1200만 달러 내외를 유지하였다. B사가 이런 방식을 택한 데는 회사 나름대로 몇 가지 이유가 있었다.

첫째, 선물환 거래의 만기 시점을 특정하기 어려웠다. 중도금과 잔금의 수취와 거액의 수주 잔고에 대한 환리스크 관리는 생각보다 쉽지 않다. 중도금이 일정대로 정확하게 들어온다는 보장이 있는 것도 아니고, 수주한 크레인의 제작 착수 시점과 제작 일정이 조선사의 사정에 따라 변경될 가능성도 얼마든지 있다.

둘째, 정확한 선물환 거래금액을 산정하기가 어려웠다. 수주잔고가 1억 달러(1100억 원) 정도가 있는데 이 금액 전부를 수주 계약서상의 납품 일정에 맞춰 선물환을 매도할 수는 없었다. 우선 첫째 이유와 동일하게 조선사의 결제 금액이 수주 계약서의 일정대로 정확하게 이루어진다는 보장이 없다. 또한, 전액을 선물환으로 매도할 경우 과다한 헤지가 되어 환투기가 될 가능성도 있다. 크레인에는 철강 기자재를 포함하여 국제시세에 일정 부분 연동되는 부품이 상당하다. 가장 큰 비중을 차지하는 것은 두말할 필요 없이 철강재이다. 총원가의 50~60%가 철강 또는 철강을 원재료로 제조한 부품으로 구성되어 있다. 원화로 결제하는 국내 철강 시세는 국제 철강 가격의 변동과 달러/원 환율 변동의 두 가지에 의해 영향을 받는다. 현재의 시세를 기준으로 달러 선물환을 매도한 후 달러/원 환율의 상승으로 국내 철강 가격이 오른다면 환리스크 관리는 실패한 것이 된다. 그렇다고 하여 크레인 제조사가 수주 시점에서 원화 현금으로 이들 기자재를 사서 재여놓을 수는 없다. 정확하게 하자면, 회사 제품에서 국제시세에 연동되는 원자재의 비중이 몇 %이고, 어느 시점에서 이들 원자재를 구입하고, 제조원가에 미치는 상관관계가 어느 정도인지 등을 상세히 분석해야 한다. 나아가서 수주금액 대비 환리스크 헤지 비율은 얼마가 되는지 결정하고, 원자재 구입 시점과 연동하여 선물환 만기를 분산해야 한다. 중소기업 입장에서는 능력 밖이고 웬만큼 시스템을 갖추지 않고서는 대기업도 제대로 할 수 없는 일이다.

셋째, 선물환거래를 하고 싶다고 하여 무한정 받아줄 은행이 없다. 가장 현실적인 이유이다. 키코 사태를 겪은 후 은행들도 선물환을 포함한 파생금융상품 거래에 대해 매우 엄격해졌다. 은행들은 환율 변화에 따른 파생금융상품의 손실 발생 가능 금액을 추정하고 이에 상응하는 금액을 기업에 대한 여신으로 간주하고 있다. 환율의 변동성Volatility을 감안한 것으로 기간이 길면 길수록 여신으로 간주하는 금액은 더욱 커진다. 예를 들면, 선물환거래의 만기가 1개월 이내이면 거래금액의 6%, 3개월이면 11%, 6개월이면 14%, 1년이면 18%, 1년 초과 2년 이내는 24%, 그 이후는 1년에 5%씩 늘어난 비율의 금액을 여신으로 간주한다. 납품일까지 최장 2년 정도가 남은 1억 달러의 수주잔고를 보유하고 있는 B사가 선물환거래를 위해 필요로 하는 여신은 엄청난 금액이 된다. B사에 적용되는 여신환산율을 평균 15%로만 가정하더라도 1억 달러 선물환에 대한 여신 금액은 1500만 달러나 된다. 달러당 1100원을 적용하면 165억 원의 여신이 발생한다. 매출액이 1000억 원이 조금 넘는 회사에 대한 은행의 총여신은 많아야 400억 원 정도이다. 이 중 165억 원이 넘는 금액을 선물환거래에 투입할 정도로 여유 있는 중소기업은 별로 없다. 여신 금액 측면보다 더욱 중요한 점이 또 하나 있다. 선물환에 대한 여신환산율이란 것은 외환시장의 환율 변동성을 기초로 책정된 것이다. 그렇기 때문에 이 정도 금액이 실제 외환거래 손실로 연결될 수 있다. 선물환으로 달러를 매도했는데 달러 환율이 15% 올라 130억 원의 외환차손이 발생했다면 버텨낼 중소기업이 얼마나 될까? 키코에서 호된 경험을 한 은행 입장에서는 절대 허용해 줄 수 있는 금액이 아니다.

이러한 이유들로 인하여 B사는 고민 끝에 월 100만 달러씩, 만기 1년으로 선물환을 매도하였다. 연간 선물환 매도 금액 1200만 달러는 회사 수주잔고의 10분의 1 수준이다. 정확히 분석한 것은 아니나 이 정도가 B사가 할 수 있는 환리스크 관리의 최대 수준일 것이다. 이런 방식은 거래환리스크 관리인지 영업환리스크 관리인지 여부를 구분하기도 어렵다. B사가 실행하고 있던 환리스크 관리 방식에서 아쉬운 점도 있었다. 아무런 내부 품의도 없이 재경부장이 자기 전결로 선물환거래를 실행하던 것이다. 이에, 정확하진 않아도 좋으니 환리스크 관리 대상 금액을 자체적으로 추정을 하고, 이를 기반으로 선물환거래를 재경부장 전결로 처리하겠다는 품의서를 작성하여 대표이사의 결재를 받도록 하였다.

C사는 자동차 엔진에 부착되는 터보차저Turbo Charger를 생산하는 회사다. 터보차저는 엔진에 부착되어 엔진의 출력과 토크를 크게 향상시켜 주는 핵심 부품이다. 우리가 익히 아는 엔진의 4행정, 즉 흡입→압축 →폭발→배기 중 흡입과 배기의 공정에 관여한다. 터보차저의 내부에는 하나의 축Shaft으로 연결된 터빈휠Turbine Wheel과 컴프레서휠Compressor Wheel이 들어 있다. 엔진 내에서 폭발한 배기가스가 터보차저를 경유하

면서 터빈휠을 고속으로 회전시키고, 이 힘으로 축의 반대편에 있는 컴프레서휠을 회전시켜 외부공기를 압축하여 엔진에 공급한다. 쉽게 말하면 터보차저는 '공기 압축 공급기'라고 할 수 있다. 터보차저가 부착되지 않은 엔진은 흡입 행정을 통해 자연스럽게 외부 공기를 흡입한다(이를 '자연흡기'라고 함). 자연흡기 방식보다 터보차저에 의해 외부공기를 압축시켜 공급하면 그만큼 많은 산소가 공급되니 엔진 내 주입된 연료가 훨씬 큰 힘으로 폭발하게 된다. 터보차저의 작동 원리는 쉽고 간단하다. 그러나 실제 터보차저는 엔진에 외부 공기를 넣어주고 엔진으로부터 배기가스를 받아 배출하는 과정에서 유체역학 등 여러 공학이론이 적용된다. 900℃ 내외의 고온과 20만 RPM 내외의 고속회전을 견뎌낼 수 있어야 한다. 따라서 자동차회사들은 새로운 엔진을 개발하거나 기존의 엔진을 개량할 때 여기에 적용할 터보차저를 같이 개발해야 한다. 그리고 엔진 개발 비용이 엄청나게 들기 때문에 한번 개발한 엔진은 5~10년은 활용하고, 적용하는 차종도 다양하다. 현대자동차의 세타II 엔진이 소나타뿐 아니라 다양한 차종에 오랜 기간 활용되는 것과 같다.

터보차저 납품을 위한 입찰은 신형 또는 개량형 엔진을 탑재할 신차가 출시되기 2년 전쯤 실시된다. 그 배경은 위에서 설명한 바와 같다. 입찰에서 결정된 납품 가격은 특별한 상황이 발생하지 않는 한 신형 엔진을 탑재한 자동차 양산 기간, 즉 통상 5~6년 동안은 바뀌지 않고 그대로 적용된다. 자동차 회사들은 입찰 시 터보차저의 각 부품들이 어떤 재질로 만들어져야 하고 어떠한 성능을 충족시켜야 하는지를 밝힌다. 터보차저

회사들은 자동차 회사의 요구 조건을 충족시키면서 적정 이윤을 확보하는 가격을 제시해야 한다. 이를 위해 터보차저 회사들은 자신에게 5~6년간 동일한 가격으로 부품을 공급할 업체를 국내외에서 발굴한다. 그렇게 하여 손실이 발생하지 않도록 대처한다. 부품 조달 가격뿐 아니라 인건비, 경비, 연구개발비 등 내부적인 비용을 포함한 자체적인 제조원가를 정밀하게 추정한다.

C사가 제조하는 터보차저에 대해 그 특성, 입찰과 납품 가격 책정 방식 등을 설명하였다. 이런 방식이 터보차저에만 국한되는 것은 아니다. 많은 다른 자동차 부품들도 유사한 방식으로 거래되고, 자동차가 아닌 다른 제품에서도 고객과 협력업체 간에 이러한 거래 방식을 많이 볼 수 있다. 어쨌거나 이는 정해진 가격에 장기공급계약을 체결하고 이를 이행해야 하는 중소기업 입장에서는 환율 변동, 국제원자재 가격 변동, 인건비를 비롯한 국내 물가 상승 등 다양한 위험을 회피하기 위해 불가피한 거래 방식이기도 하다.

원가를 정밀하게 계산하고, 장기 고정가격의 부품 공급처를 사전에 확정한다고 하더라도 현실 세계에서 손실 발생 위험을 완벽하게 회피한다는 것은 불가능한 일이다. 터보차저 회사가 완벽한 갑의 위치에 있지 않는 한 어려운 일이다. 설사 갑의 위치에 있다고 하더라도 터보차저 제조원가의 가장 큰 부분을 차지하는 부품들은 금속 가격 변동이 클 경우 조정이 불가피하다. 즉, 철강 가격뿐 아니라 알루미늄 등 일부 비철금속 가격이 크게 급등할 경우 지속적인 부품 조달을 위해서는 기체결된 조달 가격도 일부를 인상해야 한다. 또한 터보차저를 제작하기 위해서는 고도의 기술을 보유한 외국 업체와 기술제휴를 하기도 한다. 이때는 외국 업체가 생산하는 핵심 부품을 수입하기도 한다. 이런 부품은 외국 업체가 정하는 통화로 구입할 수밖에 없고, 환리스크의 발생도 불가피하게 된다.

C사는 일본 회사와 기술 제휴를 맺고 이들의 기술지도하에 터보차저를 제조하여 자동차 회사에 납품했다. 최근에 독자적인 기술을 확보했으나, 과거 일본 회사 기술 지원으로 공급하던 터보차저가 아직도 상당히 남아 있어서 일본회사가 공급하는 핵심부품을 사용할 수밖에 없다. 한때 이들 부품의 비중이 C사 원자재의 50% 정도를 차지했다. 100엔당 환율이 1500원을 넘었을 때는 회사가 매우 어려운 상황에 처하기도 했다.

그럼에도 이 회사는 선물환거래 등을 활용한 환리스크 관리를 일체 하지 않았다. 가장 큰 이유는 장기공급계약에 있다. 제품의 원화 판매가격이 정해진 상태에서 제조원가도 변동하지 않도록 사전에 확정하기 위해서는 일본 부품 수입대금의 결제를 위한 엔화를 선물환으로 매입하거나 다른 파생금융상품을 활용하여 환리스크를 헤지할 필요가 있다. 그러나 5~6년간 결제할 엔화 대금을 한 번에 선물환으로 거래할 수 없다는 것은 B사의 사례와 같다. 자동차 회사로부터의 주문이 일정하지 않기 때문에 시점을 특정할 수도, 금액을 확정할 수도 없다. 또한 거액의 선물환 관련 여신을 은행으로부터 받을 수도 없다. 설사 은행 여신을 받을 수 있다고 하더라도 선물환거래만 계상할 경우 환율 변동에 따른 평가손익이 발생한다. 환율 변동폭이 클 경우 회사의 영업손익에 큰 왜곡을 가져와 회사의 안정성을 해칠 수 있다.

우리나라 자동차 회사와 체결한 장기공급 물량은 확정 공급 물량이 아닌 참고용으로 간주될 때가 많고, 실제 공급물량은 6개월 앞도 내다보기 어렵다. 그나마 해당 엔진을 사용한 차량이 예상보다 더 많이 팔리면 좋지만 그렇지 않을 경우 오버 헤지가 되어 환투기가 되어버린다.

C사가 5~6년간 결제대금에 대해 선물환거래를 할 수 없게 만드는 또 다른 이유 중 하나는 선물환 마진 문제이다. 우리 원화 금리는 항상 엔화 금리에 비해 높은 수준을 유지해 왔다. 2000년 이후만 보더라도 낮게는 2%포인트에서 높을 때는 5%포인트 이상 차이가 났다. 단순하게 일본 금리가 우리나라 금리보다 2%포인트 높다고 가정하자. 환율이 100엔당 1000원일 경우 간편하게 계산해서 1년에 100엔당 20원씩 선물환율이 올라간다. 5년이면 100원이 올라 100엔당 1100원이 된다. 자동차 부품사의 영업이익률은 5%를 넘기가 쉽지 않다. 일본으로부터 도입하는 부품의 비중이 50%라면 5년 차에는 선물환 마진으로 영업이익이 전부 상쇄되어 버린다. 미래에 엔/원 환율이 크게 오르면 엔화 선물환을 매입하는 것이 훨씬 유리한 것이 될 수 있으나 오늘 당장 미래의 영업이익을 송두리째 날리는 선물환거래를 할 수는 없다. 물론 환 헤지 비용을 납품 단가에 충분히 반영하면 제일 좋을 것이나, 이를 반영하면 입찰 경쟁에서 바로 탈락한다.

과거 엔/원 환율의 급등으로 큰 어려움을 겪었던 C사의 환리스크 관리를 어떻게 해야 좋은지 고민해 봤으나 내게는 뾰족한 답이 떠오르지 않았다. 다행히 C사는 사주의 의지로 부품 국산화에 진력하여 일본 부품의 비중을 20% 이하로 낮출 수 있었다. 그리고 꾸준히 자체기술을 개발하여 이제는 일본 기업의 기술 지원 없이도 터보차저를 생산할 수 있게 되었다. 일본 부품에 의존하는 비중은 갈수록 낮아질 것이고, 그만큼 환리스크로부터도 자유로워질 것이다.

C사에서 환리스크 관리를 위해 할 수 있는 일은 별로 없었다. 이 회사는 일본 부품을 수입할 때 6개월 만기 기한부 수입신용장Usance L/C을 발행했는데, 6개월 후 동 수입신용장 대금 결제를 위한 엔화 선물환을 일부 매입하는 정도였다. 신용장 발행 금액의 3분의 1 정도를 선물환으로 엔화를 매입했고, 엔/원 환율의 움직임을 보면서 100엔당 1000원 이하로 내려오면 적극적으로 엔화 선물환을 매입하였다.

기업의 환리스크 관리에 관한 강의 자료들을 보면 다음과 같은 그림 (그림 II-3)으로 그 필요성을 강조한다. 즉, 환리스크를 관리하는 기업은 자체적으로 통제할 수 없는 외생변수인 환율의 불확실성에 기업의 운명을 맡기는 것이 아니라 그 변동의 진폭을 완화시킨다. 그리하여 미래의 환율 움직임으로부터 기업 이익이 변동되는 정도를 일정 수준 이하로 제어함으로써 기업 가치를 일정하게 유지할 수 있다고 한다.

그러나 이 그림에서 보여주는 논리를 모든 회사에 그대로 적용하기는 어렵다. B사와 C사의 사례에서 보듯이 많은 기업들은 환리스크를 헤지할 수 있는 기간이 길어야 6개월~1년이다. 그림 II-3의 제1사이클이 2~

그림 II-3_ 환위험 관리 여부에 따른 기업의 손익 변동 비교

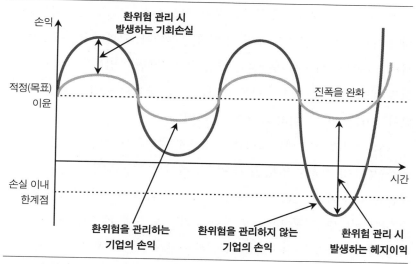

자료: 김운섭 환리스크관리, 한국금융연수원.

3년 지속되다가 단기간 내에 급속도로 제4사이클의 바닥으로 진입한 후 L자 형태로 지속해 버린다면, 괜히 환리스크 관리 비용, 즉 기회손실만 발생시킨다. 정작 득을 봐야 할 제4사이클에서는 기존에 실행한 선물환 거래 잔액은 크지도 않고 기간도 짧은 기간 내에 끝이 난다. 새로운 선물환거래는 득이 되지 못해 헤지 이익을 별로 거두지 못한다. 또한 제4사이클이 L자 형태로 장기간 지속되면 환리스크 관리비용 부담으로 오히려 손실 규모는 더 확대될 수도 있다. 실제 외환시장의 환율은 수년간 조용하다가 조정 요인이 발생하면 단기간 내에 급등하거나 급락하는 경향

중소기업의 환리스크 관리는 어떻게 해야 하나?

이 많다. 정부가 특별히 규제하지 않는 한 대부분의 시장은 시장참가자들의 투기 또는 재정거래를 통해 빠른 시간 안에 새로운 균형점으로 옮겨가 다시 안정을 찾는 형태인 게 더 현실적이다. 교과서에 나오듯이 서서히 상승하고 서서히 하락하는 그런 시장이라면 기업들은 굳이 환리스크를 관리하지 않고 환율 변동에 따른 이익 규모의 증감을 자연스럽게 받아들이는 것이 오히려 득이 될 수도 있다.

그럼 중소기업은 환리스크를 관리하지 말라는 얘기인가? 참 어려운 질문이다. 가장 좋은 방법은 기술력과 생산성 향상을 통해 환율 변동에 따른 손익을 제품 가격에 이전시킬 수 있거나, 회사 자체적으로 흡수할 수 있는 것이다. 다음으로는 외화표시 자산과 부채, 매출과 매입의 규모를 균형을 이루도록 유지하여 환율 변동에 따른 이익과 손실이 서로 상쇄되도록 하는 방법, 즉 사내 환 매리Marry가 되도록 하는 것이다. 우리나라 중소·중견 기업 중에서 이런 기업이 몇 군데나 되겠는가.

기업에 따라서는 환리스크 관리가 꼭 필요한 기업도 있다. 거래환리스크만 있는 기업이다. 예를 들면, 별도의 가공을 필요로 하지 않는 상품을 수출입하면서 차익을 챙기는 브로커 성격의 기업이나 대리점 영업을 하는 기업이다. 즉, 인텔 등 외국 IT 회사의 핵심 칩을 외화 결제조건으로 수입하여 국내 업체에 원화 결제조건으로 판매하는 회사나 이와 유사한 형태의 결제조건을 갖는 외국 자동차 수입 총판을 담당하는 회사, 외국 의료기기를 수입하여 판매하는 회사 등이 이에 해당된다. 이 외에도 많은 업체가 있다. 이들 기업은 환율 변동에 따른 원화 판매대금의 변동을 국내 판매가격에 반영할 수 있다. 그럼에도 이들 기업이 어쩔 수 없이 부담해야 하는 환리스크는 국내에 판매가 결정된 시점과 외국에 이를 환전하여 외화로 대금을 결제하는 시점 간의 환율 변동이다. 이런 기간 차이는 통상 2~3개월, 길어야 6개월을 넘지 않는다. 따라서 이들 기업은 교과서에서 설명하는 환리스크 관리 기법을 그대로 응용하여 마진 또는 중개수수료 성격의 이익을 확정할 수 있다.

결국 우리 회사가 환리스크를 관리해야 하느냐, 한다면 어느 정도 관리해야 하느냐는 각 회사의 사업 내용과 규모, 매출과 매입 대금의 결제 조건, 자금 사정, 외화 자산과 부채 상황, 신용등급 등을 종합적으로 고려하여 판단할 수밖에 없다. 요즘은 IT가 발달하여 기업의 환리스크 관리 시스템이 많이 개발되어 판매되고 있다. 이들 시스템은 외환 포지션 측정, VaR[1] 등 통계적 기법을 활용한 헤지 비율이나 손실한도 설정 등 환리스크 관리 전략 수립, 환 헤지 상품 선택, 시장 상황에 따른 포지션 조정, 정기적인 손익 분석과 시뮬레이션 등 훌륭한 기능을 자랑한다. 이

---

1   VaRValue at Risk는 투자에 대한 손실 위험을 측정하는 방식이다. 정상적인 시장 조건에서 1일 등 일정기간 동안 투자한 포트폴리오가 일정 확률로 발생할 수 있는 손실금액을 VaR라고 한다. 금융회사나 감독기관이 특정 금융회사에서 발생할 수 있는 손실액을 측정하여 이를 충당하는 데 필요한 자본 규모를 설정하기 위해 VaR을 사용하고 있다. 예를 들어, 일정 주식 포트폴리오에 1일 5% VaR가 100만 달러라면, 포트폴리오의 자산가치가 1일 동안 100만 달러 이상 하락할 확률이 5%라는 것을 의미한다. 1일 5%의 발생 확률이기 때문에 20일 중 1일에 100만 달러 이상의 손실이 예상된다(위키피디아 용어 정의 참조).

를 잘 활용하면 기업에 큰 도움이 될 것이다. 그러나 우리나라 중소기업의 현실은 그렇지 않다. ERPEnterprise Resource Planning(전사적 자원관리) 시스템만 해도 제대로 정착되어 충분히 활용하는 회사가 드물다. 기껏해야 회계장부나 재무제표 작성, 임직원 급여 및 인사 관리, 매입 및 매출 관리 등 기초적인 용도에 그치는 경우가 많다. 여기에는 중소기업 내의 IT 인력의 수와 질, 시스템의 유지와 보수, 개선 등 공급 회사와 기업 간의 유기적인 협력 체제 등 여러 이유가 있다. 이런 기업에 환리스크 관리 시스템을 들여놓으면 제대로 굴러가지도 못하고 직원들에게 새로운 부담만 준다.

사실 중소기업에 이들 발전된 환리스크 관리 시스템이 꼭 필요한 것도 아니다. 이 시스템에 투입하는 데이터(각종 환 익스포저, 헤지 비율, 손실한도 등)와 나오는 결과를 제대로 활용할 수 있는 중소기업이 그리 많지도 않다. 그 이유는 B와 C사의 사례에서 든 여러 이유와 같다. 많은 제약이 있는 상황에서 환리스크 관리 시스템을 활용한들 그에 따른 이익이 회사에 큰 역할을 하기 어렵다. 웬만한 규모의 기업이 아니라면 굳이 이들 환리스크 관리 시스템을 사용하지 않더라도 그리 어렵지 않게 회사의 환포지션을 측정하고 자신의 회사가 할 수 있는 범위의 환 헤지 기간과 상품을 선택할 수 있다.

표 II-1과 표 II-2는 C사에서 직원들에게 회사의 환 익스포저Exposure와 넷 포지션Net Position이 어떤 상태인지, 주요 통화의 환율이 크게 변동할 경우 회사에 미치는 영향은 어떤 것인지를 설명하고 이에 대한 인식

표 II-1_ AAA 기업의 20XX년 환 익스포저Exposure 및 넷 포지션Net Position 추정

(단위: 천)

		USD	JPY	CNY	EUR
자산 및 수입	대여금	4,500	-	-	-
	투자금	4,500	-		-
	매출(연간 누계)	40,400	-	687,000	-
	기타 수입	-	-	-	-
	계(A)	49,400	-	687,000	
부채 및 지출	차입금	4,500	-	22,600	
	자본금	-	-	28,200	-
	매입(연간 누계)	40,400	1,500,000	275,000	500
	기타 비용	-	-	70,000	-
	계(B)	44,900	1,500,000	395,800	500
넷 포지션(A−B)		4,500	-1,500,000	291,200	-500
선물환 거래	매입		500,000		
	매도				

주 1: 본사, 홍콩 투자자회사와 중국 현지 법인이 있다는 가정하에 작성한 것임. 각 회사별로 동일한 방식으로 작성하여 합계하여 만들 수 있음.

주 2: 본사는 국내, 일본, 유럽으로부터 원재료를 수입하여 핵심 부품을 제조하고, 동 부품 4040만 달러어치를 중국 현지 법인 앞으로 수출하는 것을 가정한 것임.

주 3: 위안화 자본금은 현지 법인 설립 자본금으로, 본사는 450만 달러를 차입하여 홍콩 투자자회사에 대여하고, 홍콩 투자자회사는 이 자금을 중국 현지 법인에 출자(2820만 위안)하는 것으로 가정하여 작성한 것임.

중소기업의 환리스크 관리는 어떻게 해야 하나?

표 II-2_ 환율 변동 시나리오별 손익 추정과 관련 대책

(연평균환율 10% 변동 시 손익 추정, 단위: 억 원)

환율변동 시나리오와 발생 상황(예)		회사에 미치는 영향과 손익		대책
		영향	손익	
1. 원화 홀로 약세	• IMF 경제위기 • 국제금융위기	• 본사: 수출대금 수익 증대/일본부품 수입비용 증가 • 중국: 영향 없음	50 -10 -	• 수출대금 환전 지연 • 부품수입대금 조기 상환 • 부품 국산화 • 엔화 선물환 매입 증대
2. 원화 홀로 강세	• 한국 경제 호황 • 미국, 한국 환율 조작국 지정	• 본사: 수출대금 수익 감소/일본부품 수입비용 감소 • 중국: 영향 없음	-50 10 -	• 수출대금 조기 회수 환전 • 기한부 신용장 적극 활용 • 달러 선물환 매도 증대
3. 원, 위안, 엔 동반 약세	• 미국 경기 호황 및 금리 인상 • 전 세계적인 달러 강세 시장	• 본사: 수출대금 수익 증대/일본부품 수입비용 동일 • 중국: 본사 부품 수입비용 증가	50 - -50	• 본지사간 거래 통화 일치 (원화 또는 위안화로) • 중국 내 달러/위안 선물환 거래 방안 수립 시행
4. 원, 위안, 엔 동반 강세	• 미국 경기 침체 및 금리 인상, • 전 세계적인 달러 약세 시장	• 본사: 수출대금 수익 감소/일본부품 수입비용 동일 • 중국: 본사 부품 수입비용 감소	-50 - 50	• 본지사간 거래 통화 일치 (원화 또는 위안화로) • 중국 내 달러/위안 선물환 거래 방안 수립 시행
5. 원 약세, 위안 강세	• 한국 경기 침체 • 중국 경기 호황	• 본사: 수출대금 수익 증대/일본부품 수입비용 증가 • 중국: 본사 부품 수입비용 감소	50 -10 50	• 최상의 거래통화 조합 • 수출대금 환전 지연 • 부품수입대금 조기 상환 • 부품 국산화 • 엔화 선물환 매입 증대
6. 원 강세, 위안 약세	• 한국 경기 호황 • 중국 경기 침체	• 본사: 수출대금 수익 감소/일본부품 수입비용 감소 • 중국: 본사 부품 수입비용 증대	-50 10 -50	• 최악의 거래통화 조합 • 거래통화 택일로 손실축소 • 수출대금 조기 회수 환전 • 기한부 신용장 적극 활용 • 달러 선물환 매도 증대 • 중국 내 선물환 거래

주: 손익 증감은 시장환율 1,100원/달러, 162원/위안, 1,000원/100엔, 6.8위안/달러, 110엔/달러를 기준으로 연평균환율 10% 변동 시 표 II-1의 익스포저 보유에 의해 발생하는 금액을 추정한 것임.

을 제고하기 위해 작성하였다. 표의 수치는 회사와 상관없는 것으로 임의로 입력하였다. 표 II-1은 본사와 자회사의 익스포저를 합계한 것이다. 실제는 본사와 각 자회사의 환 익스포저 현황을 각각 작성하고 이를 합계하면 된다. 중소기업은 이런 간단한 표만으로도 자기 회사의 환 포지션이 어떤 상태에 있는지 추정할 수 있다. 표 II-2는 미 달러를 중심으로 한 원화, 엔화 및 위안화의 환율 변동을 발생 상황과 연결하여 여섯 가지 시나리오를 상정하였다. 각 시나리오별로 회사의 손익은 어느 정도 영향을 받는지와 관련 대책도 예시했다. 대책에는 선물환 등 파생금융상품을 활용한 환 헤지를 제외하였다. 환 헤지는 표 II-1과 표 II-2를 통해 파악한 내용과 회사에 주어진 제약 요인을 감안하여 적정 수준에서 실행하면 좋을 것이다. 그리고 이 예시는 연간을 기준으로 작성했다. 회사의 상황에 따라서는 월별, 분기별 또는 반기별로도 작성해도 되고, 2~3년을 기준으로 작성해도 된다. 매월 영업 실적과 전망을 반영하여 수정해 나가면 회사의 환리스크 관리를 어떻게 해야 할지 개념은 잡을 수 있을 것으로 생각한다.

표 II-1에서 언급이 하나 빠져 있는 것은 본사의 달러 차입금과 대여금, 홍콩 자회사의 달러화 투자금과 중국 현지 법인에 출자한 위안화 자본금에 대한 환리스크 관리 대책, 즉 환산환리스크 대책이다. 다시 말해 표 II-1에서 차입금과 대여금 450만 달러는 자산과 부채가 동일 통화로 동일 금액이어서 환리스크는 발생하지 않으나, 투자금 450만 달러와 자본금 2820만 위안은 환리스크가 발생한다. 이 회사의 환산 환리스크는 연평균환율 10% 변동될 경우 관련 손익은 ±5억 원 수준이다. 매출·매입과 관련된 손익 ±50억 원에 비해 10분의 1 수준에 지나지 않는다.

환산 환리스크는 익스포저의 종류와 성격, 이를 안고 있는 주체에 따라 대하는 태도가 달라진다. 우선 상업은행Commercial Bank은 통화별 자산과 부채 규모가 같도록 유지하기 때문에 환리스크가 거의 발생하지 않는다. 고객에게 엔화 대출을 한다면, 엔화를 차입하거나, 달러를 차입하여 이를 엔화와 스와프하여 엔화를 조달한다. 그렇게 하여 달러/엔 환율의 변동과 상관없이 대출금리와 조달금리의 차이를 이익으로 확보한다. 상업은행 내 외환딜링 부서는 당연히 통화별 자산·부채의 불일치, 즉 포지션을 발생시켜 투기적인 이익을 추구한다. 이는 완전히 다른 차원의 것이면서 은행 내 특정 부서에 한정된 것으로 철저한 통제하에 있다.

상업은행이라 할지라도 환산 환리스크를 제대로 관리하지 못하는 경우도 있다. 바로 금융·외환시장이 발달되지 않았거나 외환 당국의 규제로 인하여 환리스크를 헤지할 방법이 없는 개발도상국 등에 진출할 때이다. K은행은 오래전 인도네시아에 현지 은행을 합작으로 설립하였다. 설립에 필요한 인도네시아 루피화 자본금은 적지 않은 규모였다. 인도네시아 루피는 장기적으로 보면 항상 절하되는 방향으로 움직였다. 그래서 투자할 자본금을 루피로 조달하면 제일 좋았겠으나, 투자 조건이나 외환규제 등으로 달러 자금을 공급하고 이를 중앙은행에서 루피로 환전할 수밖에 없었다. 루피 자본금의 환산 환리스크를 관리하기 위해서는 달러와 루피 간 스와프 거래가 필요했는데, 이에 응하는 은행은 프랑스계 은행 한 곳뿐이었던 것으로 기억한다. 그것도 상당한 바가지를 써야 하는 거래였다. 지나고 보니 차라리 헤지를 하지 않는 것이 훨씬 나았다.

인도네시아의 경우는 그나마 스와프 거래를 해주는 은행이 한 곳이라도 있었지만 캄보디아나 미얀마, 카자흐스탄 등에 진출할 경우에는 환리스크를 헤지할 수단이 없다. 유일한 헤지 방법은 해당국 통화의 절하률을 훨씬 능가하는 수익률을 올리는 방법이다. 한편, 투자은행이나 헤지펀드들은 국제시장에서 환 익스포저를 적절히 조절하거나 취약한 국가의 환율을 움직이기도 하면서 수익을 취하고 있다. 이들은 환산 환리스크를 자유자재로 조절한다. 그러다가 예기치 않은 상황이 발생하여 종종 망하기도 한다.

금융기관과는 달리 기업은 환산 환리스크 관리가 쉽지 않다. 은행에서 달러를 차입하여 미국에 있는 현지 법인의 자본금이나 운영자금으로 빌려주었다면 달러 자산과 부채가 동일금액이어서 환리스크 문제는 발생하지 않는다. 또한 달러를 차입하여 기계나 원재료를 구매하고, 제품을 만들어 달러로 판매하고, 연간 달러 매출액이 달러 차입금보다 몇 배크다면 별문제는 없다. 많은 중소기업의 실상은 그렇지 않다. 설비투자를 위해 외화를 차입했으나 매출은 원화로 일어나는 경우도 많다. 해외에 공장을 만들고자 할 때도 원화 자금을 현지 통화로 환전하여 투자금을 마련하거나, 달러를 차입하여 현지 통화로 환전하여 투자금을 마련한다. 공장이 만들어지는 국가가 선진국이라면 현지 통화와 조달 통화가 달라도 스와프나 선물환 등을 통해 환리스크 관리가 가능하다. 그러나 우리나라 중소기업이 진출하고자 하는 국가는 중국, 동남아, 인도 등이다. 이들 국가에서는 외국인, 즉 비거주자가 현지 통화에 대한 선물환을 거래하기는 어렵다. 우리나라만 해도 외국인이 달러/원 선물환거래를 마음대로 하지 못한다. 그러다 보니 외국인들은 NDF^{Non-Deliverable Forward}[2] 라는 상품을 개발하여 이용하고 있다. 중국 위안화나 인도 루피아에 대한 NDF 거래도 이루어진다. 중소기업이 해외공장 투자금의 환리스크를 관리하고자 NDF 거래를 활용할 수는 있으나 그 비용은 만만치 않고, 선물환거래에서와 동일하게 은행의 여신을 받아야 할 수 있어 실제로는 활용하기 어렵다. 따라서 대부분의 중소기업은 해외 현지 공장 투자금에 대한 환리스크 관리는 할 수 없다.

일부 중소기업은 이러한 이유로 통화가 꾸준히 평가절하되고 있는 국가에 공장 설립이나 투자를 꺼리는 사례도 있다. 그러나 이들 국가에 대한 투자를 다른 이유가 아닌 통화 가치가 지속적으로 떨어진다는 이유로 기피할 필요는 없다. 이들 국가에서는 통화가치의 절하보다 현지 투자나 사업을 통한 수익이 훨씬 큰 경우가 많다. 또한, 앞의 표 II-1에서 보았듯이 투자 관련 환산 환리스크는 매출이나 매입과 관련한 환리스크에 비해 매우 적다. 또한 현지 공장을 설립할 경우, 투자금은 현지의 토

---

2 NDF 거래에 대해서는 제III부 「달러/원 NDF 시장을 없애야 한다」 장을 참조하기 바란다.

지 매입, 건물 구축, 설비 도입 등에 사용된다. 통화가치의 절하가 지속적으로 이루어지는 국가는 그만큼 인플레이션이 높다. 보유한 토지와 건물의 가격 상승이 통화 가치 절하를 일정 부분 상쇄해 준다. 그래서 외국의 주식이나 채권 등 금융자산에 대한 투자가 아니라 공장 설립 등 생산이나 판매를 목적으로 하는 투자에 대해서는 환 헤지나 현지화의 평가절하 시기 등을 너무 신경 쓰지 않는 것이 좋다. 이것보다는 장기간에 걸친 사업을 통해 회수할 미래의 영업이익이 어느 정도인지, 본사와 현지 공장의 상호 시너지 효과 등이 더욱 중요한 판단의 근거가 되어야 할 것이다.

환산 환리스크는 일정 부분 거래 환리스크로 커버할 수 있다. 즉, 외화로 매출이 일어나는 회사는 해당 통화 표시의 설비투자 차입금이 있으면 자연스럽게 일정 부분 환 헤지가 이루어진다. 1000만 달러의 차입금이 있는 회사가 통상 매출채권 잔액이 2000만 달러라면 1000만 달러는 자연스럽게 환 헤지가 된다. 그래서 외화 매출이 있는 회사는 전략적으로 외화 차입 잔액을 일정 수준 유지하는 것도 환리스크 관리를 위해 필요하다. 반면에 외화로 매입이 일어나는 회사는 해당 통화 표시의 예금이나 대여금을 보유하면 된다. 자금사정이 넉넉한 회사나 할 수 있는 일이긴 하다.

은행에 있을 때는 기업들에게 환 헤지를 하지 않으면 망할 수도 있다는 얘기를 하면서 환리스크 관리의 중요성을 강조했다. 그러나 기업의 입장에서 보니 환리스크 관리라는 게 그리 말처럼 쉽게 할 수 있는 것이 아니었다. IMF 외환위기, 국제금융위기 등 '블랙 스완Black Swan'[3]과 같은 사태가 발생하면 은행에서 말하는 환리스크 관리가 그리 힘을 발휘하지도 못한다. 위에서 일부 회사의 경험을 사례로 든 것이나 다른 분야의 중소기업들도 공감할 부분이 많을 것으로 생각한다.

은행에서 돈을 빌리거나 외환거래를 하길 원하면 은행원이 내놓는 서류 중에는 여신거래기본약관과 여신거래약정서가 있다. 기업 간에도 이와 유사한 계약을 체결하고 상호 물품거래를 한다. 즉, 대기업인 고객회사와 중견·중소기업인 1차 및 2차 협력회사들은 거래에 관한 기본약정서를 상호 간에 체결한다. 이 약정서에는 국제원자재 가격이나 환율이 급등락하여 납품하는 제품의 원가가 크게 변하는 경우 납품 가격을 조정할 수 있는 조항이 들어 있다. 이 조항을 잘 활용하면 복잡한 환리스크나 원자재 가격 변동 리스크를 관리하지 않더라도 시장의 충격을 상당히 완화할 수 있다. 그러나 협력회사들은 이 조항을 활용할 엄두를 잘 내지 않고 있다. 블랙 스완과 같은 극단적인 시장 상황이 발생하여 회사가 정말 어려울 것 같다는 판단이 들지 않는 한 그렇다. 가장 큰 이유는, 환율이

----

3 블랙 스완(검은 백조)은 누구도 예측하지 못한 이례적인 사건을 말한다. 2007년 나심 니콜라스 탈레브Nassim Nicholas Taleb의 저서 『블랙 스완』이 발간됨과 동시에 미국의 서브프라임 사태를 시발로 전 세계적인 금융위기가 확산되면서 이 용어가 대중화되었다. 탈레브가 말한 블랙 스완 이론의 특징은 첫째, 예외적으로 일어나는 사건이고, 둘째, 일단 발생하면 엄청난 변화를 초래할 만큼 충격적이며, 셋째, 발생한 이후에는 사람들이 사전에 예측할 수 있었다고 받아들인다는 것이다.

나 국제원자재 가격의 변동을 납품 가격에 반영할 수 있다는 계약서 내용이 상당히 선언적인 의미만 갖고 있기 때문이다. 이러한 가격 변동이 제품 원가 변동에 얼마나 영향을 미쳤는지를 판단하고 납품 가격 조정에 어떻게 반영할 것인가에 대한 세부적인 절차가 없다.

대기업인 고객과 하청업체인 협력회사 간에는 제품 원가를 둘러싸고 끊임없이 숨바꼭질을 한다. 하청업체는 제품원가가 가능한 알려지길 꺼리고, 고객은 제품원가를 상세하게 파악하여 최대한 싼 가격으로 소재나 부품을 납품받으려고 한다. 그런데 제품원가는 생산물량의 증감이나 개별 회사의 여러 경영 요소가 얼마나 효율적이냐에 따라서도 크게 차이가 난다. 많은 협력회사를 두고 있는 대기업들은 모든 회사의 제조원가를 일일이 파악하는 것은 사실 어렵다. 그래서 장기납품계약을 체결할 때 3~5년간 매년 몇 %씩 납품 가격을 인하할 것을 요구한다. 소위 원가인하Cost Reduction, CR이라는 것이다. 정상적인 상황이라면 생산성 향상이나 감가상각비의 감소 등으로 생산원가가 줄어들기 때문에 이를 반영하는 것은 일리도 있다. 그래서 장기 납품 계약서에 반영되는 CR은 괜찮은 편이다. 협력업체에서도 입찰에 참여할 때 CR을 감안하여 원가와 수익성을 계산하고 초기 납품 가격을 책정한다. 생산량이 계약보다 많이 늘어나는 경우에도 CR을 한다. 그만큼 제조원가가 낮아졌기 때문이다. 생산량이 계약보다 줄어들면 어떻게 해야 하나? 우리나라 현실에서 납품 가격을 올려줬다는 얘기를 들은 적이 없다. 이 밖에 여러 가지 이유를 댄 CR이 있다.

환율이나 국제원자재 가격의 변동을 납품 가격에 반영하려면, 특히 납품 가격을 인상하려면, 고객인 대기업은 제조원가에 얼마나 영향을 미쳤는지 보자고 한다. 이들 영향을 파악하려면 하청업체인 협력회사의 내부를 샅샅이 들여다봐야 한다. 상호 합의하에 조사를 한다 하더라도 시장가격 변동이 제조원가에 미치는 폭에 대한 의견이 일치할 것이라고는 기대하기 힘들다. 위의 CR에서 말했듯이 우리나라 상황에서는 일방적인 결정으로 끝날 것이다. 조사 과정에서 하청업체들이 고생하여 이룬 생산성 향상으로 나타난 원가 감축을 파악할 수도 있다. 오히려 이런 부분을 대기업들이 추후 CR에 반영하는 빌미를 줄 수도 있다. 이래저래 계약서상의 '을'인 협력업체들은 환율이나 국제원자재 가격 변동을 위한 납품가격 조정 요구는 할 수 없다. 한편, 환율이나 국제원자재 가격 변동이 협력업체에 유리했던 시기에 협력업체들은 이로 인해 발생한 이익을 아무 말 없이 향유했던 적도 적지 않으니 불리해졌다고 해서 이의를 제기하기가 좀 멋쩍기도 하다.

그래서 꿈을 하나 꿔봤다. 대기업과 중소·중견 기업 간이든 중소·중견 기업 상호 간이든 납품거래에 관한 기본계약서에 하청업체에 대한 실사를 하지 않고서도 환율이나 국제원자재 가격 등 시장가격의 급변을 납품 가격의 조정에 반영할 수 있는 방법과 절차를 명확히 하는 것이다. 납품 가격에 반영할 금액을 하나의 산식으로 나타낼 수 있으면 더욱 좋다. 제조업에서 '4M 관리'는 기본적인 상식에 속한다. 인력Man, 기계·장비Machine, 작업 방식Method, 소재·부품Material을 4M이라 한다. 협력업체가 4M 중 어느 하나라도 변경하고자 할 경우 고객의 승인을 받아야 한다. 고객과 협력업체는 하고자 한다면 이들 정보를 바탕으로 하나의 산식을 만드는 건 가능하다고 생각한다. 나아가서 정기적으로 또는 일정 수준 이상으로 환율이나 국제원자재 가격 등 시장가격이 급변하는 이벤트나 '블랙 스완' 사태 등이 발생할 때 이 산식을 활용하여 납품 가격을 조정하는 것이다. 그렇게 하여 고객(갑)과 협력업체(을)이 서로 동등한 자격으로 국제시장의 변화에 따른 손익을 합리적으로 나누어 부담할 수 있는 관계가 될 수 있으면 좋겠다는 생각을 해본다. 이것 또한 중소기업의 환리스크 대책이 아닐까 한다.

제Ⅲ부
원화 국제화

"정말 우리 원화는 그냥 이렇게 두어도 괜찮은 건가?"

"만일 우리 원화가 일본 엔화 정도의 국제적인 통용력을 갖고 있었다면,
가용 가능한 달러가 많지 않더라도 외환위기라는 말은 나오지 않았을 것이다.
그래서 스와프와 같은 환 헤지의 기능은 일반적으로 생각하는 것 이상으로 중요하다.
환 헤지가 원활하게 그리고 제대로 된 가격 기능을 발휘하면서 작동된다면
외환위기 걱정은 크게 하지 않아도 될 것이다.
우리 원화의 위상이 높아지고 금융산업이 발전해야 하는 당위성을
여기서도 찾을 수 있다.."

금융의 삼성전자, 동북아 금융허브, 원화 국제화

종종 신문이나 방송에서, 금융 부문에서는 왜 삼성전자와 같은 금융회사가 탄생하지 않느냐, 동북아 금융허브를 만들겠다고 했는데 여태껏 아무 성과도 없느냐, 우리 금융회사는 더 적극적으로 해외에 진출해야 하는데 왜 하지 않느냐, 원화는 왜 국제화가 되지 않느냐고 비판하는 기사를 접한다. 그리고 이런 것들이 진전되지 않는 이유에 대해서도 다양한 의견이 있다.

이들 의견으로는 우선 금융에 관한 규제가 너무 많고, 관치금융과 낙하산 인사로 인해 금융회사의 CEO들이 소신을 갖고 장기적인 전략으로 경영을 할 수 있는 풍토가 아니라는 점이 있다. 또한 금융회사 스스로 예대마진 의존에서 탈피하여 보다 창조적이고 개혁적인 금융 업무를 발굴하고자 하는 노력을 기울이지 않고, 전문가도 제대로 육성되어 있지 않다는 의견도 있다.

이런 분석들은 일부분 맞긴 하다. 그중에서 가장 핵심은 금융 업무와 관련한 규제가 거미줄같이 촘촘하게 있다는 점이라고 생각한다. 더 좁게는 우리 원화와 외화, 특히, 달러화와의 환 헤지 기능이 제대로 작동되지 못하게 하는 규제가 핵심 중의 핵심이라고 본다. 이 규제를 제외하고는 다 부차적인 것이라고도 할 수 있다. 왜냐하면 이 규제로 인해 선물환, 선물, 스와프, 옵션 등의 가격 결정 기능이 왜곡되어 있고, 이로 인해 거래 자체도 매우 저조하기 때문이다. 그래서 제목에서 말한 '금융의 삼성전자', '동북아 금융허브'와 '원화 국제화'의 과제들은 어느 하나 달성할 수 없는 지경이 되었다.

1993년, 은행 업무와 관련하여 '원화 국제화'에 대해서 한 1년간 검토해 본 적이 있다. YS께서 대통령이 된 후 국제화, 세계화, OECD 가입 등을 추진하였다. YS 정부의 이런 정책 추진에 따라 근무하던 부서의 부장님으로부터 '원화 국제화의 방향과 은행의 대응 전략'을 수립하라는 지시를 받았다. 당시는 교포가 많이 사는 LA나 동남아 여행지의 음식점과 상점에서 여행객이 갖고 나간 소액의 원화를 달러 대신에 받아주던 시기였다. 대통령이 국제화와 세계화를 부르짖으니 K은행 입장에서 은행 이름에 걸맞게 원화의 국제화와 이에 따른 대응 전략을 검토하는 건 한편으론 타당했다. 다만 시대를 한참 앞서 나간 것이었다. 어쨌거나 몇 년 뒤에 은행장이 되신 부장님의 지시이기도 하여 열심히 보고서를 마련했다.

1989년 봄, 재무부(재정기획부와 금융위원회의 전신)는 우리나라 자본시장의 개방과 환율제도의 개편을 추진하였다. 한국은행, 산업은행, 외환은행을 비롯하여 주요 시중은행의 직원들(나를 포함)도 이때 재무부에 파견되어 추진팀에 합류하였다. 이 팀은 3개월 동안의 검토 결과 '원/달러 시장평균환율제' 도입 방안을 마련했고. 우리나라가 OECD 가입 시 준수해야 하는 OECD 자본 자유화 코드를 분석하여 자본시장 개방에 대비하는 방안도 검토하였다. 시장평균환율제는 1990년 3월부터 적용되었고, OECD 자본 자유화 코드 준수 건은 장기 과제로 돌려졌다. 이 팀에서 연구한 OECD 자본자유화 코드를 우리나라에 적용하는 방안이 원화 국제화와 대응 전략 보고서 마련에 많은 도움이 되었다.

원화의 국제화를 가장 쉽게 말한다면, 원화가 달러, 엔, 파운드, 유로 등등 선진국 통화처럼 국제적으로 자유롭게 통용되는 것이라고 할 수 있다. 화폐금융론의 측면에서 말하자면, 화폐의 세 가지 본질적인 기능, 즉 교환매개의 기능, 가치척도의 기능, 가치 저장의 기능을 국제적으로 인정을 받는 것이다. 이런 단계에 이르기 위해서는 여러 과정을 거쳐야 한다. 단계별로 우리 원화가 어떠한 상황이 되어야 하고, 경상거래와 자본거래를 세부적으로 나누었다. 그리고 각 종류별로 우리나라 사람이나 회사가 해외로 나가서 원화를 사용하는 거래[1]와 외국인이 국내로 들어와서 우리 원화를 사용하는 거래,[2] 외국인이 외국에서 우리 원화를 사용

---

1   무역이나 송금 등에서 원화로 표시하는 거래, 해외 직접 및 간접투자, 해외 대출, 해외 채권 발행 등을 원화로 실행하는 거래 등을 말한다.

2   앞의 각주에서 설명한 거래를 외국인이 한국 내에서 행하는 거래를 말한다.

하는 거래[3]를 구분하였다. 각 거래별로 우리 정부에서는 어떤 정책을 채택할 것이고, 이런 상황이 될 경우 은행의 업무는 어떤 방향으로 흘러갈 것인지에 대해 예상하고 이에 따른 대책은 무엇이어야 하는지 등을 분석하였다.

　보고서를 작성하긴 했으나, 당시로서는 너무 이른 시기이기도 하여 딱히 손에 잡히는 현실적인 대책이 보이지 않았다. 보고서가 부실하기도 했고 대책도 당장 시행할 것이 없었다. 그래서 부장님은 수도 없이 퇴짜를 놓았다. 한 20번쯤 퇴짜를 맞았을까, 1~2주 동안 보완해서 들어가면 마음에 들어 하지 않고, 나와서 다시 수정 보완해서 들어가면 또 퇴짜를 놓고, 결국 부장님이 다른 부서장으로 가신 후에야 원화 국제화 검토는 중단이 되었고 작업하던 보고서는 서랍 속에 묻히는 신세가 되었다.

　이야기가 약간 곁가지로 흘렀다. 원화의 국제화, 금융의 삼성전자 출현, 동북아 금융허브 등의 과제는 모두 우리 원화가 국내외에서 자유롭게 활용될 수 있을 때 가능한 이야기이다. 금융에서 상품은 무엇인가? 바로 돈이다. 그럼 우리나라 금융회사가 갖고 있는 가장 강한 상품은 무엇인가? 달러도 아니고 엔화도 아닌 우리나라 돈 원화이다. 그런데 우리나라 돈을 갖고 해외에 나가서는 마음껏 활용할 수 없고, 외국인이 우리나라 금융시장에서 원화를 자유롭게 거래할 수 없다. 우리나라 은행, 증권 등 금융회사들은 세계에서 가장 많은 원화를 보유하며, 관련 업무에

3　유로달러처럼 우리 원화가 유로시장에서 이루어지는 거래를 말한다.

서도 가장 경쟁력이 강하지만, 그 역할은 국내에 한정될 뿐이다.

여유 자금과 부동자금은 엄청나게 늘었으나 운용할 곳은 매우 제한되다 보니 조금만 안전하고 수익성 있는 거래가 있으면 모든 금융회사가 그 상품에 달려든다. 이런 업무 행태는 결과적으로 특정 업무와 특정 금융상품에 자산이 집중되어 과다한 쏠림 현상을 유발한다. 그리고 금리나 외부 환경의 변화가 발생하면 해당 자산의 부실화가 급속도로 진행되고, 이는 다시 금융회사의 부실을 낳고 금융위기를 불러온다. 2008년에 발생한 부동산개발 금융과 선박금융의 부실화 과정이 대표적인 사례이다. 그리고 2014년 하반기에 들어 1000조 원을 돌파한 가계부채가 또 다른 쏠림 현상으로 새로운 부실의 뇌관이 되지 않을까 걱정하고 있다.[4]

삼성전자와 같은 금융회사가 나오기 위해서는 우리 금융회사들이 적극적으로 해외에 진출해야 한다. 그래야 좁은 국내시장에서 한정된 상품을 놓고 벌이는 과당경쟁에서 벗어날 수 있고, 시야를 세계로 돌려서 상품을 개발하고 전문성을 높여갈 수 있다. 그러나 적극적으로 해외에 진출한다고 해서 모든 것이 해결되지는 않는다. 가장 해외점포망이 넓었던 K은행도 수십 년 동안 현지화와 전문성을 강화하기 위해 노력했다. 그러나 그 성과는 제한적일 뿐이었다. 은행이 발전할 수 있는 길이 있는데 관치금융이나 낙하산 인사 때문에 직원들이 이를 포기하지는 않

---

4 한국은행 발표에 따르면, 2019년 9월 말 우리나라 가계신용 잔액은 1572조 원을 넘었다.

는다. 가장 중요한 것은 제대로 영업할 수 있는 여건이 되어야 한다는 것이다.

우리 금융회사가 해외에 나간 이후 제대로 영업을 하기 위해 가장 필요한 것은 무엇이겠는가? 경험한 바로는 현지 금융회사나 다른 외국 금융회사에 비해 경쟁력이 있는 수준, 즉 나쁘지 않은 조건의 자금을 조달할 수 있느냐 하는 것이다. 우리 금융회사들은 해외 현지의 고객예수금 기반이 거의 없기 때문에 자금조달은 전부 외화 차입에 의존해야 한다. 외화 차입 조건은 현지 금융회사나 다른 외국 금융회사에 비해 좋을 수가 없다. 결과적으로 현지의 기업이나 개인을 상대로 한 영업이 절대적으로 불리할 수밖에 없다. 주요 국내 기업들이 비약적으로 발전하면서 우리나라 기업을 상대로 한 해외 현지 영업도 경쟁에서 밀리고 있다. 자금의 경쟁력이 확보되어야 대출, 무역금융, 프로젝트 파이낸싱 등 다양한 분야의 금융업무를 추진할 수 있고 이를 기반으로 수수료 수익 증대를 비롯한 금융 업무의 현지화가 추진될 수 있다.

해외 진출을 하여 현지 고객으로부터 예금을 모아 이 돈을 현지 기업이나 개인에게 대출하고 관련 부대 업무를 유치해서 수수료 수익도 올리겠다는 전략, 즉 현지화 전략은 그렇게 쉽게 이루어지지 않는다. 우리나라에 진출한 유수의 외국 금융회사들도 이 현지화 전략을 제대로 이루지 못했다고 할 수 있다. 현지 인력의 활용이라는 측면에서 과거 제일은행이나 한미은행을 인수한 이후 이들 은행의 영업이 갈수록 쪼그라드는 점이나 외국계 은행과 증권사의 철수가 이어지는 점도 하나의 방증이다.

국내의 자금수요가 위축되고 과거와 같은 고수익 장사 기회가 없어지면서 외국 금융회사들이 한국에서 철수하고 있는 것이다. 이들은 국내의 자금을 활용한 것이 아니라 해외의 본사에서 유리한 조건의 자금을 국내로 들여와서 고수익 장사를 하였다.

결국 우리 금융기관이 해외에 진출할 때는 우리 원화 자금을 충분히 갖고 나가서 현지 고객들에게 좋은 조건의 자금을 제공할 수 있어야 성공할 수 있다. 그리고 이런 성공들이 쌓여서 삼성전자와 같은 금융회사로 성장할 수 있다. 원화 자금을 갖고 나간다는 의미에 대해 좀 더 깊이 들어가 보자. 해외 현지 영업에 가장 필요로 하는 자금은 크게 현지 통화와 달러화 자금의 두 가지를 들 수 있다. 우리 원화가 충분히 국제적으로 통용되고[5] 현지의 원화 수요가 많다면 우리 원화를 그대로 갖고 나가서 활용하면 된다. 이런 단계까지 가기에는 아직 요원하다. 그 대신에 우리 원화를 달러화나 현지화로 바꾸어서 영업을 할 수 있다면 이런 한계를 상당히 극복할 수 있다. 이것을 가능하게 하는 것이 바로 스와프 시장이다. 즉, 현물환으로 원화 대가로 달러를 사고, 선물환으로 달러를 원화 대가로 파는 거래를 하는 것이다. 스와프 시장이 원활하게 작동하기 위해서는 선물환 시장이 제대로 된 시장이 되어야 한다. 선물환율도 양국 금리 차이를 정확하게 반영하는 정상적인 시장이 되어야 한다.

우리 원화와 달러화 간의 선물환 시세가 왜곡되어 있다는 것은 여러

---

[5]　국제화란 말보다는 '국제적으로 통용된다'고 하는 것이 보다 현실적이고 합당하다.

번 얘기했기 때문에 이론적인 설명은 생략하겠다. 요즘의 선물환 시세는 어떨까? 지금도 여전히 선물환 시세는 왜곡되어 있다. 원화 금리와 미 달러 금리는 연 2% 정도 차이가 있다. 달러/원 현물환 시세가 1100원이니 스와프(선물환) 마진은 간편하게 계산하여 약 22원(= 1100원×2%) 정도이다. 따라서 선물환율은 현물환율에 22원을 더한 수준이 합리적인 가격이다. 그런데 실제 선물환율은 1개월에 1원으로 연간 11~12원 수준에 지나지 않는다.

우리 금융회사들이 스와프 시장을 통해 달러를 조달하여 해외영업점에 영업자금을 공급한다고 가정해 보자. 금융회사들은 달러 선물환을 팔 때는 항상 10원 정도를 손해 봐야 한다는 말이 된다. 연간 금리로 따지면 1% 가까이 되는 비용이다. 요즘같이 저금리 시대에 연 1%는 만만한 비용이 아니다. 1년 미만의 단기자금일 경우 이런 비용을 치르느니 해외에서 달러를 직접 차입하는 것이 훨씬 나을 수 있다. 그리고 가격 왜곡 현상은 거래 자체도 크게 위축시켜, 1%의 불리한 가격을 지불함에도 충분한 자금을 조달할 수 없게 만든다. 외국에서 우리 금융회사들의 경쟁력은 선물환율의 왜곡에 의해서도 크게 훼손된다고 할 수 있는 것이다.

IMF 금융위기가 진정된 이후 2014년 오늘까지 우리나라는 외국인 투자자에게는 천국과 같았다. 주식시장도 호황이었지만 채권시장 쪽이 더욱 그러했다. 선물환율의 왜곡 정도가 지금보다 훨씬 컸다. 원화와 달러화 금리 차이가 4~5%였지만 실제 선물환 마진에 반영된 금리 차이는 1% 정도에 지나지 않았다. 이를 이용하여 외국 은행 서울지점 등 외국인들은 달러를 대량으로 들여와(달러 매도, 원화 매입) 우리나라 국공채 등 신용위험이 낮은 채권을 매입하고, 이들 채권의 만기에 맞춰서 선물환을 매입하는 거래, 즉 차익거래Arbitrage trading를 했다. 이 거래를 통해 외국인들은 3~4%에 달하는 무위험 환차익을 챙겨갔다. 지금은 이런 수익이 1% 이하로 떨어졌다.

왜 이런 왜곡이 발생했고 발생하고 있을까?

금융 당국이 가하고 있는 외화 유동성 비율, 중장기 외화 차입금 비율, 외환 포지션 운용 제한, 외화 대출 용도 제한, 파생상품 실수요 등에 관한 규제가 종합적으로 작용하여 선물환 마진의 왜곡을 가져오고, 거래규모도 볼품없게 만들었다.

IMF 외환위기가 발생한 것은 은행, 종금사 등이 단기외화자금을 차입하여 장기의 외화 대출, 외화채권 매입으로 운용했기 때문이었다. 이후 우리 금융 당국은 단기외채에 대해서는 노이로제에 가까울 정도로 예민한 반응을 보였고, 단기외채비율(=1년 미만 단기차입금/총외채)이 조금만 올라가면 각 은행에 경고를 발동하고 단기 외화 차입을 억제하곤 했다. 정부의 외채 관련 발표 시 자주 등장하는 문구는 이렇다.

외채 증가, 외채 구조의 단기화 경향이 지속될 경우 우리 경제의 잠재적인 위험 요인으로 작용할 수 있다는 점에 유념하며 대외 건전성 유지를 위해 다각적으로 노력할 계획이며, 외국 은행 지점 등 은행 부문을 중심으로 외채 동향 및 외화자금시장 동향을 면밀히 모니터링하는 한편, 필요시 거시 건전성 조치(선물환 포지션 제도, 외화건전성 부담금 부과 등) 등의 제도를 탄력적으로 운영하여 외채를 안정적으로 관리해 나갈 계획이다.

한편, 신문·방송도 금융 당국 못지않았다. 위와 같은 정부의 발표가 있으면 이를 받아 크게 기사화하고, 단기외채비율이 30%선을 넘어서면 외환위기를 들먹이며 단기외채비율을 낮추어야 한다는 기사를 내보냈다.

자동차, 선박, 반도체, 전자 등 전반적인 우리나라 기업의 수출이 급증하면서 달러/원 환율의 지속적 하락(2007~2008년 글로벌 금융위기 시 제외)과 함께 선물환 매도 수요가 엄청나게 늘어났다. 이런 선물환 수요를 은행들이 모두 흡수해 줄 수 있었다면 시세 왜곡은 발생하지 않았을 것이다. 그러나 이 수요를 받아주려면 은행들은 달러를 차입하여 현물환 시장에서 매도하는 방법을 택해야 하고, 이는 다시 단기차입금의 증가를 불러온다. 이를 방지하기 위해 금융 당국은 은행에 대해 단기차입금 비율과 함께 외환 포지션 운용에 직접적인 제한을 가하기도 하였다. 특히, 선물환 포지션을 직접적으로 규제하여 기업의 선물환 매도를 무한정 받아줄 수 없도록 하였다. 이러한 규제는 현재도 지속되고 있다.

우리는 IMF 외환위기와 2007~2008년의 글로벌 금융위기 시 달러자금의 부족으로 혼이 났다. 다시 이런 상황이 재연되지 않을 것이라는 확신이 없는 한, 항상 대비책을 마련하고 시행하는 것이 나무랄 일은 아니다. 그리고 이런 규제를 지금 풀어야 한다고 판단할 만큼 나는 우리나라 경제 사정이나 세계 경제에 대한 안목이 높지도 않다.

다만, 원화의 국제적인 활용과 관련한 다양한 규제를 가하면서 동북아 금융허브, 금융의 삼성전자, 원화 국제화 또는 이와 유사한 희망사항이나 장밋빛 계획들을 쏟아내거나 말하는 건 좀 아니라고 생각한다. 홍콩이나 싱가포르가 국제금융센터로 성공했으니 우리도 할 수 있다고 주장하는 것은 지나치다. 이들의 공용어인 영어 하나만 해도 서울이 국제금융센터가 될 수 없는 이유가 된다. 그 외에도 이들과 비교하여 우리가 부족한 것이 한두 가지가 아니다.

이제 좀 솔직해질 필요가 있다. 통화나 금융정책을 해외 요인에 의한 영향을 덜 받고 편안하게 운용하기를 원하고, 3500억 달러에 달하는 외환보유고를 갖고 있음에도 여전히 외환위기를 의식하여 각종 규제를 가하는 한, 제목에서 말한 여러 희망 사항은 하나의 꿈으로만 간직해야 할 것이다. 우리 원화를 우리 금융회사들이 국내외를 오가며 마음껏 활용할 수 있을 때까지는 말이다.

우리 원화,
위안과 엔 사이에서 샌드위치 신세!

앞 장에 이어, 이왕 얘기가 나온 김에 고차원적인 얘기를 좀 더 하고자 한다.

미국은 금융위기가 발생해도 외환위기 걱정은 하지 않는다. 미국은 2008년의 금융위기를 3차에 걸친 양적 완화QE: Quantitative Easing를 통해 엄청난 달러화를 살포하면서 가볍게 금융위기를 벗어났다. 미국의 달러화가 실질적인 의미에서는 유일한 국제통화, 즉 기축통화이기 때문이다. 자국통화가 바로 외환의 역할을 수행한 것이다. 반면에 우리는 당시 2500억 달러라는 거액의 외환보유고를 자랑하면서도 외환위기를 걱정하였다. 우리나라가 유럽과 달리 미국의 서브 프라임 사태로 인한 직접적인 손실은 별로 크지 않아 외환위기를 걱정할 이유가 없었는데도 걱정한 것은, 외환보유고의 상당 부분을 당장 현금화할 수 없는 미국 주택금융 관련 금융기관(FNMA, FHLMC 등)이 발행한 채권에 투자하여 당장 가용 가능한 달러가 많지 않았기 때문이다.

만일 우리 원화가 일본 엔화 정도의 국제적인 통용력을 갖고 있었다면, 가용 가능한 달러가 많지 않더라도 외환위기라는 말은 나오지 않았을 것이다. 당시 유럽을 포함한 전 세계 은행들이 만일의 사태에 대비해 달러 자금을 구하는 바람에 달러 품귀 현상을 겪어야 했다. 그러나 우리처럼 외환위기라는 언급은 없었다. 각국 은행은 비싼 값이긴 해도 스스로 스와프 등을 통해 필요한 달러 자금을 조달할 수 있었기 때문이다. 그래서 스와프와 같은 환 헤지의 기능은 일반적으로 생각하는 것 이상으로 중요하다. 환 헤지가 원활하게 그리고 제대로 된 가격 기능을 발휘하면서 작동된다면 외환위기 걱정은 크게 하지 않아도 될 것이다. 우리 원화의 위상이 높아지고 금융산업이 발전해야 하는 당위성을 여기에서도 찾을 수 있다.

그런데 2010년대에 들어서 동북아 3국의 흐름을 보면 우리 원화의 위상이 정말 걱정이다. 소위 G2라는 중국이 미 달러화의 지위를 넘보겠다고 위안화의 국제화를 차근차근 추진하고 있고, 일본의 엔화는 그 위상이 '잃어버린 20년'으로 좀 약화되긴 했으나 이후 부활의 조짐을 보이고 있다. 이런 상황에서 우리는 중국이 서울에 '위안화 직거래소' 설치를 허용해 줬다고 해서 감격해하고 있다. 일부 언론은 위안화 직거래소가 한국을 '동북아시아의 위안화 허브'로 만들 수 있는 것처럼 떠들면서 앞서 나가고 있다.

우리 원화, 위안과 엔 사이에서 샌드위치 신세!

우리나라를 찾는 중국 여행객들은 달러화를 굳이 환전해 오지 않은 지가 꽤 되는 것 같다. 서울의 명동이나 제주도, 백화점 및 면세점에서 위안화는 달러보다 더 인기 있다. 모든 서비스나 상품 구매 시 위안화 현찰을 지불하는 것이 아주 보편화되었다. 그러다 보니 위안화는 우리나라에 있는 은행에 예금으로 점점 더 쌓여갔다. 2014년 하반기에 들어 국내의 외화예금 규모는 보통 600억 달러 내외이다. 그중에서 위안화 표시 예금은 약 200억 달러(약 1250억 위안)로 국내 외화예금의 3분의 1이 중국 위안화 예금이다. 쌓여만 가는 위안화를 그냥 둘 수는 없다. 국내에서 원활하게 위안화를 거래할 수 있어야 하고, 위안화를 적절하게 활용할 수도 있어야 한다. 이런 배경으로 2014년 7월 초 박근혜 대통령의 중국 방문 시 양국 정상 간에 합의한 것이 '중국은 한국에 800억 위안의 증권 투자를 허용하고, 한국은 위안화 직거래소 설치를 허용한다'이다. 그 후속 조치로 2014년 10월 말에 "위안화 금융중심지로의 도약을 위한 '위안화 거래 활성화 방안"이라는 대책을 정부에서 발표하였다.

정부에서 발표한 대책들이 좀 오버를 해도 어느 정도여야 하는데, 하나하나 들여다보면 중국 위안화의 국제화를 위해 우리가 첨병이 되겠다는 선언서를 읽는 기분이 든다. '위안화 역외금융중심지로서의 잠재력', '위안화 결제, 투자, 환전 등 인프라 필수', 위안화 무역결제 확대를 위해 '위안화 수출대금 결제 시 발생 손실에 대해 단기수출보험 한도 우대', '서비스 지원 확대 추진 현황 점검을 위한 각 은행 부행장과 기업체 간담회 실시', '청산은행에 대한 외환건전성 부담금이나 을기금 관련 우대 조치 검토', 외환 및 감독 규정 개선 추진, 위안화 표시 외국환평형기금 채권 발행, 중국 관련 무역거래의 위안화 표시 20% 목표 설정, '위안화 금융 중심지 구축 로드맵' 2015년 중 수립, 기타 등등 한숨 나오는 대책들이 너무 많다. "위안화 거래 활성화 방안"을 한 번 검색해 보기 바란다.

'활성화 방안'의 결과로 2014년 12월 1일부터 위안화 직거래 시장이 개설되어 거래되고 있다. 이 시장에서 하루에 9억 달러 정도가 거래되고 있다고 한다. 은행 간에 치고받고 하는 트레이딩이 대부분을 차지한다. 양국 정상 간의 합의 사항이라 보이지 않는 손이 작용한 것인지는 모르겠으나 규모 면에서는 상당히 활발하다. 은행으로서는 이런 거래로 인해 업무 영역과 수익을 조금이라도 확대할 수 있는 기회가 될 수 있으니 나쁜 건 아닐 것이다. 그러나 정부가 발표한 것처럼 엄청난 효과가 있을 것으로 생각하는 것은 착각이다. 과거 외국 자본이 중국으로 물밀듯이 들어가던 시기에는 위안화가 일방적으로 절상되었고, 이를 방지하기 위해 중국은 외자 유입을 조절하였다. 그런 시기에 우리나라에 위안화 직거래소가 개설되었다면 상당히 의미가 있었을 것이다. 당시 위안화 투자는 확실한 수익을 보장받았기 때문에 위안화 물량을 공급해 줄 수 있는 위안화 직거래소 설치가 큰 의미를 가졌다. 그러나 지금의 상황은 그렇지 않다. 경제성장률 둔화, 지방재정 악화, 막대한 금융 부실 등으로 인하여 중국 경제의 앞날에 부정적인 요소가 많다. 위안화 환율도 어떤 방향으로 움직일지 알 수 없다.

우리 정부가 위안화 거래 활성화 방안에서 내세우는 것들은 어느 나라나 통화가 국제화되면 자연스럽게 발생하는 거래이다. 중국은 규모 면에서야 위안화의 국제화를 본격적으로 추진할 수 있을 정도로 크다. 그러나 자본시장을 본격적으로 개방하기에는 아직 부담스러운 면(위안화 절상에 따른 가격경쟁력 저하, 외국 투자가에게 헐값으로 자국 기업 지분 매각 우려, 금융 및 외환 시장의 불안정성 확대 등)이 있어서 행보가 조금은 조심스럽다. 통화에 관해서는 아직 도광양회韜光養晦의 전략을 지속하고 있다고 봐야 한다. 중국이 이런 부정적인 면을 잘 통제해 나갈 수 있다는 자신감을 가지면 위안화의 국제화를 본격적으로 서두를 것이다.

위안화의 본격적인 국제화는 무엇인가? 자금의 흐름과 관련되는 여러 규제들을 철폐하는 것이다. 지금 우리가 무슨 특혜를 받은 것처럼 생각하는 중국 증권 투자 한도[1]나 위안화 거래와 관련한 각종 외환규제 등은 시뇨리지 효과Seigniorage Effect[2]를 확대하기 위한 중국의 필요에 의해 자연스럽게 없어질 것이다. 그 단적인 예가 2014년 11월부터 개인인 외국인에 대해서도 상하이 주식시장을 통한 주식거래를 허용한 것이다.[3]

---

1 이를 '위안화 적격 외국인기관투자자RQFII: RMB Qualified Foreign Institutional Investor 한도'라고 한다.
2 시뇨리지Seignorage는 화폐주조권, 즉 중앙은행이 화폐를 발행해서 얻는 이익을 말한다. 기축통화 국가는 중앙은행의 화폐주조권과 같은 이익을 얻기 때문에 이를 시뇨리지 효과라고 한다. 지금은 달러 이외에 상당수 국가의 화폐가 해외에서 사용되고 있기 때문에 모두 이 효과의 득을 본다고 할 수 있다. 다만, 국력과 국제통화로서의 위상이 어느 정도냐에 따라 그 이익의 규모는 큰 차이가 있다.
3 이를 '후강퉁'이라 한다. 상하이를 뜻하는 '후扈'와 홍콩을 뜻하는 '강港'을 서로 '퉁通'

덩치가 커진 중국은 미 달러가 갖고 있는 지위가 탐날 수밖에 없다. 외환보유고가 3조 달러에 달함에도 중국의 인구를 감안하면 큰 돈이 아닐 수 있다. 중국 인구가 우리나라 인구의 30배이니 3조 달러를 30으로 나누면 1000억 달러밖에 되지 않는다. 잠재된 부실채권, 불합리한 경제체제나 기업관행 등이 표면화되어 중국 경제가 급속도로 악화된다면, 우리의 IMF 외환위기 같은 사태가 중국에서도 발생할 수 있다. 이 경우 IMF든 미국이든 어느 누구도 중국을 구제할 수 없을 것이다. 워낙 덩치가 크기 때문이다. 이런 사태가 오더라도 방비할 수 있는 길은 무엇이겠는가? 바로 위안화가 미국 달러와 더불어 국제통화로서의 역할을 일부 담당하는 것이다.

위안화가 일본 엔화 이상의 국제통화가 되었다고 가정해 보자. 위안화 직거래 시장이 2014년에 서울에서 열렸다고 서울이 위안화 거래 중심지가 되고 동북아의 위안화 거래 허브가 될까? 그렇지 않다. 상하이나 홍콩, 아니면 베이징이 국제금융의 중심지로 부상할 것이다. 이들 시장에서 위안화를 대가로 한 현물환은 물론 선물환, 스와프, 옵션, 선물 등 다양한 외환거래가 활발하게 이루어지고, 중국 기업뿐만 아니라 전 세계 외국인들이 위안화 표시 채권이나 주식을 발행하고 거래할 것이다. 우리 원화와 위안화 간 현물환거래조차도 서울이 이들 시장보다 많이 거래된다는 보장은 없다.

하게 한다는 의미이다.

우리 원화, 위안과 엔 사이에서 샌드위치 신세!

우리 정부나 한국은행은 직거래시장의 개설로 우리 기업이나 개인이 위안화 환전 시 수수료 등 거래비용 절감, 한중 교역 확대, 위안화 허브 도약 등을 기대하고 있다고 언론에 발표하였다. 위안화 표시 무역거래를 하면 중국 기업이야 편하긴 하다. 특히 환리스크도 없다. 그러나 은행의 수수료 체계상 환전이 일어나지 않으면 무역거래와 관련된 자금의 이동에는 다른 수수료를 징수한다. 또한 직거래시장이 발전하면 위안과 원화 환율도 여기에서 결정될 수 있다는 기대를 정부에서는 갖고 있는 것 같다. 그러나 그 기대는 이루어지기 힘들다. 국제외환시장에서 환율은 기본적으로 미국 달러를 기준으로 하여 결정된다. 엔화와 원화, 유로화와 원화 등의 환율은 각 통화의 대미 달러 환율을 재정하여 산출된다.[4] 위안화와 원화 환율도 동일하다. 우리의 경제 규모가 엄청나게 커지고 동시에 중국과 한국의 경제교류가 전 세계에서 가장 큰 비중을 차지해 위안/원의 거래가 달러/원이나 달러/위안 거래를 그 규모 면에서 압도적으로 능가한다면 정부가 기대하는 효과가 나올 수도 있다. 그것은 위안화와 우리 원화 모두 미국 달러를 능가하는 국제통화가 되었다는 것을 의미하고, 위안과 원화 간 환율이 달러/원 환율이나 달러/위안 환율에 의해 별로 영향을 받지 않게 되는 것이다. 그러나 그런 시대는 결코 오지 않을 것이다. 양국 정상회담에서 합의한 사항이라고 해서 위안화

4　이를 재정 환율이라 한다. 달러당 100엔, 달러당 1000원이라면 1엔당 원화 환율은 '달러당 1000원/달러당 100엔 = 엔당 10원'으로 계산된다.

직거래시장을 열심히 포장을 하다 보니 우리 원화를 위안화에 대놓고 종속하겠다는 선언같이 되어버렸다. 관료들의 전형적인 대통령 보여주기식 보고서이고 대책이었다. 제대로 된 대책이었다면 위안화가 그 활동영역을 이렇게 확대하고 있는데 우리 원화는 현재 상황에 만족하고 그대로 갈 것인지, 위안화처럼 활성화시킬 것인지, 활성화시킨다면 무엇을, 어떻게 해나가야 하는지 등등에 대한 대책과 고민이 나와야 하지 않겠는가?

정말 우리 원화는 그냥 이렇게 두어도 괜찮은 건가? 한 나라 통화의 국제화란 측면에서 볼 때 엔화와는 비교도 할 수 없고, 위안화에 비해서도 한참 뒤처져 있다. 위안과 엔 사이에 끼인 샌드위치 신세가 되고 있다. 별다른 해결책이 없는 것일까? 정책을 담당해 보지 않아서 국가 전체적으로 어떻게 해야 부작용을 최소화하면서 문제를 해결할 수 있는지에 대한 해결책을 갖고 있진 않다. 그러나 한 가지는 확실하다. 외환위기의 재발을 걱정하여 단기외채나 외화유동성 관리에 치중하는 한 절대 해결책을 찾을 수 없다는 것이다.

일본은 1980년대에 정말 일부 조항만 남겨두고 외환 관련 규제를 완전히 철폐하였다. 이와 더불어, 세계 경제에서 차지하는 일본의 비중에 비해 뒤처진 엔화의 국제화를 적극적으로 추진하여 현재와 같은 위상을 갖게 되었다. 우리나라는 말로는 외환규제를 네거티브 방식으로 전환하는 등 대부분 자유화했다고 한다. 그러나 말이 좋아 네거티브 방식이지 실제는 포지티브 규제 방식을 그대로 유지하고 있다. 이제는 외환 관련 규제를 과감하게 풀어 우리 금융기관이 자유롭게 원화를 활용한 업무를 해외에서 할 수 있도록 하고, 외국인들도 우리 시장에 들어와서 다양한 방식으로 자유롭게 원화 자금을 조달할 수 있도록 허용할 때가 아닌지 진지하게 고민해 봐야 하겠다. 마침 원화 금리와 달러, 유로, 엔 금리 차이가 2%가 채 되지 않는다. 중국에 비해서는 2% 정도 낮다. 그만큼 외국인의 원화 자금조달을 유인할 수 있는 여건이 갖추어지고 있다.

2015년 1월 한 신문의 칼럼에 따르면, 미국 달러의 국제화 수준을 100으로 할 때 일본 엔은 47, 중국 위안은 35, 한국 원화는 24로 평가했다는 연구 결과를 언급하였다.[5]

글쎄? 그 나름대로 객관적이고 국제적인 기준을 갖고 평가한 것이겠으나, 피부로 느끼는 우리 원화의 국제화 수준은 10도 채 되지 않는다. 최소한 중국 위안화 이상의 국제화 수준을 달성해야 하지 않겠는가.

---

5 《파이낸셜 뉴스》 2015년 1월 20일자. 윤대희 전 국무조정실장의 "원화의 국제화에 대하여"의 내용 중에 "한 연구에 따르면"이란 언급으로 인용한 3국 통화의 국제화 수준이다.

달러/원 NDF 시장을 없애야 한다

앞 장에서 위안화의 부상과 국제화 진전에 따라 우리 원화는 날개도 한 번 펴보지 못하고 더욱더 초라한 통화로 전락할 위기에 처해 있다고 언급한 바 있다. 이 얘기를 한 다음 날, 대부분의 신문이나 방송·통신에서 중국 위안화가 2014년 12월에 세계 5위의 결제 통화로 부상했다는 뉴스를 보도했다. 중국증권망中國證券網이란 주식 관련 정보사이트가 SWIFT[1]의 발표를 인용하여 2015년 1월 28일에 보도를 했다. 위안화는 2014년 4월에 7위였다가, 12월에는 캐나다 달러와 호주 달러를 제치고 미 달러(44.64%), 유로(28.30%), 영국 파운드(7.92%), 일본 엔(2.69%)에 이어 위안

---

1   "Society for Worldwide Interbank Financial Telecommunications"를 말하며 은행 간 통신을 코드화하고 표준화하여 다양한 은행 간 거래의 결제 및 정보의 교환을 원활하게 하는 기구이다.

화 비중이 2.17%를 차지하면서 5위로 급부상하였다. 위안화는 엔화를 근소한 차이로 뒤를 바짝 쫓고 있다. 또한, 중국인민大學대학 국제화폐연구소의 전망을 인용해서 위안화 국제화가 진전을 이루면서 2020년까지 3대 국제통화가 될 것이라고 하였다. 이 전망이 결코 허튼 게 아닐 것이다. 몇 년 안에 달러, 유로, 위안의 3개 권역으로 재편될 것으로 보인다.[2] 그때 우리 원화는 어떤 상태에 있을지? 엔화만큼은 아니더라도 캐나다 달러나 호주 달러와 비슷한 정도라도 되었으면 좋겠다.

이에 '달러/원 NDFNon-Deliverable Forwards(차액결제선물환) 시장을 없애야 한다'라는 좀 자극적인 주제로 이야기를 하고자 한다. 국제금융 및 외환시장에서 우리 원화가 조그만 존재감이라도 드러내기 위해서 필요한 것이다.

달러/원 NDF를 경험한 것은 내가 3년간의 해외 근무를 마치고 은행의 딜링 룸으로 복귀한 1999년 가을이었다. K은행의 달러/원 딜링 업무는 과거 국내에서 가장 영향력이 있었다. 그러나 IMF 외환위기를 겪고

---

2 SWIFT 발표(RMB Tracker)에 따르면 2020년 3월 국제 결제통화 비중은 미 달러 44.10%, 유로 30.84%, 영국 파운드 6.41%, 엔 3.98%, 위안 1.85%, 캐나다 달러 1.84%, 호주 달러 1.47% 순이었다. 위안화의 위상은 예상과 달리 지금도 일본 엔화를 넘어서지 못하고 있고, 오히려 그 비중은 2014년 12월보다 더 낮아졌다. 국제통화로서의 비중은 단순히 경제 규모에 의해 결정되지 않고 그 나라 정부, 사회, 기업의 신뢰도와 투명성, 국제화 수준 등 모든 요소가 복합적으로 작용함을 알 수 있다. SWIFT는 20위권 이내의 통화만 발표하였는데 우리 원화는 그 안에 들어 있지도 않았다.

난 후의 상황은 그렇지 못했다. 당시 달러/원 딜링을 담당했던 이모 과장은 동물적인 감각과 과감한 트레이딩으로 유명한 외환 딜러였지만 종종 시장 상황을 오판하거나 외국 은행 서울지점의 작전에 휘말리기도 하였다. 그 원인을 파악해 보니 그해 4월에 이미 허용된 외국인과의 NDF 거래를 전혀 하지 않은 데 있었다. 2000년 초 서둘러 달러/원 NDF 딜링을 담당하는 데스크를 별도로 만들고 역시 딜링에 탁월한 능력을 발휘하던 또 다른 이모 과장에게 그 일을 맡겼다. 결과는 성공적이었다. 데스크를 만든 지 오래지 않아 K은행이 달러/원 NDF 거래의 중심에 자리 잡았고, 이는 국내 외환시장에서도 과거의 위상을 되찾는 계기가 되었다.

NDF Non-deliverable Forwards는 영어 글자 뜻 그대로 '넘겨줄 수 없는' 선물환거래를 의미한다. 외환거래에는 통상 현물환거래와 선물환거래가 있는데, 이들 거래는 매매한 양국 통화를 주고받는 시점에 따라 구분된다. 현물환은 매매일로부터 2영업일 이내에 주고받는, 즉 결제하는 거래이고, 선물환은 2영업일을 초과한 날에 결제하는 거래이다. 어쨌거나 이들 거래는 매매한 통화를 실제로 주고받는다는 점에서는 똑같다. 그러나 NDF 거래는 매매한 통화를 서로 넘겨주지 않는다는, 아니 넘겨줄 수 없는 거래라는 의미이다. 그 대신에 선물환 만기일(정확히는 만기일 2영업일 전)의 현물환율과 비교해서 손실이 발생한 당사자가 이익이 발생한 상대방에게 해당 금액만큼 달러를 지급하기로 하는 거래이다. 이런 의미에서 NDF를 '차액결제선물환'이라고 한다.

예를 들면 이렇다. 오늘 1개월물 달러/원 NDF 100만 달러를 매입했다고 하자. 현물환율이 달러당 1100원이고 1개월 선물환 마진이 1원이라고 하면 달러당 1101원에 달러를 사는 계약을 체결한 것이 된다. 1개월 후 현물환율이 달러당 1091원이 되었다면, 달러/원 NDF 매입자는 달러당 10원, 즉 1000만 원의 손실을 보고, 매도자는 달러당 10원, 즉 1000만 원의 이익을 본다. 따라서 9165.90달러(=1000만 원/1091원/달러)를 달러/원 NDF 매입자가 매도자에게 지급하면 거래가 종결된다. 이런 방식은 거래소에서 거래되는 통화선물Currency Futures과 유사한 것으로 NDF 거래는 통화선물의 형식을 활용한 장외거래 상품이라고 할 수 있다. 왜 이런 거래가 발생할까?

가장 큰 이유는 외환시장에서 거래를 한 양쪽 당사자가 원화를 주고받을 수 없거나, 주고받을 수 있어도 여러 가지 규제로 인해 매우 불편하든가 비용이 많이 들기 때문에 발생한다. 외국인(비거주자)가 외화를 매각한 대가인 원화 자금을 활용하기 위해서는 국내 은행이나 증권회사에 원화 구좌를 개설해야 하는데, 이들 원화 구좌는 원화 자금의 용도에 따라 다 꼬리표가 붙어 있다. 따라서 선물환거래를 활용하여 환위험을 헤지하거나 환투기를 하고자 할 때 우리나라 「외국환관리법」(1999년 4월 이후는 「외국환거래법」)과 관련 규정은 여간 귀찮은 존재가 아니다.

미국이나 유럽의 투자가들은 이런 경우에 활용하고자 NDF 시장이라는 것을 만들어서 활용했다. 해당 통화 국가와는 별개로 해외에서 자기들끼리 선물환거래를 하고, 자기 나라 통화나 미 달러화로 손익을 정산하여 주고받음으로써 목적을 충분히 달성할 수 있었다. 이런 거래는 달러/원

거래가 처음이 아니고 외환 규제가 있으면서 투자해서 수익을 올릴 기회가 있는 국가라면 어느 나라 통화나 이런 NDF 거래의 대상이 되었다. 동남아 국가의 통화 대부분이 NDF 시장에서 거래되고 있다. 그만큼 동남아 국가의 통화가 우리 원화 이상으로 국제화가 덜 되어 있다는 얘기이다.

반면에 선진국에 해당되는 국가의 통화끼리는 이런 NDF 거래를 잘 활용하지 않는다. 활용할 수도 있지만 NDF 거래가 오히려 불편하고 분쟁의 소지가 있기 때문이다. 가장 불편하고 분쟁의 소지가 큰 것은 차액을 정산하는 기초가 되는 만기일의 현물환율로 어떤 환율을 사용하느냐 하는 문제이다. NDF 거래 만기일에 상호 정산에 활용되는 환율은 통상 만기 2영업일 전의 현물환율이다. 그런데 하루 중에도 수시로 환율이 바뀌는데 어느 시점의 환율을 사용해야 할까? 간단하게 생각하여 종가를 사용하면 될 것 같기도 하다. 그러나 거액의 NDF 매도 잔액이나 매입 잔액을 갖고 있는 어느 기관이 종가를 관리(조작)하여 자신에게 유리한 방향으로 만들 위험이 있다. 전 세계적으로 활용되는 LIBOR^{London Interbank Offered Rate}의 경우도 조작을 막기 위해 여러 은행이 제시하는 금리의 평균을 활용하는 픽싱^{Fixing} 방식을 이용하고 있음에도 조작 문제가 발생한 바 있다. 또한 2013년 초, 싱가포르 NDF 시장에서 말레이시아 링기트, 인도네시아 루피, 베트남 동과 관련하여 NDF 거래의 정산 환율을 결정하는 픽싱 거래에서 환율 조작이 있었다는 기사가 나오기도 했다.[3]

3   《한국경제》(인터넷, 2013년 1월 30일)의 "NDF 환율 조작 후폭풍, 말레이시아 중앙

2014년 초에는 미국, 영국과 스위스 금융 당국이 LIBOR에 이어 환율에서도 주요 은행들이 조작하여 고객에게 손해를 입혔다는 증거를 잡고 조사에 착수했다는 기사가 나왔다. 12월에는 6개 은행(JP모건체이스, 씨티그룹, 바클레이스, HSBC홀딩스, 스코틀랜드 왕립은행Royal Bank of Scotland, UBS)에 40억 달러의 벌금을 부과하였다.

달러/원 NDF 거래에서 정산환율 조작 문제는, 단정할 수는 없지만 별로 없다고 하겠다. MAR Market Average Rate(시장평균환율)라는 방식을 활용하기 때문에 조작을 피할 수 있다. MAR는 일중 외환시장에서 거래되는 외환거래의 가중평균환율을 의미한다. 우리나라는 1990년 3월 변동환율제로 전환하면서 환율의 급등락을 방지하기 위한 장치로 시장평균환율제를 채택하였다.[4] 현재도 이에 따라 매일 은행 간에 거래되는 달러/원

은, '싱가포르 고시 믿지 마라'" 기사를 인용하면 이렇다. "환율 조작에 연루된 화폐는 인도네시아 루피아화, 말레이시아 링깃화, 베트남 동화다. MAS(싱가포르 중앙은행)은 2014년 7월 말 은행들에 금리 설정 방식을 자체 점검하라고 지시하면서 NDF 시장의 환율 설정 방식까지 함께 검토하라고 요구했다. 이 과정에서 은행들은 일부 트레이더들이 온라인 메신저로 픽싱(만기 정산을 위한 환율 결정)을 위해 싱가포르은행연합회ABS에 제출할 환율을 사전에 모의한 사실을 밝혀냈다. WSJ는 "오늘은 네가 날 도와줘야겠다", "낮은 환율이 필요하다" 등의 메시지를 주고받았다고 전했다. 싱가포르 NDF 시장에는 UBS, JP모건체이스, DBS홀딩스, HSBC홀딩스, 스탠다드차타드 등 18개 은행이 참여하고 있다. 어느 은행이 환율 조작에 관여했는지는 알려지지 않았다."

4 당시 일중 환율의 변동폭은 전일 시장평균환율의 ±0.4% 범위 내로 제한되었다. 그 후 여러 차례에 걸쳐 그 폭이 확대되었고, IMF 외환위기 발생 직전인 1997년 11월

거래의 가중평균환율을 계산하여 당일의 MAR, 즉 시장평균환율을 공표하고 있고, 이 환율은 다음 영업일 최초로 고시하는 달러/원 환율의 매매기준율로 활용되고 있다. 즉, 하루 종일(오전 9시~오후 3시) 거래되는 외환의 가중평균환율을 구하기 때문에 어느 특정 은행이 환율을 조작하고자 해도 쉽지 않다. 이런 제도 덕분에 우리나라는 NDF 거래의 차액 정산에 활용할 수 있는 아주 공신력 높은 정산 환율을 제공하고 있다. 큰 문제점 중 하나를 해결해 주었다.

공신력 높은 정산환율이 제공된다고 해서 문제가 다 해결되는 걸까? 그렇지 않다. NDF 거래에 따른 환리스크 관리 문제가 남아 있다. 각 은행은 매일 NDF 거래의 매입액과 매도액이 일치하면 환리스크 관리에 신경 쓸 필요가 없다. 그러나 실제 일치하는 날은 거의 없다. 따라서 NDF 매입과 매도를 상쇄하고 남은 잔액(이를 '포지션'이라고 하며, NDF는 선물환 포지션에 해당한다)의 환리스크를 방지하기 위해 은행들은 현물환 거래로 대응한다. 즉, 100만 달러의 NDF 매입(매도) 잔액이 있으면 100만 달러의 현물환 매도(매입)으로 상쇄하여 환리스크가 발생하지 않도록 한다. 일반적인 선물환 거래에서 이와 같은 거래를 실행했다고 가정하면, 만기일에 선물환이 결제되어 원화와 달러를 주고받아 과거에 매입한 현물환과 상쇄되어 별도의 추가적인 관리가 필요하지 않다. 그러나 NDF 거래

20일부터 ±10%로 유지되어 오다가 1997년 12월 16일부터는 변동폭 제한이 폐지되어 환율은 완전히 시장기능에 맡겨지게 되었다.

는 그렇지 않다. NDF 거래는 차액 정산하는 환율이 결정되고 나면, 덜렁 현물환만 남아 있게 된다. 환리스크를 없애기 위해서는 다시 현물환 포지션을 없애는 거래를 실행해야 한다. 위의 예에서는 다시 현물환 매입(매도) 작업을 해야 하는 것이다.

그런데 아무렇게나 현물환을 정리하면 될까? 최대한 MAR에 일치하도록 해야 NDF 거래에서 발생하는 이익 또는 손실의 차액과 동일한 손실 또는 이익을 현물환거래에서 발생시킬 수 있다.[5] 예를 들어, 2영업일 후 NDF 100만 달러 매입 포지션이 있으면 이를 정리하기 위해 오늘 현물환 100만 달러를 매입해야 한다. 오늘의 MAR가 얼마가 될지는 시장이 종료되어야 알 수 있다. 100만 달러를 달러당 1100원에 샀는데 오늘의 MAR가 달러당 1095원이라면 달러당 5원의 손실이 발생하고, 달러당 1105원이라면 달러당 5원의 이익이 발생한다. 이런 점 때문에 현물환의 정리를 보다 많은 이익을 창출하기 위한 투기거래 수단으로 활용할 수도 있다. 실제 외환 딜러들은 그렇게 하고 있다. 그러나 이 정리 금액이 100만 달러가 아니라 수천만 달러나 억 달러 단위가 되면 얘기는 달라진다. 이익 창출을 위한 투기의 수단이 아니라 어떻게 하면 손실이 발생하지 않게 MAR에 일치하도록 현물환을 처분하느냐가 초미의 관심사가 된다. MAR에 가깝게 현물환을 정리하는 방법은 거래 시간 중에 적절히 나눠서 정리하는 것이다. 거래가 활발할 때는 좀 많이, 소강상태일 때는 좀

---

5 편의상 원화와 달러화의 금리 차이에 의한 자금 관련 손익은 설명에서 제외하였다.

적게 정리한다. 딜러들은 이 일을 오래 해봐서 거의 MAR에 일치하는 환율로 현물환을 정리하고 있다.

선진국 통화끼리는 굳이 이렇게 피곤하고 불필요한 노동력이 투입되는 거래 방식을 택할 이유가 없다. 어느 통화든 자금을 주고받는 데 아무런 지장도 없고, 비용도 별로 들지 않기 때문이다. MAR에 대응해서 하루 종일 외환거래에 신경을 쓸 필요 없이 과거에 거래한 환율로 서로 자금을 주고받으면 되니까. 이런 업무는 애초 선물환을 거래한 시점에 전산에 이미 입력이 되어 있기 때문에 추가적인 노력은 거의 필요 없이 자동으로 다 처리된다. 선물환거래의 이행과 관련해서 분쟁이 발생할 소지가 별로 없다고 하겠다.

달러/원 NDF 거래가 시작된 것은 1994~1995년경 홍콩이나 싱가포르 시장에서 간헐적으로 이루어졌다고 한다. 우리나라의 주식시장에 외국인 투자가 늘어나면서 환리스크 헤지를 위해 자연스럽게 시장이 형성되었다. 그러다 1997년 IMF 외환위기를 전후하여 NDF 거래는 크게 늘어났다. 증가한 이유야 외환위기에 따른 환 헤지 수요가 폭발적으로 늘어난 때문이었다. 당시 국내 은행이나 기업은 NDF 거래를 할 수 없었고, 외국인들은 국내 외환시장에 직접 참여할 수 없었기 때문에 NDF 시장은 국내 외환시장과 철저히 분리되어 있었다. 그러나 외국 은행 서울지점은 홍콩이나 싱가포르와 연계하여 NDF 시장의 매매를 바탕으로 국내 외환시장에서 달러/원 거래를 하여 외환시장을 휘어잡고 있었다. 외환위기가 어느 정도 수습된 1998년 하반기 이후에도 환율은 이들의 움직임에 따라 급등락을 하는 불안정한 모습을 보였다. 그러다 보니, 국내 은행의 외환 딜러는 환율 변동의 영문도 모른 채 뒤따라 다니다 상투를 잡기 일쑤였고 외환 당국도 이들의 움직임을 파악하지 못해 외환시장을 제대로 관리하지 못하였다. 이런 단점을 해소하기 위해 정부는 1999년 4월 외국환은행(국내 은행과 외국 은행 서울지점)과 비거주자 간 NDF 거래를 허용하였다. 결국 IMF 외환위기를 통해 우리는 NDF 시장에 관심을 갖게 되었고, 이후 국내 외환시장과 해외의 NDF 시장이 유기적인 관계를 갖게 되었다.

2014년 현재 우리나라 외환시장의 거래규모(외환 브로커 경유 거래, 한국은행 발표 자료)는 일평균 200억 달러를 좀 넘고 있다. 수년간 큰 변화가 없다. 이 중 현물환 거래 규모는 80억 달러이고, 선물환 거래는 1억 달러에 지나지 않는다. 반면에 NDF 거래규모는 국내 외국환은행과 비거주자 간에만 60억 달러(매입과 매도 합계)에 달한다. 2000년의 일평균 수억 달러에 지나지 않았던 것을 감안하면 정말 비약적으로 발전하였다. 국내 은행을 경유하지 않는 외국인 상호 간의 NDF 거래는 확인이 불가능하나 런던이나 뉴욕시장에서 거래되는 규모도 수십억 달러에 달할 것이다. 전 세계 NDF 시장에서 거래되는 통화 중에서 우리 원화가 규모 면에서 압도적으로 1위를 차지하는 것으로 알고 있다. 그리고 달러/원 NDF의 상당 부분은 우리나라 외환시장의 현물환 거래를 통해 커버된다. 즉, 국내 외환시장은 NDF 거래에 의해 큰 영향을 받고, 이들 거래가 어느 방향으로 가느냐에 따라 환율도 따라 움직인다.

이처럼 NDF 거래는 우리나라 외환시장에 큰 비중을 차지하고, 그 영향력도 대단하다. 달리 말하자면, NDF가 우리 원화의 국제적 통용에 일조를 하고 있다. 그런데 이 NDF 거래를 없애야 한다? 이미 이렇게 커진 시장을 인위적으로 없앨 수 있기나 한 것인가?

앞에서 NDF 거래가 선물환에 비해 불편한 점을 말했다. 이 때문에 NDF 거래를 없애야 한다고 주장하는 것은 아니다. 가장 큰 이유는 우리 원화가 NDF 거래에 의해 국제적으로 통용될 수 있는 기회가 오히려 줄어들었다고 보기 때문이다.

이 NDF 거래가 전부 정상적인 선물환거래로 전환되었다고 가정해 보자. 세계 각국의 금융기관들은 선물환거래에 따른 원화 자금의 결제를 위해 우리나라 은행의 국내 본점이나 해외지점에 원화 구좌를 개설하고 일정 수준의 원화 예금을 유지하고 있을 것이다. 특히, 아시아시장이 끝나는 오후 4~5시 이후 런던을 중심으로 한 유럽시장과 뉴욕 등 미국시장에서 거래되는 원화 대 외화 간 선물환거래의 결제를 위해서는 국내 은행의 해외지점에 원화 예금 구좌가 개설될 수 있다. 우리나라 은행의 해외지점은 대부분 외환 딜링 기능이 거의 존재하지 않는다고 보면 맞는다. 그런데 원화 예금 거래가 시작되면, 원화 대 달러(또는 현지 통화) 간 현물환과 선물환거래가 자연스럽게 발생할 것이고, 은행 간 시장에도 참여하여 이들 외환거래를 중개하는 은행으로 발전할 수도 있다. 기존의 NDF 거래에서는 차액을 달러로 정산하기 때문에 우리 해외지점이 끼어들 여지는 없고, 여러 가지 관리상의 애로로 인하여 쉽게 접근하기도 어렵다. 그러나 선물환거래는 거래 자체가 매우 단순하고 관리도 그렇게 어렵지 않아 해외지점이 본점과 연계하여 쉽게 업무를 처리할 수 있다. 이런 체제가 어느 정도 구축이 되면, 선진은행과 같이 전 세계를 연결하는 24시간 딜링 네트워크로, 나아가서는 외환거래를 넘어 IB^{Investment} Banking 네트워크로 발전할 수도 있다.

NDF 거래를 어떻게 하면 없앨 수 있을까?

이미 커질 대로 커진 달러/원 NDF 시장을 인위적으로 하루아침에 없앨 수는 없다. 다만, NDF 거래를 불편하게 하고 선물환거래는 더욱 편리해지도록 하여, 시간을 두고 자연스럽게 NDF 거래의 비중이 줄어들게하고 궁극적으로는 없어지도록 할 수는 있다.

달러/원 NDF는 외국인들에게 굉장히 편리하고도 친화적인 거래 시스템이다. 공신력 있는 정산환율을 제공하고 있고, 소액의 증거금만 있으면 큰 금액의 외환거래를 할 수 있으며, 유동성이 풍부해서 헤지나 투기를 하고 싶을 때 마음껏 활용할 수 있다. 시장규모도 적당하여 큰 은행의 딜러 몇 명이 공모한다면 NDF 시장을 통해 달러/원 환율을 자기들 입맛에 맞게 움직일 수도 있다. 외국인 입장에서 현재의 NDF 시장은 아쉬울 게 하나도 없다.

NDF 시장을 불편하게 만드는 가장 좋은 방법은 시장평균환율의 산출 및 공표를 중단하는 것이라고 생각한다. 사실 자유변동환율제도를 채택하고 현행 환율시스템에서 굳이 시장평균환율을 산출하고 공표할 필요성이 있는지 의문이다. 그리고 과문하지만, 선진국 중에서 이런 시장평균환율을 산출하여 공표하는 나라도 아마 없을 것이다. 회계적인 측면 (외화 자산과 부채의 원화 환산 등)에서나 다른 업무적인 측면에서 통일된 기준으로서 특정 환율(매일의 매매기준율)이 필요하다면 다른 나라처럼 오전 10시에 주요 은행이 제출한 환율을 기초로 픽싱 환율을 발표하면 해결된다. 픽싱 환율을 발표하면 NDF 정산환율을 시장평균환율에서 픽싱환율로 바꾸면 되지 않느냐는 의문을 가질 수 있다. 물론 바꿀 수 있다. 그러나 시장평균환율에 비해 신뢰도는 매우 떨어지고, 현물환 청산에 따른 손실 발생 우려가 높아져 NDF 거래의 매력은 많이 떨어질 것으로 생각한다.

다음으로는 외국인들이 선물환거래를 더욱 편리하고 자유롭게 거래할 수 있도록 외국인들의 원화 예금에 제한을 대폭 없애는 것이다. 이를 위해서는 외환 관련 법규, 특히 외환거래규정을 전면 재검토할 필요가 있다. 이 글을 쓰면서 외국환거래규정을 다시 들여다봤다. 세부 규정은 많이 바뀌었지만, 15년 전이나 지금이나 별로 달라진 것이 없었다. 외국인들의 국내 원화나 외화예금은 그 종류가 많다. 외화 대외계정, 비거주자 원화계정, 비거주자 자유원계정, 비거주자 원화신탁계정, 투자전용 대외계정 및 비거주자 원화계정, 증권회사에 별도로 개설하는 비거주자 투자전용 원화계정 등등. 과거에는 통계, 실태 파악, 외환 관리규정 등 다양한 이유로 필요했을 수 있으나 지금도 이렇게 구분해야 하는지는 의문이다.

오랜만에 외환 관련 규정을 보면서 우리 외환 당국이 아직도 '빅 브라더'의 환상에 젖어 있지 않나 하는 느낌을 지울 수 없다. 이런 촘촘한 규정을 갖고 면밀하게 외환시장을 내려다보면서 외환을 관리하고 있기 때문에 외환위기 발생을 미연에 방지하고 위기 발생 시에도 대응할 수 있다고 착각하는 것 같다. 과거 여러 차례 경험했듯이 규정이 있다고 위기가 발생하지 않는 것은 아니다. 위기 발생 징후가 있을 때 즉각적으로 대응할 수 있는 몇 가지 핵심적인 긴급 발동 장치만 남겨두고 외국환거래 관련 법규는 대폭 간소화해야 하고 규제의 실질적인 네거티브 시스템 Negative System으로 전환해야 한다. 현행 규정은 외환이 극히 부족하고, 수출입 관련 정책금융이 은행이나 기업에 사활적인 영향을 미치던 시절의 흔적이 너무 많이 남아 있다. 1999년 4월 과거 「외국환관리법」을 「외국환거래법」으로 전환했지만 외환거래규정상 여전히 '관리'의 사고에서 벗어나지 못하고 있다. 지금은 금융거래 실명제, 자금세탁이나 탈세 방지 관련 법으로도 현행 외환거래 규정의 목적을 상당 부분 달성할 수 있다.

핀테크와 외환 브로커,
그리고 「외국환거래법」

앞 장에서 NDF 거래에 관한 얘기를 하면서, 현행 「외국환거래법」에 대한 사고의 전환이 필요하며 대폭 간소화해야 한다고 하였다. 그런데 이 「외국환거래법」이 핀테크Fintech: Financial Technology의 발전에도 지장을 초래하는 모양이다. 모 핀테크 업체가 영국의 '트랜스퍼 와이즈'와 비슷한 '트랜스퍼'란 솔루션을 내놓았으나 외환거래법 위반 문제가 걸려 실행하지 못한다고 한다. 신문에 나온 '트랜스퍼'란 솔루션의 기본 개념은 이렇다.

서울에 사는 기러기 아빠 A 씨는 미국에 유학 중인 자녀 B에게 생활비 113만 원을 보내려 한다. 미국에서 일하는 C 씨는 한국에 있는 어머니 D에게 용돈 1000달러를 보내고 싶다. 현재 원/달러 환율이 1130원 정도이므로 113

만 원과 1000달러는 똑같은 가치다. 그러므로 한국에 있는 A 씨가 D에게 한국에서 113만 원을 주고, 미국에서는 C 씨가 B에게 1000달러를 주면 모두가 원하는 거래가 이뤄진다. A 씨와 C 씨 둘 다 환전할 필요가 없고 은행을 통해 송금할 필요도 없다. 그만큼 수수료를 아낄 수 있다.

위의 거래는 가장 전형적인 '환치기' 수법을 말한다. 국내와 해외 간에 탈세, 횡령 또는 자금세탁의 대표적인 방법으로 엄격히 금하고 있는 거래이다. 외국환거래 규정에는 2000달러 이하의 거래에 대해서는 상호 채권 채무가 있을 경우 실제 자금을 주고받지 않고 이를 상계 처리할 수 있도록 허용하고 있다. 그러나 기러기 아빠 A 씨와 미국에서 일하는 C 씨는 서로 간에 아무런 채권/채무관계에 있지 않다. 은행원들은 이걸 말할 때 '채발당', 즉 채권 발생 당사자이냐 아니냐는 식으로 말한다. 따라서 '트랜스퍼'가 하고자 하는 거래는 상기 규정에 허용되어 있는 거래가 될 수 없다. 「외국환거래법」을 다시 들여다봤더니 이런 거래를 하기 위해서는 매 건별로 기획재정부 장관에게 이렇게 지급하고 저렇게 수령하겠다는 신고를 해야 한다. 법에 나온 내용을 인용하면, "거주자가 해당 거래의 당사자가 아닌 자와 지급 또는 수령을 하거나 거래의 당사자가 아닌 거주자가 그 거래의 당사자인 비거주자와 지급 또는 수령을 하는 경우"(「외국환거래법」 제16조 3호)이다.

외환거래에서 통상적인 것은 주로 외국환은행에 신고하는데, 신고가 없이도 거래할 수는 있다. 그러나 조금만 이 통상적인 범주를 벗어나면 위의 사례처럼 한국은행 총재에게 신고하거나 허가를 받도록 되어 있고, 이보다 더 비통상적인 것은 기획재정부 장관에게 신고하거나 허가를 받도록 하였다. 그런데 외국환은행을 넘어서는 것들은 신고나 허가 신청을 하면 쉽게 허용되는 것이 아니다. 이런저런 꼬투리를 잡아 잘 허용하지 않기 위해 규정을 만들었다고 보면 된다. 더구나 기획재정부 장관에게 신고하기 위해서는 세종시까지 가야 되니 더욱 어려운 일이 되었다.

한편, '트랜스퍼'를 운용하는 회사도 「외국환거래법」을 위반한다. 내용을 다시 해석하면, A 씨는 C 씨에게 원화를 팔고 달러를 샀으며, 역으로 C 씨는 A 씨에게 달러를 팔고 원화를 샀다. 그리고 회사는 이 외환거래를 중개하고 그 대가로 각각으로부터 수수료를 1%씩 받는다. 이런 업무를 「외국환거래법」은 '외국환 중개업무'라고 규정하고, 이를 취급하기 위해서는 기획재정부 장관이 정하는 엄격한 기준, 즉 자본금 50억 원 이상(외국환거래 중개 시), 관련 전산 시설, 전문가 2인 이상을 갖추어야 기획재정부 장관에게 인가를 신청할 수 있다.

외국환 중개회사가 되었다고 해서 문제가 다 해결되는 것은 아니다. A 씨와 C 씨처럼 개인 상호 간의 외환거래 중개는 전혀 허용되지 않는다. 외국환 중개회사는 은행, 증권회사 등 국내외 금융회사 상호 간의 외환거래를 중개하도록 허용되어 있을 뿐, 개인과 관련된 외환거래는 어떠한 것도 중개할 수 없도록 되어 있다. 개인이 관련된 외환거래는 일부 예외적인 경우를 제외하고는 반드시 외국환은행을 경유해야 한다.

결국 '트랜스퍼'를 합법화하려면 「외국환거래법」부터 시작해서 시행

령과 규정을 전부 고쳐야 한다. 「외국환거래법」을 담당하는 기재부와 한국은행의 직원들은 매우 뛰어난 인재들이라 간단한 용어 몇 개를 바꾸거나 집어넣어 쉽게 해결하는 방안을 찾아낼 수 있을 것이다. 한편으로는 외국환 중개회사를 통한 외환시장 통제에 익숙해진 우리 외환 당국이 '트랜스퍼'가 '빅 브라더' 체제에 대한 도전으로 받아들여 불허할 수도 있다.

말이 나온 김에 외국환 중개회사에 대해 좀 더 얘기하겠다. 외환 딜러들은 외국환 중개회사를 그냥 '외환 브로커'라고 한다. 신문에서도 외국환 중개회사란 긴 이름보다는 외환 브로커라는 쉽고 편한 용어를 사용하고 있다. 2015년 4월 현재 국내에서 영업하고 있는 외환 브로커는 국내사 4개, 해외사 6개로 10개사가 있다. 최초의 외환 브로커는 서울외국환중개(주)이다. 이 회사의 전신은 은행 간 외환거래를 독점적으로 중개해 오던 금융결제원의 자금중개실이었다. IMF 외환위기가 어느 정도 수습된 2000년에 떨어져 나와 설립되었다. 그 전인 1998년 11월 은행 간 자금중개를 주로 맡았던 한국자금중개(주)가 외환 브로커 업무를 인가받아 외환 브로커 업무를 시작하여 자금중개실과 경쟁체제를 갖추었다. 그 후 현재까지 2개의 신규 국내 브로커회사가 설립되었고, 외국 브로커들도 6개사나 국내에 진출하였다. 이들 브로커가 취급하는 상품을 보면, 서울외국환중개(주)와 한국자금중개(주)가 현물환거래의 중개 대부분을 차지하고, 외국 브로커들은 파생상품의 중개에 강점을 보인다.

개인적으로 1993년에 '외환시장 하부구조 구축을 위한 연구'의 TF팀에 참가한 적이 있다. 당시 재무부의 의뢰로 금융연구원의 J 박사님과 서강대의 K, J 두 분 교수님 주도하에 몇 개 은행의 실무자가 참여하였다. 이 TF팀의 목적은 우리나라에 외환 브로커 제도를 어떻게 도입할 것인가, 외환시장의 질서를 유지하기 위한 자율규제 기구와 행동규범Code of Conducts 제정, 외환시장의 경쟁력 제고, 관련 기관의 전산화 등의 방안을 제시하는 것이었다. 오랜 세월이 지난 지금 과거 자료를 검색해 보니 당시에 제시했던 상당 부분이 현실화되어 있다. 이런 방안들이 IMF 외환위기 전에 본격적으로 추진이 되었더라면 더욱 좋지 않았을까 하는 아쉬움은 있다.

그런데 과거 금융결제원의 자금중개실이 외환거래를 독점할 때나 지금이나 달라지지 않은 것이 하나 있다. 외환 당국이 외환 브로커들의 외환중개 상황을 실시간으로 그대로 들여다보고 있다는 것이다. 어느 은행이 얼마의 달러를 팔고 사는지, 어느 가격대에 얼마나 대량 매도나 매수 주문을 내놓고 있는지, 그런 주문은 은행의 투기 물량인지 아니면 어느 기업의 대량 주문에 따른 것인지 등을 말이다. 외환 당국은 외환 브로커를 외환시장을 관리하는 굉장히 중요한 도구로 생각하고 있다. 「외국환거래법」에 의거하여 한은 총재가 이들에 대한 업무감독권을 갖고 세세한 것까지 필요한 사항을 정할 수 있다. 명분은 외환 수급 상황을 감안한 스무딩 오퍼레이션이나 외환위기 발생의 사전 파악이나 방지에 있다. 그래서 '빅 브라더'라고 한다. 몇 백억 달러의 외환보유고를 갖고 있을 시절처럼 골방에 틀어박혀 시시콜콜 시장상황을 면밀하게 파악해야 하는지 의문이다. 이런 방식의 외환시장 관리에서 탈피하지 않는 한 '트랜스퍼'라는 핀테크는 정교하게 짜놓은 외환 관리 체제에 흠집을 내는 행동으로 간주되어 이를 허용하기 쉽지 않을 것이다.

요즘은 송금방식에 의한 수출입거래가 훨씬 많아 환치기를 하지 않더라도 얼마든지 자금을 해외에 떨어뜨릴 수 있다. 환치기 수법은 보이스피싱 조직이 아주 많이 활용한다. 이런 횡령이나 보이스피싱 조직을 단죄하기 위해 외환관리법이 꼭 있어야 하는 것은 아닐 것이다.

사실 '트랜스퍼'가 허용된다 하더라도 영국처럼 활발하게 이용될지는 의문이다. 우리나라 은행들은 자금이체와 결제 시스템에서는 세계 최강이라고 할 수 있어서 굳이 '트랜스퍼'가 아니라도 큰 불편 없이 해외송금을 할 수 있다. 그리고 비용 면에서도 '트랜스퍼'가 요구하는 1%와 별 차이가 없다.

어쨌거나 '트랜스퍼'가 부각된 것을 계기로 외환 당국이 외국환 중개회사에 대한 정의, 인가 방식, 업무 규제 등을, 더 넓게는 「외국환거래법」 자체를 되돌아보고 이를 통해 외환 관리에 대한 패러다임의 획기적 전환을 가져왔으면 한다. 그래서 보다 자유로운 외환 브로커 시장 진출입이 가능하도록 하여 양질의 청년 일자리가 창출되길 바란다. 그리고 은행들도 더욱 비용이 적게 들고 편리한 소액송금 서비스를 개발해야 한다.

금과 금화

2011년을 전후하여 몇 년간 금은 사람들의 관심을 불러 모았다. 금값이 무서운 기세로 올라 금Gold 1돈 값이 24만~25만 원 했으니까. 이 바람에 우리의 미풍양속(?)이었던 돌반지 선물이 사라졌다. 한때 1트로이온스 (이하 '온스'라고 함)[1]당 1900달러에 육박하던 금값이 2015년엔 1100달러 밑으로 떨어졌다. 그렇더라도 금 1돈에 16만~17만 원 하니 웬만큼 친하지 않고는 돌반지를 선물하기 어렵다. 돌반지가 IMF 외환위기 극복에 일조했는데 좀 아쉽게 되었다. 한편, 한국은행이 외환보유용 금을 대량

---

1 국제시장에서는 금 1온스라고 할 때는 꼭 트로이온스라고 한다. 일반적인 무게 단위 1온스는 28.3495그램이지만, 금의 경우 1트로이온스는 31.1035그램이고 우리나라 돈으로 하면 약 8.29돈이다. 일반 무게환산 시 1온스는 7.56돈이다. 그리고 1돈은 3.75그램이다.

매입해서 화제가 되었고, 그 뒤 금값이 최고로 높을 때 금을 매입하여 1조 3000억 원이 넘는 손실을 봤다고 해서 한국은행의 체면이 말이 아니게 된 일도 있었다.

나는 은행에서 금과 관련된 업무를 담당한 적이 있다. 1980년대 초, 조사부에서 국제금시장Gold Bullion Market의 동향을 점검하고 관련 보고서를 작성했었다. 그리고 88 올림픽 기념 금화Gold Coins가 '완판'된 이후 그 열기를 등에 업고 은행에서 본격적으로 금화 장사를 해보고자 했었다.

K은행 조사부는 매월 조사월보를 발간하였다. 이 월보는 국제외환시장과 금융시장에 대한 동향을 실었다. 그리고 국제금시장에 대한 동향도 게재하였다. 1980년 당시에는 국제금시장의 가격 동향이나 공급량의 변화에 대한 관심은 별로 없었다. 그런 여건에서 매월 국제금시장에 대한 동향을 작성하는 일은 의미를 찾기 힘들었다. 그럼에도 이를 게재한 것은 K은행이 한국은행의 외국환 업무를 분리하여 설립되었기 때문이라고 생각했다. 금이 외환보유고에 포함되어 있고, 금과 달러의 태환이 가능했던 브레턴우즈 체제가 붕괴된 지 채 10년이 지나지 않았기에 금에 대한 관심을 버리기 어려웠을 것이다. 또한, 1979년에 온스당 200달러 내외이던 금값이 제2차 오일쇼크의 여파로 1980년에 들어 일시적으로 800달러를 넘어서기도 했기에 국제금시장 동향 조사는 계속되었다. 그리고 이 업무를 담당한 경험은 그 뒤 은행에서 금화 장사를 해보겠다는 포부를 갖게 한 계기가 되었다.

1987년에 추진한 금화 장사는 은행에서 정말 해볼 만한 장사로 판단

하였다. 1온스 등 몇 가지 종류의 금화는 간단한 도구를 이용하여 순도
와 무게를 쉽게 판정할 수 있었다. 이것은 바로 은행이 창구에서 일반 고
객을 상대로 금화를 팔기도 하고 사기도 할 수 있다는 것을 의미하였다.
88 올림픽 기념 금화에 대한 인기는 대단했었다. 그래서 우리나라에서
기념주화의 성격을 가진 금화가 아닌 일반 상품으로 전 세계의 금화를
판매해도 될 것이라고 판단했다.

　전 세계의 금화시장에 대한 조사와 더불어 나는 외국 금화 수입 절차,
국내에서의 판매와 재매입, 금 가격의 변동에 따른 리스크 관리, 금 관련
파생상품(금 선도, 스와프 등) 거래 등을 조사하였다. 골드뱅킹에 대한 법
률 의견도 우리나라 최대의 법률회사로부터 받았다. 금의 매매는 「고물
상법」에 속하는 것으로 일반상업은행이 금을 거래할 수 있는 근거는 전
혀 없었다. 다만, 「외국환관리법」(현재의 「외국환거래법」)에서 금과 백금
을 귀금속으로 분류해 놓고, 비상시에는 외환 당국이 외환과 더불어 금
을 정부에 집중시킬 수 있는 근거를 두고 있었다.[2] 그리고 한국은행만이
귀금속을 매매할 수 있도록 규정되어 있었다.

　이어, 나는 시장 조사, 제약 요인과 이를 해결할 방안 등을 포함한 금
화 매매 종합기획안을 수립하여 이사회를 통과시켰다. 은행장님 이하
임원분과 부장님의 지대한 관심하에 금화 장사를 위해 발을 내디뎠다.
담당 차장님과 행원이 주요 금화를 만드는 국가의 조폐공사Mint로 출장

2　현재도 이 조항은 그대로이다.

을 가서 금화 수입을 위한 세부적인 사항들을 파악해 오기도 하였다. 출장 국가는 호주, 영국, 캐나다와 미국의 4개국이었다.

　은행에서 팔고자 한 금화는 골동품으로서의 가치가 있는 고금화가 아니라 시중의 금값에 비해 5~10% 정도 비싼 금화로 세계 각국의 조폐공사에서 만든 것이다. 일반적으로 이들 금화의 액면은 포함된 금값에 비해 현저하게 낮은 수준에서 책정된다. 그리고 대량 생산, 판매되기에 기념주화로서의 성격도 별로 없다. 사실상 금지금(골드 불리언Gold Bullion 또는 골드바Gold Bar)의 판매와 동일하다고 할 수 있다. 그래서 이런 금화를 영어로 표현할 때는 '골드 불리언 코인Gold Bullion Coin'이라고 한다. 금의 판매를 주목적으로 한 이런 금화가 최초로 발행된 것은 남아공화국의 크루거랜드Krugerrand 1온스 금화[3]이다. 세계 최대의 금 생산국가인 남아공화국으로서는 자국산 금의 판로를 확보하는 것이 주요한 국가적 과제의 하나였다. 1967년 금의 판로를 확보하고 부가가치를 좀 더 높일 수 있는 방안으로 만들어진 것이 크루거랜드 금화였다. 이 금화가 세상에 나오자 인기가 폭발하였다. 이에 자극받아 금을 많이 생산하는 호주, 미국, 캐나다, 중국 등이 뒤따라서 금화를 제조하여 판매하였다. 호주는 오스트레일리언 너깃Australian Nugget,[4] 미국은 아메리칸 이글스American Eagles,

---

3　1온스 크루거랜드는 액면 10랜드(약0.8달러), 무게 33.9305그램, 순도 91.67%이다. 순수 금의 무게는 1 트로이온스와 같다.

4　호주에서 세계 최대 규모의 금괴gold nugget가 자주 발견되었다. 역대 최대 금괴는 1869년 호주 빅토리아주에서 발견된 2316온스(72Kg) 금괴이다. 이런 것들을 자랑

캐나다는 캐나디언 메이플립스Canadian Maple Leafs이라는 국가별 특성에 맞는 이름을 붙여 전 세계를 상대로 판매 경쟁을 하였다. 특히 호주는 금화 판매를 위한 마케팅에 가장 적극적이었다. 담당 직원이 서울을 자주 방문했고. 호주의 퍼스Perth까지 출장 간 우리 직원들을 가장 환대하기도 하였다.

결론부터 말하자면, 은행의 금화 장사는 성사되지 못하였다. 지금도 은행이 어떤 신규 업무를 하려면 금융위원회, 금감원 등 정부의 인허가나 사전 검토 등 승인이 필요하듯이 본격적인 금화 장사를 위해서는 당시 재무부의 승인이 필요했다. 여기에서 브레이크가 걸려버렸다. 일반 은행은 「은행법」상 금화 장사를 할 근거가 없어서 아예 대상이 되지 않았으나 K은행은 설립 근거법에 재무부 장관이 승인하는 업무는 할 수 있도록 되어 있었다. 금화 거래는 외국환업무의 하나라는 논리로 정부의 승인을 받고자 했으나 실패하였다.

금화 거래가 K은행의 성격에 맞는다는 점 이외에 이를 추진한 배경은 크게 세 가지였다. 첫째, 부가세가 면세되기 때문에 시중에서 거래되는 것에 비해서 가격경쟁력을 충분히 확보할 수 있었다. 둘째, 은행이 판매하는 금화에 대해서는 그 순도나 무게 등을 확실하게 보증할 수 있었다. 셋째로 금화 장사에서 나아가 골드 불리언으로 업무가 확대되면 시중에

하여 금화 이름을 너깃Nugget이라 붙였다. 그 뒤 호주의 특색에 맞는 캥거루 Kangaroo, 루나 래빗Lunar Rabbit 등의 이름을 붙인 금화가 나왔다. 중국도 1982년에 판다Panda 금화를 제조하여 팔기 시작하였다.

유통되는 금의 60~70% 정도를 차지하는 밀수금이 사라져 금의 유통질서를 새롭게 확립할 수 있었다. 국가 경제적으로 크게 도움이 된다는 그런 논리를 갖고 재무부를 설득해 보았으나 전혀 먹혀들지 않았다. 담당사무관이 한 말은 지금도 기억하고 있다. "이걸 허용했다가는 전국의 금은방들이 들고 일어나 과천 정부청사 앞 광장을 꽉 메울 거야!" 1987년 6·29 선언 이후 자유화의 바람을 타고 과천 정부청사 앞 광장에는 하루도 빼놓지 않고 각종 데모가 일어났고, 관료들도 이런 시위에 상당히 민감하였다.

이런 와중에 화동양행 등이 신한은행과 손을 잡고 우리가 팔고자 했던 외국 금화를 들여와 판매하였다. 외국환의 범주에 들어갈 수 있는 화폐가 아니라 일종의 기념주화나 골동품으로 간주하여 도입한 것이었다. 은행은 귀중품의 '보호예수'라는 형식으로 통장을 발행하였다. 물론 이런 금화를 도입할 때 관세와 부가세를 납부했기 때문에 시중의 금값에 비해서는 상당히 높았다. 그럼에도 이들 금화에 대한 수요가 많아 수입사와 은행은 이들 영업에서 상당한 재미를 보았다. 그리고 신한은행은 그때부터 시작한 금 거래 업무 경험을 바탕으로 지금도 국내에서는 이 분야의 강자로 활약하고 있다.

2000년대 중반에 들어 금 거래에 대한 정부의 생각이 좀 바뀌기 시작했다. 2003년에는 '보호예수'라는 편법에서 벗어나 은행의 부대 업무로 금 실물의 매매, 대여, 적립계좌 개설 등의 골드뱅킹을 허용하였다. 2007년에는 정부부처 합동으로 '귀금속·보석 산업 발전 방안'을 내놓으면서 금의 유통질서를 확립하기 위한 기구 설립을 추진하였다. 고용과 부가가치가 높은 귀금속, 주얼리 생산, 가공 기업들은 가공기술이나 디자인 개발에 전념하게 하자는 계획이었다. 2014년 3월에는 드디어 한국거래소KRX 내에 금시장을 개설하고, 증권회사를 통해서도 금 거래 계좌를 개설하여 자유롭게 금을 매매할 수 있게 되었다. 1980년대에 비교해 보면 정말 격세지감을 느끼게 하였다.

금 거래가 자유로워졌음에도 문제는 여전히 남아 있다. 부가세 문제이다. 은행이나 증권회사의 계좌상 거래에는 부가세가 붙지 않으나 금 실물을 인출할 경우에는 부가세를 납부해야 한다. 금 거래에서 부가세는 만병의 근원이다. 부가세를 빼먹기 위해 온갖 편법과 불법이 난무하고, 금괴 밀수도 끊임없이 일어난다. 부가세 납부 방식과 금의 유통 질서가 개선되어 많이 좋아졌다고 하나 지금도 금괴 밀수에 관한 뉴스를 종종 접하고 있고, 밀수금이나 고금[5]과 관련한 부가세 탈루는 여전하다.

세계 상당수 국가들은 투자상품으로 거래되는 금(금지금이나 금화 등)에 대해서는 부가세를 부과하지 않고 있다.[6] 부가세를 부과하는 것은 금이

---

5   일반인이 소장하고 있던 금이 매각되어 원료로 귀금속이나 금괴로 재사용되는 금을 통칭하여 고금이라고 한다.

6   금화의 경우, 영국이나 유럽은 제조국에서 화폐의 형태로 발행되고, 금화에 포함된 금이 공정한 금시장가격의 1.8배를 넘지 않는 가격으로 거래되는 것에 대해서는 부가세를 면제하고 있다. 골동품으로 볼 수 없어 가치가 크지 않은 금화가 여기에 해당한다.

반지, 목걸이, 장식용 제품 등으로 만들어지는 단계부터이다. 아마 금본위제를 겪은 영향이 여전히 남아 있기 때문이 아닐까라고 생각해 본다. 금본위제는 없어졌지만 금은 현재도 화폐의 대용 수단으로 간주된다. 우리나라에서는 세수 감소, 재산 은닉 방조, 다이아몬드 등 다른 보석류와의 형평성 등을 이유로 쉽게 부가세를 면제하지 못한다고 한다. 그러나 부가세를 없애지 않는 한 밀수나 탈세 문제는 영원히 없어지지 않는다. 귀금속업자들도 독특한 디자인 개발 등을 통한 금제품의 차별화보다는 음성적인 유통에 더 신경 쓸 것이다.

과거에 우리가 겪었듯이 민간이 보유한 금은 위기 시에 국가의 외환보유고로 전환이 가능하다. 부가세를 면제하면 또 다른 부작용이 나올 수는 있다. 그러나 세계 각국이 부가세를 면제하고 있는 걸 보면 부작용보다는 좋은 면이 훨씬 많기 때문이지 않겠는가. 외국에 가보면 골드뱅킹 Gold Banking은 은행이나 증권회사의 주요 업무영역 중 하나이다. 우리 금융의 낙후성, 예대마진 과다 의존 등을 비판만 할 것이 아니라 이런 부문에 대해서도 과감한 제도 개혁을 생각해 봐야 한다. 그렇게 하여 민간이 자유롭게, 세금에 신경 쓰지 않고, 제대로 된 금을 투자수단의 하나로 활용할 수 있게 해야 한다. 그러다 보면 민간의 금 보유량도 크게 늘 것이다.

2015년 7월, 때마침 금값이 폭락하여 온스당 1100달러 이하로 떨어졌다. 금값은 1980년 온스당 800달러를 넘어선 이후 급락하여 20년 이상 250~500달러에서 움직였다. 금값이 현재보다 더 떨어질 수도 있다. 그

그림 Ⅲ-1_ 국제 금 가격 동향(1986년 11월~2019년 11월)

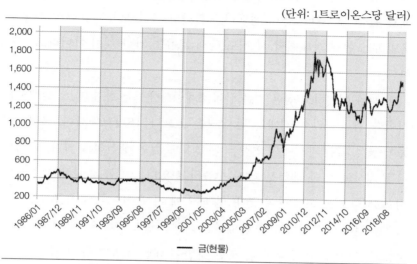

(단위: 1트로이온스당 달러)

── 금(현물)

자료: 한국은행 경제통계시스템.

렇다 하더라도 한국은행은 지금부터 서서히 금매입을 재개해야 한다고 생각한다. 우리 원화가 국제적으로 통용되는 데는 중앙은행의 금 보유고도 한 요소가 될 수 있다. 참고로 한국은행의 금 보유고 104톤은 전 세계에서 30등 밖이다. 15등 이내에 들려면 300톤 이상 더 매입해야 한다. 상투에서 매입하는 바람에 곤욕을 치렀기에 한국은행은 금매입을 아예 중단해 버렸다.[7] 이제는 생각을 고쳐 외환보유고 내 금의 비중을 높이는

---

7   한국은행은 2011년에 40톤을, 2012년에 30톤을, 2013년에 20톤을 매입하였다. 온

물타기(?)를 고려해 보아야 하지 않겠는가? 여기에 필요한 돈은 요즘 시세로 봤을 때 100억 달러 정도면 충분하다. 외환보유고 3800억 달러에 육박하는 현재 상태에서 이 정도 금의 보유는 과한 것이 아니라고 생각한다.

또 하나 얘기하고 싶은 것은 한국조폐공사에서 금화를 제조, 발매하는 것이다. 우리나라에 제대로 된 금광은 없으나, LS니꼬동제련, 고려아연 등이 광석 제련 과정에서 연간 50톤 정도의 금을 생산하고 있다. 그리고 이들 회사는 이를 대부분 다시 수출하고 있다. 이 금을 활용하여 소위 '아리랑 금화'를 제조하여 국내 및 해외에 판매한다면, 조폐공사로서는 새로운 업무가 생기고 이를 판매하는 은행은 골드뱅킹 업무를 더욱 발전시킬 수 있지 않나 생각한다. 또한 북한에 대한 제재가 풀려 남북 간 교류가 활성화될 경우 중국으로 헐값에 넘기는 북한의 금광석을 활용한 사업도 가능할 것이다.

스당 1600달러 이상인 시기에 집중적으로 매입하여 고가 매입 비판을 받았다. 그 후 한국은행은 금 매입을 중단한 상태이다.

투기의 끝판왕 FX마진거래

2009년 6월 말, 나는 30년 동안의 은행 생활을 마감하고 자회사인 선물 Futures회사의 대표로 선임되었다. 연초 금융감독원의 감사에서 중대한 규정 위반 행위가 적발되어 선물회사에 새로운 대표를 선임해야 한다는 말을 듣고, 사태를 수습하고 회사를 정상화하겠다고 내가 경영진에 자청 하여 이루어진 것이었다. 은행에 있으면서 이런저런 사건들을 겪었고 또 내 나름대로 잘 해결했다는 자부심도 있었으며, 선물회사의 일 자체 가 국제금융이나 외환시장 업무와 직결되는 것이어서 오랫동안 해왔던 업무의 연장선이라 생각하여 가고자 한 것이다. 대표로 결정된 후 규정 위반 행위의 내용을 살펴보았더니, FX마진거래와 관련하여 회사가 불법 영업을 했다는 것이었다.

FX마진거래Foreign Exchange Margin Trading이 어떤 거래인지 알려면 우선

마진거래에 대한 설명이 필요하다. 시세가 1000원인 A라는 물건을 샀다고 하자. 그리고 일정 시간(몇 초, 몇 시간, 몇 날 등)이 지난 후 A를 1010원에 팔았다. 그럼 내 마진은 10원이 된다. 그런데 내가 A를 살 돈 1000원이 없고 50원만 갖고 있다. 내가 아는 사람 '갑'은 돈이 많아 A를 몇 개든 살 능력이 있다. 나는 갑에게 50원을 맡기고 나 대신에 A를 1000원에 사달라고 부탁한다. 물론 A를 내가 판단하는 일정 시간 후에 다시 판다는 전제하에 사는 것이다. 하루가 지난 후 A의 시세가 1010원으로 올랐기에 갑에게 A를 팔도록 하였다. 역시 마진 10원이 생겼다. 나 대신에 수고한 A에게 수고료 1원과 1000원(공평하게 따지면 950원)에 대한 하루치 이자를 준다. 나의 수익은 9원에서 이자 몇 전을 뺀 금액이 된다. 애초 내가 갑에게 50원을 맡긴 것은 만일 A의 값이 980원 이하로 떨어지면 갑이 알아서 A를 팔고, 그 손실과 해당 기간 이자를 보충하도록 하기 위한 것이다. 이런 거래를 마진거래라 한다. 일부 금액을 거래 이행 담보금(이를 '증거금' 또는 '마진'이라고 함)으로 받고, 상품의 매매 결과로 발생하는 손익, 즉 마진을 서로 정산하는 거래이기 때문에 붙여진 이름이다. A라는 상품은 무엇이든지 가능하다. 금Gold을 비롯하여 시장에서 거래되는 모든 금속이 대상이 될 수도 있고, 각종 농산물도, 요즘 유행하는 비트코인 등 가상화폐도 가능하다. A가 진짜 돈, 그것도 외국 돈인 외환FX: Foreign Exchange이 되면 바로 FX마진거래가 된다. 이웃의 돈 많은 사람 '갑'은 선물회사나 증권회사가 된다.

그럼 실제 FX마진거래는 어떻게 이루어질까? 가장 단순화해서 나타

그림 III-2_ FX 마진 거래의 흐름

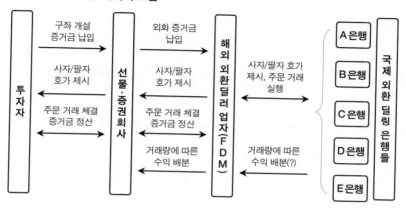

내면 그림 III-2와 같다.

위 그림에서 나타나는 거래 흐름을 보면 한국거래소KRX: Korea Exchange 를 통한 주가지수, 통화 등의 선물거래를 하는 방식과 거의 비슷하다. 선물거래를 하려면 선물회사에 계좌를 개설하고, 일정 수준의 필요한 위탁증거금Initial Margin을 납입하며, 매일 시세에 따라 증거금을 정산하는 방식을 그대로 따르고 있다.

다른 점도 몇 가지 있다. 좀 전문적인 것들은 제외하고, FX마진거래를 이해하는 데 필요한 두 가지만 애기하고자 한다. 우선 선물거래는 공신력이 있는 거래소를 통해 실행되지만 FX마진거래는 해외의 외환 딜러업자(이들을 FDMForex Dealer Member이라 함)가 거래소 역할을 대신하고 있고, 그 뒤에는 시티은행City Bank, JP모건, 도이치은행Deutche Bank, 뱅크오브

아메리카Bank of America 등 우리가 익히 아는 세계의 외환시장을 주도하는 은행들이 FX마진거래의 유동성을 공급하고 있다는 점이다. 그런 점에서 선물거래는 장내 거래이고, FX마진거래는 장외 거래이다. 또한, 선물거래를 하면 투자자는 선물회사나 증권회사에 거래수수료를 지불해야 하지만 FX마진거래는 수수료를 따로 지불하진 않는다. 그림 III-2의 하단에 나타나듯이 국내의 선물회사나 증권회사는 해외의 FDM으로부터 수익을 배분받는다. 이것이 수수료를 대신한다. 그 수익의 원천은 바로 사자Bid와 팔자Offer의 가격 차이, 바로 스프레드Spread이다.

모든 주식이나 선물거래도 사자와 팔자의 호가가 제시된다. 이들 호가는 수많은 투자자들이 각자 자기가 사고자 하는 가격과 팔고자 하는 가격을 제시하여 나타난 결과이다. FX마진거래에서는 국제외환시장과 같이 각각의 은행들은 사자와 팔자의 가격을 동시에 제시한다. 이를 전문용어로 '양방향고시Two Way Quotation'라 한다. A은행이 유로/달러 거래환율을 1.1010~1.1015로 제시했다면, A은행은 1유로를 1.1010달러에 사고, 1.1015달러에 팔겠다는 것이다. 이때 A은행은 수많은 외환거래 투자자들로부터 사자와 팔자 주문을 받으면 바로 이 사자와 팔자의 가격 차이가 A은행의 수익이 된다. 이 방식은 국내의 은행들이 수많은 기업과 개인들을 상대로 외환거래를 할 때 나타나는 수익 확보 방식과 동일하다. 은행 지점에 가면 '오늘의 환율'을 대부분 게시하고 있다. 이 게시판에는 달러, 엔, 위안, 유로 등의 현찰이나 전신환에 대한 매입과 매도 환율을 보여주고 있는데 이들 환율은 은행 간 거래 환율에다 은행의 마진을 더

엎어놓은 것이다. FX마진거래에서는 수많은 투자자들의 거래로 발생한 사자와 팔자의 스프레드로 발생한 이익을 국내외 업자와 은행들이 나눠 가지기 때문에 투자자들에게 별도의 거래수수료를 달라고 하지 않는다.

일반 실수요자들은 외환거래를 할 때 사든 팔든 어느 한쪽 방향으로 거래를 하면 끝난다. 이와는 달리 FX마진거래를 하는 투자자는 현재 시점에서 유로를 달러 대가로 팔았다면 미래의 언제인가는 반드시 반대 거래를 해야 한다. 거래를 통해 수익이 나면 반대 거래의 실행 시점은 투자자가 가장 수익이 많이 났다고 판단하는 시점이 될 것이다. 반면에 손실이 날 때는 오래가지 않는다. 매 순간 증거금을 평가하여 필요한 수준의 증거금, 곧 유지증거금Maintenance Margin 밑으로 떨어지면 선물회사나 증권회사는 강제로 반대 거래를 실행한다. 그리하여 투자자의 손실이 확정된다. 반대 거래를 막으려면 유지증거금 이상으로 계좌 잔액이 유지되도록 추가로 돈을 입금해야 한다. 추가 입금한 뒤에 환율이 다시 유리한 방향으로 가면 좋겠지만 그렇지 않으면 손실은 더욱 커진다. 자금의 여유가 없다면 결국에는 반대거래를 막지 못하고 손실은 확정된다. 이런 과정이 반복되면 그 투자자는 투자한 돈을 다 날리고 결국 FX마진거래에서 퇴출될 것이다.

FX마진거래가 사람들을 혹하게 하는 데는 몇 가지 중요한 요소가 있다. 첫째는 높은 레버리지Leverage(지렛대) 효과이다. 미국에서는 한때 매입하고자 하는 외화의 1%만 증거금으로 납부하면 거래가 가능하였다. 레버리지가 100배였다. 우리나라는 2005년에 선물회사들이 FX마진거래를 중개할 수 있도록 허용하였다. 당시 적용된 증거금율은 2%였으니 레버리지는 50배였다. FX마진거래는 선물거래와 같이 계약Contract이라고 하는 1개 계약당 최소 금액 기준이 있다. 우리나라에서는 아무나 FX마진거래에 뛰어들지 않게 하고자 최소 금액 기준을 매우 높은 10만 달러로 책정하였다. 2000달러가 있으면 10만 달러를 거래할 수 있었다. 그리하여 환율이 1%만 변동하면 투자금의 50%에 해당하는 1000달러의 수익이 나거나 손실이 난다. 우리나라에선 당시 유지증거금은 최소 위탁증거금의 60%를 유지하도록 하였다. 그래서 환율 1% 변동으로 50% 손실이 발생했다면 바로 선물회사에 의해 반대 매매가 실행되어 손실이 확정된다. 경우에 따라서는 일시에 2% 이상 환율이 변동할 수도 있다. 이때는 입금한 위탁증거금을 모두 날릴 뿐 아니라 초과되는 손실금만큼 선물회사에 빚을 지게 된다. 국내의 주가지수선물이나 달러선물 등도 상당한 레버리지를 허용하긴 하나 이 정도의 레버리지를 허용하는 거래는 없다.

둘째는 상품의 구조가 매우 단순하면서도 그 가격, 바로 환율이 시시각각으로 변동한다는 것이다. 외환이라는 상품은 따지고 보면 정말 단순하다. 예를 들자면, 미화 1달러를 우리 원화 1,100.00원을 주고 사겠다고 하거나 1,100.10원에 팔겠다고 하는 것이 전부이다. 단지 세계 각국의 통화를 취급하다 보니 거래하는 통화의 종류가 좀 많다는 것 이상은 없다. 이런 단순한 상품에 투자자들이 몰려드는 것은 왜일까? 신문이나 방송을 통해 '0.1초의 승부사, 외환 딜러'라는 말을 많이 보거나 들었을 것이다. 전세계의 은행들은 자기들이 판단하는 외환의 가격을 서로 경쟁적으로 제시한다. 주로 거래되는 통화쌍으로는 유로/달러, 달러/엔, 파운드/달러, 유로/엔 등이다. 모니터를 보고 있으면 환율은 정말 수시로 바뀐다. 수시로 변하는 환율을 보면서 거액을 사고파는 판단을 내리는 외환 딜러를 '0.1초의 승부사'라고 할 만도 하다. 환율이 변동하는 모니터를 보고 있으면 하루가 언제 지나가는지 모를 정도이다. 거액이 걸려 있는 데다 환율마저 시시각각으로 변동하니 딜러들은 겉으로는 태연한 척하지만 속으로는 시시각각으로 마음이 변한다. '팔아? 말아?'라고. 속된 말로 '심장이 쫄깃쫄깃한' 긴장감에 싸인다. 게다가 외환을 거래하려면 세계 각국의 경제뿐 아니라 정치, 외교, 분쟁, 자원 등 모든 걸 신경 써야 한다. 외환 딜링은 그래서 가장 단순한 직업이 아주 고차원의 직업인 것으로 변신하게 된다. FX마진거래에 뛰어드는 분들은 "나도 외환 딜러다!"라는 심정을 갖고 있지 않나 한다. 그러면서 카지노의 룰렛이나 저잣거리의 섯다 판처럼 승부가 바로바로 난다. 중독성도 강하다.

셋째는 유동성이 가장 풍부하고 수수료가 매우 저렴하기 때문에 마진거래를 대표하는 상품이 되었다. 전 세계의 하루 외환거래량이 어느 정도인지는 국제결제은행BIS이 3년마다 조사하여 발표한 것이 있다. 가장 최근 발표는 2016년 4월을 기준으로 조사한 것이다. 하루 5조 달러 이상이 거래되었고, 이 중 현물환거래는 1.7조 달러였다. FX마진거래는 현물환거래에 해당하는데 이에 대한 BIS 조사자료는 없다. 업계에서는 현물환거래의 약 20% 정도가 FX마진거래로 인하여 발생한 것이라고 얘기하고 있다. 이 비율을 적용하면 FX마진거래는 하루에 적어도 3000억 달러 이상이 거래된다. 한국은행이 발표한 2018년도 우리나라 일평균 외환거래량(선물환, 파생상품 포함)이 555억 달러인데 현물환거래는 213억 달러이다. 우리나라에서 거래되는 일평균 현물환의 80배 이상이 거래되고 FX마진거래만 해도 15배 정도 거래된다. 전 세계의 웬만한 은행들은 다 뛰어들고 있고, 돈이 되다 보니 경쟁도 치열하다. 경쟁이 치열해졌다는 것은 사자와 팔자의 가격차인 스프레드를 보면 알 수 있다. 20~30년 전만 해도 달러/엔의 스프레드는 10전이었다가 10년 전에는 5전 내외가 되었고, 2010년대 후반에 들어서는 2~3전 정도까지 좁혀졌다. 예를 들면, 달러당 110.10~110.20엔에서 110.10~110.15엔으로, 다시 110.10~110.13엔으로 스프레드가 줄어들었다. 이에 따라 1달러당 은행이나 중개하는 회사의 수익은 줄어들었다. 그러나 외환시장의 거래량이 꾸준히 늘었기 때문에 전체적인 수익은 줄지 않고 오히려 늘었다. 한편, FX마진거래 투자자 입장에서 보면 스프레드 축소는 거래수수료가 인하된 것이나 마찬가지이다. 달러/엔을 사고판 경우 2000~3000엔, 우리 원화로 3만 원 남짓한 수수료를 지급하고 10만 달러, 즉 1억 2000만 원어치를 투자할 수 있다. 이래저래 FX마진거래는 아주 매력적인 투자 상품이 되었고, 여기에 빠져드는 투자자는 늘어갈 수밖에 없다.

2009년은 우리나라에서 FX마진거래가 정점을 찍은 해였다. 더구나 내가 대표로 간 그 회사는 우리나라 선물회사나 증권회사를 통한 FX마진거래의 60~70%를 차지했고, FX마진거래에 따른 수수료 수익이 그 회사 영업수익의 70~80%에 달했다. FX마진거래가 허용된 2005년 이후 매년 거래량이 급증했고, 수수료 수익은 한때 연간 300억 원을 넘기도 하였다. 이렇게 호황을 누리는 회사가 불법 영업으로 문을 닫을 수도 있는 위기에 처해 있었다.

대표로 선임된 후 회사에 가서 임직원들의 말을 들어보니 그렇게 큰 문제가 될 것 같지는 않았다. 어느 회사나 영업에 열중하다 보면 좀 과한 일이 발생하기도 하니까. 그런데 감독기관의 담당 부서를 찾아가니 전혀 분위기가 달랐다. FX마진거래 영업을 아예 정지시키겠다는 정도로 아주 강경하기가 이를 데 없었다. 희망을 품고 온 회사가 부임한 지 몇 달도 안 가 문을 닫아야 한다니 눈앞이 캄캄했다. 검사 과정 전반을 다시 점검해 보고 지적 사항이 어떤 것이었는지 확인해 보았다.

통상 지적 사항이 있으면 제출한 확인서의 사본과 관련 자료들이 남아 있다. 그런데 이 건에 관해서는 확인서 사본이 없었다. 검사역과 관련 임직원 간 문답 방식으로 진행되었고, 검사역들은 일체의 사본을 회사에 주지 않았다는 것이다. 수사기관이 범죄 피의자를 심문할 때와 같은 방식이니 사안이 보통 수준을 넘어섰다. 직원들을 불러 직접 물어보았으나 다들 제대로 답변을 못 하였다. 사건의 직접 당사자가 되는 임직원들은 대부분 퇴직해 버려 정확한 진상을 파악하기 어려웠다. 도대체 대표가 되어 사건의 실상을 정확하게 파악해야 합당한 대책을 수립할 텐데 말이다. 그 회사는 이미 우리나라 최고의 법무법인을 변호인으로 선임하여 대처하고 있었다. 그러나 이들도 실상을 정확하게 파악하지 못한 상태였고, 다만 회사 임직원들이 저지른 불법의 정도에 비해 감독기관의 영업정지는 과하다고 주장할 뿐이었다. 감독기관이 회사에 대한 제재심의위원회를 연다는 공문에도 "네 죄를 네가 알렸다!"라는 식으로 두루뭉술하게 적혀 있어 정말 '원님 재판' 받는 기분이었다. 변호사와 함께 제재심의위원회에 직접 참석하여 "왜 우리가 영업정지를 당해야 하는지 모르겠다. 부당하다"라고 강변하였다. 일부 위원들은 우리의 당당한(?) 태도에 대해 잘못을 뉘우칠 생각은 안하고 뻔뻔하게 강변한다고 질책했다.

제재심의위원회 이후 곰곰이 생각해 보았다. 뭔가 잘못된 것이 있는데 놓치고 있다는 생각이었다. 다시 검사 과정을 되돌아보면서 두 달 가까이 애써 외면했던 것을 떠올렸다. 당시 회사원들이 많이 사용하던 '메신저' 전산 기록을 검사역들에게 주었고, 한나절 후 돌려받았다는 말이었다. 사적인 비밀이 들어 있는 전화 통화와 같은 메신저 기록을 함부로 주다니 당황스러웠고, 그것을 필자가 들여다본다는 것은 합당치 않다고 생각하여 외면했다. 실상을 알기 위해 부득이 메신저 기록을 살펴보았다. 스모킹 건Smoking Gun은 바로 이 메신저 기록이었다. 감독기관이 두루뭉술하게 말한 지적 사항이 어떤 것인지 그 안에 다 들어 있었던 것이다. 변호사나 필자나 모두 정확한 실상을 모르고 있었음이 메신저 기록을 보고 알게 되었다. 실상을 알기 전까진 감독기관이 과도하게 회사를 제재하려 한다고 생각하여 행정소송도 불사하겠다는 각오까지 했었다. 감독기관도 개인의 동의도 없이 메신저 기록을 봤다고 할 수 없으니 '원님 재판'을 한 것이었다.

앞에서 FX마진거래를 '투자'라는 말로 설명하였다. 사실 FX마진거래는 건전한 투자라고 하기에는 거리가 좀 멀었다. 완전 투기판이었고, 복마전도 이런 복마전이 없었다. 아래에 인용한 것은 그해 9월 회사에 대한 감독기관의 제재가 확정되면서 나온 기사다.

금융감독 당국이 과열 양상을 띠고 있는 외환FX마진거래 시장에 제동을 걸고 나섰다. 금융위원회는 23일 열린 제17차 회의를 통해 FX마진거래와 관련해 불법 영업을 한 외환선물에 대해 일부 업무를 3개월간 중단하도록 하는 영업정지 결정을 내렸다. 외환선물은 사설 업체들에 FX마진거래 광고를 위탁하는 형식으로 투자자들을 끌어들였다.

현행법상 사설 업체를 통해 투자자를 모집하는 행위는 불법이다. 또한 투자자들에게 FX마진거래에 대한 위험성 설명 의무를 제대로 준수하지 않았으며 투자자에 대한 실명 확인 의무도 위반한 것으로 알려졌다.

금융위는 이에 따라 2009년 11월 1일부터 2010년 1월 말까지 3개월간 외환선물에 대한 FX마진거래 영업 가운데 신규 계좌 개설과 불법적으로 유치한 계좌에 대해 매매주문 수탁을 금지했으며 불법적 FX마진거래에 관여한 임원 1명을 포함해 임직원 총 10명에 대한 문책도 요구했다.

언론보도 자료를 기사화한 것이어서 상당히 부드럽게 표현되어 있으나, 실제 상황은 더 나빴다. 사설 업체인 브로커들이 투자자들을 감언이설로 모집하여 회사와 FX마진거래를 하게 하거나, 자신들이 직접 거래를 대행하는 일임매매를 했고, 회사는 거래량에 따른 수익의 일부를 광고료라는 형식을 이용하여 브로커들에게 지급한 것이었다. 투자자들에게 위험성 설명이나 실명 확인이 제대로 될 리 없었다. 소액의 투자로 '대박'을 터뜨릴 수 있다는 환상만 심어주었다. 브로커들은 광고 수익을 빙자한 수수료 수익을 올리기 위해 빈번한 매매를 유도했고, 투자자들이 대부분 투자원금을 모두 날리게 되었다.

2009년 7월 금감원이 발표한 자료에 따르면, FX마진거래 계좌의 90%가 손실을 기록했다고 하였다. 손실금액도 2007년 154억 원, 2008년 467억 원, 2009년 1~5월 455억 원에 달했다. 거래량이 늘면 늘수록 손실금액은 커졌다. 이 조사는 전체 선물회사의 과거 5년간 거래를 조사한 것이었다. 우리 회사에 대해 별도로 조사한 기억은 나지 않으나 필자의 기억 속에는 투자자의 95% 이상이 손실을 입었다.

어떤 투자자는 연초에 10억 원의 증거금을 납입하고 거래를 시작했는데 달이 갈수록 증거금 잔액이 줄어들더니, 10월경에는 결국 모두 털리고 더는 거래를 하지 못하였다. 이 투자자는 그다음 해에 다시 몇억 원의 증거금을 납입하고 거래를 재개했으나 전철을 벗어나지 못했다. 어떤 업체는 환율 변동을 분석하고 투자하는 알고리즘Algorithm 시스템을 자체적으로 구축해 놓고 거액을 투자하였다. 요즘 유행하는 AI Artificial Inteligence, 즉 인공지능을 활용한 로보Robo투자의 초기 모습으로 전산 전문가들을 직원으로 채용하는 등 선진화된(?) 투자를 한다고 하였다. 이 업체도 결국에는 큰 손실을 입었다. 그 돈들은 자기 돈이었을까, 아니면 투자해서 큰돈을 벌어주겠다는 말에 속은 순진하거나 욕심이 많은 사람들의 돈이었을까? 500만~1000만 원의 소액 투자자들도 대부분 손실을 입기는 마찬가지였다. 40~50%의 투자자가 1주일 이내에 유지증거금 이하로 계좌 잔액이 떨어져 강제적인 반대 매매를 당하였다.

FX마진거래는 2005년 1월부터 법적으로 허용되었다. 다양한 업무를 하는 증권회사와 달리 선물회사들은 선물거래 중개만으로 살아야 했고, 그 수수료 수익도 많지 않았다. 그래서 새로운 먹거리를 창출하려고 부단히 노력했다. 그때 눈에 들어온 것이 FX마진거래였다. 이미 미국과 홍콩에서 FX마진거래가 매우 활발하게 거래되고 있었다. FX마진거래는 실상은 현물환거래이지만 형식은 거래소의 선물거래와 유사한 것이었다. 금융 당국에 선물회사들이 FX마진거래를 중개할 수 있게 해달라고 건의했고, 금융 당국은 국내에 선물회사의 설립을 인가한 지 10년이 다 되어감에도 자리를 잡지 못하는 선물회사들을 지원하자는 차원에서 허용하였다. 현물환거래를 선물회사가 취급할 수 있도록 하려다 보니 FX마진거래를 '유사 해외통화선물거래'라는 좀 궁색하면서도 긴 용어로 포장하였다.

FX마진거래는 2007년부터 폭발적으로 늘어나기 시작했다. 거래량이 늘고 따라서 수익도 급증하면서 갖가지 부작용이 발생하기 시작하였다. 선물·증권회사 영업직원의 급여는 성과급이 대부분이다. 당시 선물회사의 영업직원들은 자신이 유치한 거래 수익의 40~50%를 가져갔다. 수익을 많이 올리는 영업 직원은 한 해에 수십억 원을 벌어 가기도 했다. 돈이 몰리는 곳엔 항상 문제가 따른다. 필자가 다닌 회사가 제재를 받기 이전에 이미 다른 선물회사도 유사한 불법 영업으로 강한 제재를 받았다.

제재를 가한다고 해서 돈의 유혹에서 쉽게 벗어나지는 못하였다. 선물 회사에서 누구누구가 수십억 원을 벌었다는 소문이 시장에서 퍼졌다. 그리고 이들이 택한 영업 방식도 같이 퍼져나갔다. 일거에 거래량을 늘려 거액의 수익을 올리고자 하는 사설 업체도 여기저기 생겨났다. 잘나가는 사설 업체는 강남에 버젓한 트레이딩 룸과 교육장을 갖추어 놓고 '수수료도 없고, 24시간 365일 거래 가능하며, 주식과는 달리 환율이 오르든 내리든 고수익을 올릴 수 있다'는 식으로 투자자들을 유혹하면서 브로커 영업을 하였다. 주요 도시뿐 아니라 이리(지금은 익산) 같은 중소 도시에서도 사설 업체들이 브로커 영업을 하기에 이르렀다.

회사가 위에서 인용한 기사 내용의 제재를 받은 후, 나는 회사의 영업 방식을 완전히 바꾸었다. 성과급 위주의 영업직원이 아닌 정해진 급여와 소액의 성과급을 받는 정규직 직원으로 구성된 팀에게만 FX마진 영업을 하도록 하였다. 투자자들에 대한 FX마진거래의 위험성에 대해 철저하게 설명하게 했고, 실명 확인 시 65세 이상 고령자, 직업이 없는 투자자나 학생에 대해서는 원칙적으로 계좌 개설을 허용하지 않도록 하였다. 그리고 외부기관에 의뢰하여 매월 가장 투자자가 회사에 전화하여 직원들이 회사 방침을 제대로 지키는지 확인하게 하는 '미스터리 쇼핑 Mystery Shopping'도 실시하였다. 감독기관에서도 FX마진거래의 과열과 불법 영업을 방지하기 위해 2009년 9월 2%였던 위탁증거금을 5%로 대폭 올렸다. 50배였던 레버리지가 20배로 축소된 것이다. 일확천금의 꿈을 안고 투기판에 뛰어드는 투자자나 이들을 이용하여 잇속을 챙기려는

그림 III-3_ 연도별 FX마진거래 추이

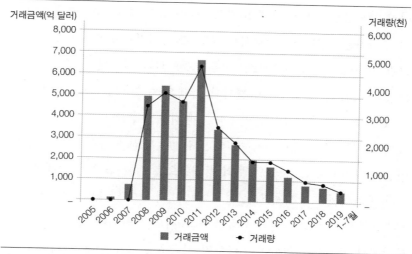

자료: 금융투자협회, 금융감독원.

사설 업체들 입장에서는 FX마진거래의 매력이 크게 떨어졌다. 이런 여파로 2009년 4분기 이후 FX마진거래는 과거 전성기 거래량의 절반 정도로 줄어들었다.

일시적으로 줄어들던 FX마진거래는 시일이 지나면서 내성이 생겼다. 다시 거래량이 증가하기 시작했다. 2011년에는 과거 전성기였던 2008년 거래량을 뛰어넘었다. 감독기관은 다시 한 번 칼을 들었다. 아예 일반투자자들이 FX마진시장에 뛰어들지 않도록 조치하였다. 2011년 12월에 위탁증거금을 10%로 올렸다. 1계약 투자금액인 10만 달러의 10분의 1

인 1만 달러를 납입해야 거래를 할 수 있도록 하였다. 과거 50배였던 레버리지가 겨우 2년 반 만에 10배로 축소되었다. 이런 조치를 통해 당연히 투자자들은 선물·증권회사를 통한 FX마진거래를 외면하게 되었다. 그림 III-3에서 보듯이 2012년 이후 FX마진거래 금액은 급속도로 줄어들었다. 2018년 연간 FX마진거래 금액은 677억 달러로 전성기였던 2011년 6654억 달러의 10분의 1 수준에 지나지 않았다.

투자자들의 외면은 관련 수익의 급감, 이 영업에 종사하던 직원들의 이탈을 가져왔다. 2018년 수준의 거래량으로 거둘 수 있는 전체 선물회사와 증권회사의 중개 수익은 기껏해야 30억 원이 안 된다. 이 정도로는 시스템을 유지하고 직원들 월급을 주고 나면 적자이다. 당연히 FX마진 사업에서 철수하는 회사들이 나오기 시작했다. 2011년에 21개 선물·증권회사가 FX마진거래를 중개했으나 2014년 5월에는 14개사로 줄어들었다. 중개회사가 줄어들었을 뿐 아니라 2017년 이후에는 삼성선물, 키움증권 등 일부 회사를 제외한 대부분 금융회사는 거의 손을 놓고 있다.

어떤 상품이든 세계 각국에서 수많은 개인과 금융회사가 참여하여 거래하는 시장은 어느 일국의 정부가 강력하게 규제한다고 해서 쉽게 소멸되지 않는다. 더군다나 FX마진거래처럼 한번 빠져들면 쉽게 헤어나지 못하는 마력을 갖고 있는 상품은 더 말할 필요가 없다. 규제를 강화하면 시장에서는 이를 우회하는 방법을 고안하든가 아니면 규제가 없는 해외로 나가버린다. 도박의 전형인 카지노와 같다. 강원랜드를 제외하고 내국인이 공식적으로 입장할 수 있는 카지노는 없다. 그러나 국내의 대부분 카지노에는 내국인들이 이런저런 증명서를 갖고 출입하고 있다. 남의 눈이 두려운 사람들은 해외로 나가 카지노의 도박판을 즐긴다. 국내 카지노에 들어가는 외국인 중 상당수는 우리 내국인처럼 자국에서 카지노를 즐기지 못하기에 우리나라로 와서 즐긴다.

레버리지를 50배에서 20배로 줄인 2009년 9월 이후 FX마진 투자자들은 본격적으로 선물회사를 벗어나기 시작했고, 10배로 줄인 2012년 이후는 더욱 그러했다. 그 이전에도 선물회사가 아닌 사설업체를 통해 100배가 넘는 레버리지와 1계약단위가 10만 달러가 아닌 소액, 즉 1만 달러 이하의 FX마진 시장이 있었다. 거래 자체가 불법적이었던 데다 사설업체의 환율 호가에 대한 신뢰가 부족했기에 그렇게 활성화되지 않았다. 시간이 갈수록 FX마진거래라는 상품이 대중에게 더욱 알려짐에 따라 거래하고자 하는 사람은 늘어났지만, 선물회사를 통한 거래에 매력을 찾지 못한 사람들은 사설업체를 찾게 되었다. 사설업체들도 선물회사를 통한 중개가 불가능해지자 직접 해외의 중개업체를 발굴하거나 해외에 유사 중개업체를 설립하여 자신들이 직접 선물회사의 역할을 수행하기에 이르렀다. 과거 선물회사를 이용해서 거둔 광고료로 위장해 번 수익보다 직접 거래 중개를 통해 거두는 수익이 훨씬 컸다. 사설업체들도 우후죽순처럼 생겨났다. 구글이나 네이버에 'FX마진거래'를 검색해 보면 이런 사설업체들의 광고성 기사가 쭉 떠 있다.

몇 년 전에는 아내의 친구가 그 남편을 데리고 필자에게 왔다. FX마진 사업에 참여하겠다는 남편을 말려달라는 부탁이었다. 그 자리에는 그

남편의 전 직장 동료도 같이 왔다. 전 직장 동료는 FX마진 사설업체의 영업직원이었다. 그는 수십 쪽의 파워포인트 투자제안서를 보여주었다. 홍콩과 서울의 유기적인 네트워크를 자랑하고, 고수익을 올릴 수 있다며 필자에게도 투자를 권유했다. 몇 가지 짚어보니 불법적인 사설 중개업체일 뿐 아니라 다단계 사기일 가능성도 매우 높았다. 이처럼 FX마진거래는 알게 모르게 우리 가까이에 와 있다.

이렇게 문제가 많은 FX마진거래를 어떻게 해야 할까? 제도권 금융회사를 통한 거래는 강력한 규제로 거의 유명무실해졌으니 불법적인 사설업체를 통한 거래도 강력한 행정력이나 경찰력을 동원하여 발본색원해야 되나? 그런데 그게 가능할까? 어떤 방향으로 유도해야 할지 쉽지 않은 과제이다. 감독기관에서도 애초에 허용할 때는 이런 부작용을 예상하지 못했을 것이다. 키코를 허용할 때도 그랬고, 키코가 얼마나 많이 퍼져 있는지도 모르고 달러/원 환율을 올리는 정책을 시행할 때도 그랬다. 그렇다고 하여 아예 거래 자체를 금지할 수도 없다. 이미 파생금융상품을 배제하고선 우리 금융시스템이 제대로 작동되지 않는 사회가 되었기 때문이다.

FX마진거래도 파생상품의 하나이다. 많은 부작용이 있음에도 몇 가지 고민해야 할 부분이 있다.

우선, 우리나라와 시간대가 비슷한 일본, 홍콩, 싱가포르, 호주를 포함하여 대부분 주요 국가들이 FX마진거래를 허용하고 있고, 그 거래량도 하루에 수천억 달러에 이른다는 것을 생각해야 한다. 이들 국가도 개인들의 투기적인 거래에 따른 부작용이 우리와 다르지 않음에도 이 거래를 허용하고 있다. FX마진시장도 외환시장의 한 축으로 인정하고 있는 것이다. 한편, FX마진거래가 합법적이든 불법적이든 우리 사회에 널리 퍼진 현실을 감안해야 한다. 완전히 없애거나 막지 못할 상품이라면 제도권 내에 제대로 흡수하여 발전적인 방향을 모색해야 한다고 생각한다. 감독기관 입장에선 온갖 민원으로 시달린 걸 생각하면 다시 옛날로 돌아가고 싶지는 않을 것이다. 그러나 너무 강한 규제로 제도권 내 거래는 겨우 명맥만 유지하고 불법적인 사설 업체가 주도하는 현실은 결코 바람직하지 않다.

둘째, FX마진거래는 달러/엔, 유로/달러, 유로/엔 등 외국통화 조합만이 거래되고 있다. 우리나라에서 거래되고 있지만 원화를 대가로 한 거래는 없다. 달러/원, 엔/원, 유로/원 등 다양한 통화 조합의 FX마진거래를 개발할 수 있다. 그럴 경우 우리나라 은행들의 역할이 매우 커진다. 나아가서는 FX마진시장이 우리 외환시장의 한 축을 담당하여 그 폭과 깊이를 확대할 수 있다. 그 시장에서 주요 플레이어Player는 우리나라 사람과 금융회사가 된다. 원화를 매개로 한 FX마진거래가 활성화된다면 국내 투자자뿐 아니라 일본, 중국, 호주 등 우리와 비슷한 시간대에 있는 국가의 투자자도 원화 FX마진시장에 들어올 것이고, 우리나라 중개업체를 이용하게 될 것이다. 투자자의 손실(수수료)이 외국으로 흘러나가지 않으며, 외국 투자자의 손실(수수료)을 우리 금융회사의 이익으로 만들 수도 있다. 또한, 우리 원화가 개입되니 더 많은 정보와 보다 정확한 판단력으로 거래하게 하여 투자자들의 실적이 조금이나마 더 좋아질 수 있다.

셋째, 외국통화 간 조합의 거래라고 하더라도 국내 은행과 금융회사가 참여할 수 있는 길을 열어야 한다. 저 그림 III-2의 FX마진거래 구조에서 거래의 핵심은 해외 외환 딜러업자FDM와 국제적인 외환 딜링 은행이다. 우리나라 은행이나 금융회사가 이들 역할을 수행하지 못할 이유가 없다. 좀 모자라도 허용해 주면 빠른 시일 내에 실력을 배양할 수 있을 것이다. 이렇게 다양한 실무경험을 쌓아야 국제적인 은행으로 성장할 수 있다. 그리고 FDM이란 회사 제도가 우리나라에 아직 없다. 원화와 외국통화 조합의 거래가 허용되고, 외국통화 간 조합의 거래에 국내 은행이 참여하면 우리나라에도 FDM이 생겨야 한다. 새로운 고용 창출의 기회도 된다.

FX마진거래에서 우리 원화와 국내 은행이 배제된 데는 근본적인 이유가 하나 있다. 이 상품이 허용될 때 선물회사가 중개할 수 있는 상품이란 명분을 제공하기 위해 '유사해외통화선물'이란 궁색한 용어를 사용했기 때문이다. 사실 FX마진거래는 선물시장이 아니라 장외시장OTC Market: Over The Counter Market 상품이다. 이제는 FX마진거래의 정의에서부터 제도와 참여 회사 등 전반에 대해 재검토했으면 한다.[1]

---

1 2009년 말경 자본시장연구원장과 FX마진 시장을 담당하던 연구위원과 식사를 하면서 FX마진 시장에 대한 의견을 교환한 적이 있다. 당시 원화 FX마진 시장의 개발에 대한 필자의 의견을 제시했고, 그 연구위원도 그런 방향에 대해 연구를 진행하고 있다고 하였다. 2010년 7월, 자본시장연구원은 「FX마진 거래제도 개선 방안」(박철호 연구위원)을 발표하였다. 그러나 그 개선 방안은 전혀 정책에 반영되지 않았다.

지은이_ 이경덕

서울대학교 사회과학대학 무역학과를 졸업하고, 한국외환은행에서 30여 년간(1978~
2009) 근무하면서 파생금융상품과 관련된 많은 실무에 간여했다. 외환딜링, 외화자금 조
달 관련 부서에서 근무하고 일본 도쿄지점, 영국 런던지점에서 자금 및 외환딜링 업무를
담당했으며 구성지점, 대구지점, 소공동지점 지점장을 역임했다. 이후 (주)외환선물 대
표이사 겸 사장(2009~2011), (주)대광반도체 감사(2013), (주)DMC 감사(2014~2016), (주)
계양정밀 부사장 겸 CFO(2016~2019)를 지냈다.

금융회사와 기업에서 일하면서 파생금융상품이 우리나라에 도입된 이래 기업과 금융소
비자들에 많은 피해를 끼쳤고 금융회사 스스로도 큰 손실을 입은 경험을 하였다. 이들
파생금융상품 관련 실패 경험을 독자들과 공유하고, 금융회사에 근무하는 후배들에게는
조금이라도 경각심을 심어주는 계기가 되기를 바라며 이 책을 낸다.

금융 위험의 예방인가,
탐욕의 투기인가?

파생금융상품의 헤지와 스펙

ⓒ 이경덕

지은이 **이경덕** | 펴낸이 **김종수** | 펴낸곳 **한울엠플러스(주)** | 편집책임 **임혜정**

초판 1쇄 인쇄 **2020년 6월 30일** | 초판 1쇄 발행 **2020년 7월 20일**

주소 **10881 경기도 파주시 광인사길 153 한울시소빌딩 3층**
전화 **031-955-0655** | 팩스 **031-955-0656**
홈페이지 **www.hanulmplus.kr** | 등록번호 **제406-2015-000143호**

Printed in Korea.
ISBN 978-89-460-6906-0 03320(양장)
        978-89-460-6907-7 03320(무선)
* 책값은 겉표지에 표시되어 있습니다.
* 이 도서는 강의를 위한 학생판 교재를 따로 준비했습니다.
  강의 교재로 사용하실 때는 본사로 연락해주십시오.